세상을 읽는 안목 — 서양 건축사

KYOUYOUTOSHITENO SEIYOUKENCHIKU
by George Kunihiro

Copyright © George Kunihiro 2024
Korean translation copyright ©2025 by Bookstone Publishing.
All rights reserved.
Original Japanese language edition published by SHODENSHA Publishing Co.,Ltd.
Korean translation rights arranged with SHODENSHA Publishing Co.,Ltd.
through Lanka Creative Partners co., Ltd., Tokyo and Danny Hong Agency.
이 책의 한국어판 저작권은 대니홍 에이전시를 통한 저작권사와의 독점 계약으로 (주)북스톤에 있습니다. 저작권법에 의해 한국 내에서 보호를 받는 저작물이므로 무단전재와 복제를 금합니다.

세상을 읽는 안목 — 서양 건축사

구니히로 조지 지음
민성휘 옮김

낯선 시대와
공간을 들여다보는
가장 흥미로운 방법

북스톤

일러두기
1. 인명이나 지명 등은 국립국어원의 외래어 표기법을 따랐습니다. 일부 굳어진 명칭은 일반적으로 사용하는 명칭을 사용했습니다.
2. 도서는 『 』로, 건축물이나 그림 같은 작품명은 「 」로, 논문이나 프로그램명은 〈 〉로 표기했습니다.

머리말

건축을 통해
시대와 삶을 읽다

당신은 어떠한 '건축'을 보고 울거나 웃어본 적이 있나요? 갑자기 이런 질문을 받으면 대부분의 사람은 당황할 것입니다. 하지만 저에게는 훌륭한 건축물을 보고 마음이 요동치거나, 눈물을 글썽이거나, 미소를 짓는 건 인생에서 누릴 수 있는 큰 기쁨 중 하나, 아니 가장 큰 기쁨입니다. 이는 많은 사람이 영화나 드라마, 연극, 음악에 감동을 받는 것과 크게 다르지 않습니다.

저는 이 분야의 전문가로서 어느 누구도 건축과 완전히 무관한 삶을 살 수 없다고 생각합니다. 언제나 우리가 잠들고 깨어나는 주거 공간, 역, 학교, 사무실, 음식점, 콘서트홀, 스포츠 경기장 등 사람들은 매일매일 다양한 건축물이 만들어내는 공간과 함께 살아가고 있습니다.

건축은 누구에게나 친숙한 존재이기 때문일까요? 주변에서 건축에 깊은 관심을 보이는 사람을 찾아보긴 힘들지만, 건축은 인간 생활의 기본인 '의식주'에 속합니다. 하지만 사람들은 '오늘 저녁에 뭘 먹을까', '오늘은 무슨 옷을 입을까'와 같이 먹고 입는 일에 대한 문제는 매일 진지하게 고민하면서 '오늘은 어떤 건축물에 들어갈까' 생각하는 사람은 거의 없습니다. 직접 고르는 건 집을 지을 때나 이사를 준비할 때 정도이죠. 그런 의미에서 '건축이란 별다를 것 없는 일상 풍경의 일부'로 여겨지기 쉽습니다.

그러나 관광 명소로 알려진 역사적인 건축물을 보고 "정말 대단해", "너무 아름다워"라고 감탄한 경험은 누구나 한 번쯤 있을 것입니다. 또한 역사의 한 페이지를 장식할 법한 새로운 대규모 프로젝트는 대중적으로 널리 관심을 받기도 합니다.

최근에는 2020 도쿄 올림픽/패럴림픽의 메인 경기장으로 계획된 「도쿄 국립경기장」의 국제 공모전이 큰 화제가 되었죠. 결과적으로는 막대한 건설 비용 때문에 철회되었지만, 처음으로 선정된 자하 하디드(1950~2016)의 혁신적인 계획안은 평소에 건축에 관심이 없던 사람들까지 끌어들여 찬반 논쟁을 불러일으켰습니다. 마치 영화나 드라마에 등장할 법한 현상이지만, 건축 역시 사람들의 감성을 자극할 수 있다는 사실을 보여주었습니다.

하디드의 설계안이 어떤 의미를 지니는지, 왜 그것이 안도 다다오(1941~)를 비롯한 심사위원들에 의해 선정되었는지 이해한 사람은 많지 않았을 것입니다. 물론 직관적으로 '멋지다', '너무 독특해서 익숙하지 않다'라고 느끼는 것도 중요합니다. 그러나 건축을 깊이 이해한다면 더 큰 즐거움을 느낄 수 있을 것이며, 그런 사람이 늘어날수록 막대한 국가 예산이 투입되는 프로젝트에 대한 논의가 더 의미 있는 방향으로 발전할 것입니다.

건축물은 오랜 세월 사회에 남아 사람들에게 지속적으로 영향을 미칩니다. 미래를 향한 책임을 다하기 위해서는 단순히 비용이나 대중의 호불호가 아닌, 그것이 인류 사회에 어떤 의미를 가질 수 있을지 깊이 고민해야 합니다.

그리고 건축의 의의와 영향력을 이해하기 위해서는 '역사'를 아는 것이 중요합니다. 대학의 건축학과에서는 건축사를 필수적으로 이수해야 합니다. 건축이라는 학문은 기본적으로 이공계에 속하지만, 그럼에도 불구하고 역사라는 인문학적 지식을 중시합니다.

저는 대학에서 주로 근대 이후의 건축사를 가르칩니다. 이공계 전공이다 보니 역사에 관심이 없어 수업 중에 책상에 엎드려 있는 학생도 적지 않습니다. 참으로 씁쓸하죠. 저는 그런 모습을 산이 없는 평지에 비유하며 "교실을 관동평야처럼 만들지 말아 줘"라고 말하기도 합니다. 역사를 배우지 않으면 좋은 건축가가 될 수 없다는 이야기입니다.

건축의 구체적인 기술까지 익힐 필요가 없는 일반인들은 오히려 역사와 쉽게 친근해지는 계기가 될 수 있습니다. 건축사는 세계사 교과서에 등장하는 신전이나 교회 같은 거대한 건축물만을 다루지 않습니다. 개인 저택이나 상업 시설도 건축사 속에서 중요한 의미를 지닙니다.

또한 건축은 건축가의 생각만으로 이루어지는 것이 아닙니다. 하디드의 사례를 통해 알 수 있듯, 시대에 따른 정치와 경제 그리고 지배자나 권력자의 존재에 의해 크게 좌우됩니다. 왕권이나 종교적 권위를 표현한 건축이 있는가 하면, 자유와 민주주의를 배경으로 한 건축도 있습니다. 따라서 건축의 역사를 배우고 그것을 '읽는' 능력을 기른다면, 건축물을 통해 시대의 변화나 사회의 모습을 '읽는' 것도 가능하겠죠. 그렇게 된다면 비즈니스에 도움이 되는 힌트를 얻을 수도 있을 것입니다.

「도쿄 국립경기장」처럼 국가가 만드는 거대한 건축물만이 역사적인 의미를 지니는 것은 아닙니다. 대형 건설사가 만드는 분양 주택처럼 많은 사람에게 그저 일상의 일부로 여겨지는 건축물의 근원을 건축사 속에서 찾을 수도 있습니다.

역사 속에서 건축물이 어떻게 자리매김하는지 알게 된다면 일부러 관광 명소를 찾지 않아도 자신이 건축사라는 거대한 흐름 속에서 살아가고 있다는 사실을 실감할 수 있을 것입니다. 무미건조하게만 느껴지던 풍경이 지금까지와는 완전히 다른, 신선한 모습으로 다가올 거라 생각합니다.

건축이라는 행위는 건축가와 사회 사이에 성립하는 커뮤니케이션 그 자체입니다. 이것이 바로 건축을 보고 울거나 웃을 수 있는 이유입니다. 누구에게나 가까운 존재이면서, 사람들의 마음에 무언가를 강렬히 호소할 수 있는 건축이야말로 사회와 시대를 바꿀 수 있는 힘을 지닌다고 믿습니다.

그러나 건축의 힘은 건축가나 건축 업계만으로 지탱할 수 없습니다. 음악이나 그림 같은 예술은 예술가 개인의 아이디어로 새로움을 창조할 수 있지만, 건축은 실용성을 목적으로 하기 때문에 이를 구매하거나 사용하는 사람들의 이해가 필수적입니다. 막대한 공공 자금이 투입되는 국가 규모의 대형 프로젝트의 경우, 건축가의 자기만족만으로는 아무것도 만들어낼 수 없습니다.

건축의 미래는 이 사회를 살아가는 모든 사람의 생각과 의지에 달려 있습니다. 저는 건축에 관심을 갖고, 이해하고, 즐기는 사람이 조금이라도 늘어나길 바라는 마음으로 이 책을 집필했습니다.

건축이 전하는 메시지를 읽어낼 수 있다면 당신의 삶은 더욱 풍요로워질 것이며, 비즈니스적인 관점 또한 넓어질 것입니다. 그런 사람이 많아진다면 건축의 미래 또한 풍요로워질 테죠. 그리고 풍요로운 건축은 결국 사회를 더욱 풍롭게 만듭니다. 이 책이 그런 긍정적인 흐름을 만들어내는 계기가 되길 진심으로 기원합니다.

구니히로 조지

차례

머리말 건축을 통해 시대와 삶을 읽다 5
한눈에 보는 시대별 건축 양식 16

서문 끊임없이 미학을 추구한 서양 건축

우리는 왜 서양 건축사를 배워야 하는가 20
2000년 동안 영향력을 미친 세계 최초의 건축 전문서『건축십서』 22
고전주의와 모더니즘 26
비운의 건축가와 모더니즘의 좌절 31
정체된 모더니즘, 미래를 위해 과거를 되짚어보다 34

제1장 석기 시대부터 중세까지
_건축의 시작과 종교 권력의 상징

건축이란 사람이 사용하는 공간을 만드는 것 40
나무의 문화와 돌의 문화, 건축이 자연을 대하는 두 가지 방식 42
단순한 구조물을 넘어 공간이 된 이집트의「룩소르 신전」 44
이집트에서 그리스·로마로 이어진 세 종류의 기둥머리 디자인 48
신을 위한 공간에서 시민의 도시로,「파르테논 신전」 50
건축에서 미학과 상품 가치를 발견한 권력자, 하드리아누스 황제 53
로마 건축의 두 얼굴「판테온」과「콜로세움」 57
기독교 교회가 중심이 된 중세 유럽 건축 60
기독교에서 이슬람으로 이어진 건축의 유산「아야 소피아」 62
두꺼운 벽을 넘어 빛으로 열린 공간, 로마네스크에서 고딕으로 66

제2장 근세
_고대의 부활과 과시의 미학

르네상스 건축의 선구자, 브루넬레스키 76

신이 아닌 사람을 위한 최초의 르네상스 건축물, 고아 수용 시설 78

고대의 지혜를 이어받은 르네상스 건축가들 82

유명 건축가들이 참여한 「성 베드로 대성당」의 개축 83

라파엘로의 죽음과 종교개혁, 멈춰버린 「성 베드로 대성당」 86

멈춘 르네상스를 다시 움직인 미켈란젤로 87

마침내 완성된 「성 베드로 대성당」 91

완벽한 균형을 자랑하는 「파르네세 궁전」 95

고전주의의 계승과 새로운 도전, 팔라디오의 마니에리즘 98

곡선으로 완성한 바로크의 걸작 「산 카를로 알레 콰트로 폰타네 성당」 104

프랑스 상류층이 낳은 로코코 양식 108

프랑스혁명으로 막을 내린 로코코 유행 110

제3장 산업혁명이 가져온 근대의 시작
_기술과 사회 변화가 만든 건축

계몽사상과 부르주아혁명, 근대 건축의 시대를 연 힘 118

신고전주의 건축에 신선한 바람을 불어넣은 환상의 건축가, 불레 120

공업 도시를 꿈꾼 신고전주의 건축가, 르두 123

판화로 흥미로운 공간을 설계한 판화가이자 고고학자, 피라네시 127

사회주의적 유토피아를 지향한 푸리에와 고댕 130

합리성과 고전미를 지킨 독일의 신고전주의 건축가, 싱켈 133

제1회 런던 세계 박람회를 빛낸 산업혁명의 상징 「크리스털 팰리스」 135

철과 유리로 표현한 고전 양식 「프랑스 국립도서관」과 밀라노 쇼핑 아케이드 138

기계화 시대에 장인의 가치를 되찾으려 한, 아트 앤 크래프트 운동 142

제4장 19세기 말
_미국의 고층 빌딩과 유럽의 아르누보

300미터 「에펠탑」을 가능하게 한 기술 혁신 148

골드러시가 만든 신흥 도시 샌프란시스코 153

기업이 일터와 주거를 함께 설계한 도시 실험 「풀먼 공업 도시」 157

고층 오피스 빌딩 시대를 연 건축가 그룹, 시카고파 158

고층 빌딩에 새로운 미학을 더한 건축가, 루이스 설리번 161

자연의 곡선을 닮은 아르누보 양식, 유럽을 물들인 새로운 예술 165

곡선을 장식이 아닌 구조로 완성한 건축가, 가우디 168

영국 아르누보를 이끈 다재다능한 예술가, 글래스고파의 매킨토시 170

19세기 보수적 장식 예술에서 20세기 기능적 건축으로 넘어가는 전환점 172

'장식은 범죄다' 모더니즘의 문을 연 아돌프 로스 177

미국에서 독자적인 로마네스크를 완성한 건축가, 리차드슨 180

20세기를 맞이했음에도 고전을 선호한 미국 184

제5장 모더니즘 시대
_장식보다 기능을 중시한 건축 양식

아르누보에서 모더니즘으로, 시대를 이은 건축가 베렌스 190

근대 건축을 연 4대 거장 193

자유로운 공간을 위한 발명, 르 코르뷔지에의 도미노 시스템 197

살기 위한 기계로서의 주택, 르 코르뷔지에의 새로운 주거 철학 200
근대 건축의 5원칙을 구현한 「사보아 저택」 202
새로운 공간을 창조한 모더니즘 공장, 그로피우스의 「파구스 공장」 205
진보적인 예술 교육을 지향한 학교, 바우하우스의 탄생 207
나치의 탄압으로 폐쇄된 바우하우스 211
미니멀리즘의 진수, 미스의 「바르셀로나 파빌리온」 213
연인과의 재판에 휘말린 걸작 「판스워스 하우스」 216
미국 평야의 풍경을 닮은 집, 라이트의 프레리 스타일 220
연이은 시련으로 늪에 빠진 라이트에게 손을 내민 일본 223
일본 건축에 큰 영향을 미친 시모다 기쿠타로의 발자취 225
우여곡절 끝에 완성된 「제국호텔 라이트관」 227
제2의 황금기를 연 라이트, 자연과 어우러진 걸작들 231

제6장 대공황 시기부터 제2차 세계대전까지
_권력과 이념이 건축의 방향성을 좌우한 시대

모더니즘과 신고전주의가 경쟁한 「시카고 트리뷴 본사 건물」 공모전 238
가능성과 장식성을 동시에 추구한 아르데코 양식 242
대공황 시대의 예술, 대규모 고용 창출을 위한 「록펠러 센터」 247
높이 경쟁에서 세계 최고에 이른 「크라이슬러 빌딩」 250
3차원 입체에 대한 새로운 시각, 러시아 구성주의 253
러시아 구성주의 건축물, 세계가 주목한 「소련관 파빌리온」 256
실현되지 못한 러시아의 상상력, 일본에서 현실이 되다 259
구조미의 극치, 뼈대 자체의 아름다움 「슈호프 타워」 262
권력의 상징으로 계획됐지만 미완으로 끝난 거대 궁전 265

과거의 예술을 철저히 파괴하려 한 미래파의 출현 **268**
파시스트 정권에서 활약한 건축가, 리베라 **270**
단순한 형태에 숨어 있는 치밀한 비례 「카사 델 파시오」 **274**

제7장 전쟁 이후의 미국
_국제주의와 현대 도시의 탄생

전후 국제 협력과 민주주의를 상징하는 「유엔 본부 건물」 **278**
모더니즘 내부의 세대 교체, CIAM을 해체시킨 팀 텐 Team X **282**
'Less is more'에서 'Less is bore'로 **284**
교외 생활의 중심이 된 공간, 쇼핑몰의 탄생 **285**
도시와 대화하는 고층 빌딩, 인터내셔널 스타일의 등장 **289**
지속 가능한 세상을 꿈꾼 발명가, 풀러의 건축적 상상력 **293**
20세기 마지막 거장, 루이스 칸의 건축 철학 **297**
하늘을 향한 곡선, 에로 사리넨의 공항 건축 **301**
상업주의로 물든 뉴욕 세계 박람회 **303**
도시를 자연과 조화롭게, 솔레리의 아콜로지 실험 도시 「아르코산티」 **305**

제8장 일본의 모더니즘
_서양의 모더니즘과 닮은 듯 다른, 근대 건축의 실험

공모전에 규정된 '일본 취향'에 저항한 모더니즘 **312**
서양 모더니즘을 일본에 맞게 재해석한 마에카와 구니오 **315**
'건축은 하나의 예술이다' 일본 근대 건축을 개척한 젊은 예술가들 **318**
스승인 라이트를 화나게 한 쓰치우라의 자택 **324**

파리 세계 박람회에서 인정받은 일본의 모더니즘 327
군국주의의 영향을 받은 신전 같은 건축 「와타나베 오우 기념 회관」 330
일본 모더니즘의 신성, 단게 겐조의 데뷔작 332
전쟁의 폐허 위에 세운 평화의 공간 「히로시마 평화기념공원 및 기념관」 335
미래의 해상 도시를 구상한 「도쿄 계획 1960」 338
메타볼리즘을 현실로 구현한 오사카 세계 박람회 340
공공 건축이 아닌 개인 주택으로 재능을 발휘한 젊은 건축가들 '노부시' 344

제9장 포스트모더니즘과 해체주의
_모든 규칙과 질서를 넘어선 건축의 자유

모더니즘 규칙에 반기를 든 벤추리의 작품 350
모더니즘의 천재, 포스트모더니즘의 선두주자로 353
20세기 미국 건축의 흐름을 바꾼 인물, 필립 존슨 356
일본 포스트모더니즘을 이끈 선구자, 이소자키 아라타 358
시대의 전환점, 포스트모더니즘에서 해체주의로 361
뒤틀린 구조와 파괴적 미학, 해체주의 건축가들 364
압박 속에서도 표현을 해나가야 하는 건축가의 숙명 369
교양으로서 건축이 필요한 이유 375

저자 후기 누구나 쉽게 건축의 세계에 발을 들일 수 있기를 378
역자 후기 기초를 쌓는 마음으로 381
참고 문헌 및 도판 출처 386

한눈에 보는 시대별 건축 양식

고대
(~5세기)

이집트 건축_거대한 석재 구조
→ 룩소르 신전

그리스 건축_비례미·질서미 강조, 기둥 양식
→ 파르테논 신전

로마 건축_아치·돔·콘크리트 사용, 공공 시설 확대
→ 판테온, 콜로세움

"생존 공간에서 의미를 담은 공간으로"

중세
(5~14세기)

비잔틴_바실리카식·집중식 평면+거대한 돔, 종교적 상징성
→ 아야 소피아

로마네스크_두꺼운 벽, 반원 아치, 어두운 내부
→ 피사 대성당

고딕_첨탑, 플라잉 버트레스, 스테인드 글라스
→ 노트르담 대성당, 샤르트르 대성당, 쾰른 대성당

"종교와 권력의 공간"

모더니즘 초창기
(약 1900~1930년대)

초기 모더니즘_장식 배제, 기능·구조 우선
→ AEG 터빈 공장, 파구스 공장

근대 모더니즘_근대 건축 5원칙(르 코르뷔지에), 철근 콘크리트
→ 사보아 저택, 바르셀로나 파빌리온

"장식을 배제한 순수한 공간으로서의 건축"

대공황·제2차 세계대전
(약 1930~1945년대)

아르데코_기계를 연상시키는 직선·기하학적 장식, 고층 빌딩 경쟁
→ 크라이슬러 빌딩, 록펠러 센터

구성주의_입체적 구조, 기계 미학
→ 소련관 파빌리온, 슈호프 타워

미래파_기계·속도·전쟁 찬양
→ 카사 델 파시오

"경제 위기와 정치적 혼란 속에서 방황하는 건축"

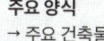
주요 양식
→ 주요 건축물

르네상스
(15~16세기)

르네상스_고대 그리스·로마 질서미 부활
→ 오스페달레 델리 인노첸티, 성 베드로 대성당

마니에리즘_비틀린 비례, 실험적 공간 구성
→ 빌라 로톤다

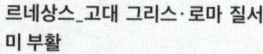
"인간 중심의 건축"

바로크·로코코
(17~18세기)

바로크_웅장함·역동성·권위 과시
→ 산 카를로 알레 콰트로 폰타네 성당

로코코_장식 과잉, 화려한 실내
→ 베르사유 궁전 내 살롱

"종교적 권위뿐 아니라 개인의 창의성과 사회적 과시의 무대"

산업혁명기
(19세기)

신고전주의_고대 건축 재현, 엄격한 대칭과 단순성
→ 알테스 뮤지엄

초기 산업 건축_철·유리·철골 구조, 기능 우선
→ 크리스털 팰리스, 에펠탑

아트 앤 크래프트_수공예적 아름다움 강조, 대량 생산품 비판
아르누보_곡선 강조, 자연 모티프
→ 사그라다 파밀리아 성당

"신소재가 등장하며 획기적 변화"

전후 미국
(약 1945~1970년대)

국제주의_수직·수평 강조, 기능 우선, 보편성과 무국적성
→ 유엔 본부 건물

상업적 모더니즘_도시 생활의 모델(교외 주택, 쇼핑몰, 고층 빌딩)
→ 레빗 타운

아콜로지_아키텍처(건축)+에콜로지(생태학)
→ 아르코산티

"미국이 현대 도시 문화와 국제주의적 건축의 주도권 확립"

전후 일본
(약 1945~1970년대)

일본 모더니즘_서양 모더니즘+일본 전통미
→ 히로시마 평화기념공원, 국립서양미술관

메타볼리즘_유기적인 도시와 건축 지향
→ 나카긴 캡슐 타워 빌딩

"서양 모더니즘을 수용하면서도 자연과 공생하는 동양적 건축 재창조"

포스트모더니즘·현대
(약 1970년대 이후)

포스트모더니즘_모더니즘의 규범을 깨려는 시도
→ AT&T 빌딩

해체주의_뒤틀린 구조와 파괴적 미학
→ 빌바오 구겐하임 미술관

"다양성과 불확정성이 공존하는 새로운 건축의 길 모색"

서문

끊임없이 미학을 추구한 서양 건축

우리는 왜 서양 건축사를
배워야 하는가

자, 이제부터 이 책의 제목인 '서양 건축'에 대해 이야기하도록 하겠습니다. "왜 '세계 건축'이나 '건축의 세계'가 아닌 '서양 건축'이지?"라고 의문을 제기하는 분도 있을 것 같네요. 아주 타당한 지적입니다. 인간 사회와 건축의 관계를 폭넓게 배우는 상황에서 서양 건축만을 다루는 건 공정하지 않다고 생각할 수 있습니다.

그러고 보면 서양에서만 인류가 탄생한 것도 아니고, 건축이라는 행위 또한 지구 곳곳에서 시작되었습니다. 인간은 '서양'이라는 개념이 존재하지 않았던 시대부터 비바람이나 외부의 적으로부터 몸을 보호하고자 자신이 사는 지역의 풍토와 문화에 맞는 쉼터를 만들었습니다.

예를 들어, 추운 지역과 더운 지역에 필요한 쉼터의 모습은 다릅니다. 또한 시대별로 정치나 경제 상황에 따라 건축 방식도 달라집니다. 너무나 당연한 이야기죠. 이처럼 세계 각지에서는 지역과 시대에 맞는 고유한 건축이 만들어져 왔습니다.

그러나 오늘날의 건축으로 이어지는 역사를 끊임없이 쌓아온 건 서양입니다. 고대 그리스와 로마에서 시작된 서양 건축은 다른 어떤 지역의 건축보다 압도적으로 강한 영향력을 미쳐왔습니다.

건축에만 국한된 이야기가 아닙니다. 역사적으로 유럽이 세계의 많은 지역을 제패하기 시작하면서부터 문명과 문화는 지역적인 것에서 세계적인 것으로 발전했습니다.

음악의 역사도 비슷한 면이 있죠. 세계에는 다양한 민족의 음악이 존재하는데, 현재 널리 알려진 대부분의 음악은—흑인 음악의 요소가 더해져 블루스나 재즈가 탄생하거나 브라질 음악과 재즈가 융합되어 보사노바가 탄생하는 등 다양한 변형이 파생되었지만—어떤 형태로든 서양 음악의 영향을 받았다고 말할 수 있습니다.

현재의 건축 역시 대부분 서양 건축의 영향을 받았습니다. 일본도 예외는 아닙니다. 에도 시대(1603~1868)까지는 신덴즈쿠리寢殿造(일본 헤이안 시대 귀족 주택 건축 양식), 쇼인즈쿠리書院造(일본 무로마치 시대 양식 주택), 전국 시대 무장武将(일본 중세 시대 무사 계급의 지휘관 및 군사 지도자)들이 지은 성곽 등 독자적인 건축 문화가 번성했습니다. 그러나 메이지 시대(1868~1912)에 들어서면서 이른바 고용외국인(메이지 시대에 일본에 초빙된 서양인 기술자·학자)에게서 서양의 기술과 사고방식을 배우게 되었습니다.

메이지 시대 이후 일본 건축이 서양을 어떻게 받아들였는지는 다음 장에서 자세히 이야기하겠습니다. 이후 일본 건축계는 눈부신 발전을 이루며 국제적으로 인정받는 건축가를 다수 배출했습니다. 지금까지 단게 겐조, 마키 후미히코, 안도 다다오, 이소자키 아라타 등 총 9명이 '건축계의 노벨상'이라 불리는 '프리츠커상'을 수상하기도 했습니다. 이는 세계에서 가장 많은 숫자입니다.

따라서 일본을 빛낸 건축가들의 작품을 더욱 깊이 이해하기 위해서라도 서양 건축사에 대한 지식은 빼놓을 수 없습니다. 여기서는 그 역사의 전체적인 흐름을 아주 간략히 살펴보겠습니다.

2000년 동안 영향력을 미친
세계 최초의 건축 전문서 『건축십서』

이야기는 기원전 시대로 거슬러 올라갑니다. 당시 로마에는 비트루비우스라는 건축가가 있었습니다. 그의 출생 연도와 사망 연도는 정확히 알려져 있지 않지만, 로마 제국의 초대 황제인 아우구스투스(기원전 27~기원후 14) 시대에 활동했다고 전해집니다.

비트루비우스는 '세계 최초'로 여겨지는 건축 전문서 『건축십서』를 저술해 역사에 이름을 남겼습니다. 총 10권으로 구성된 이 책

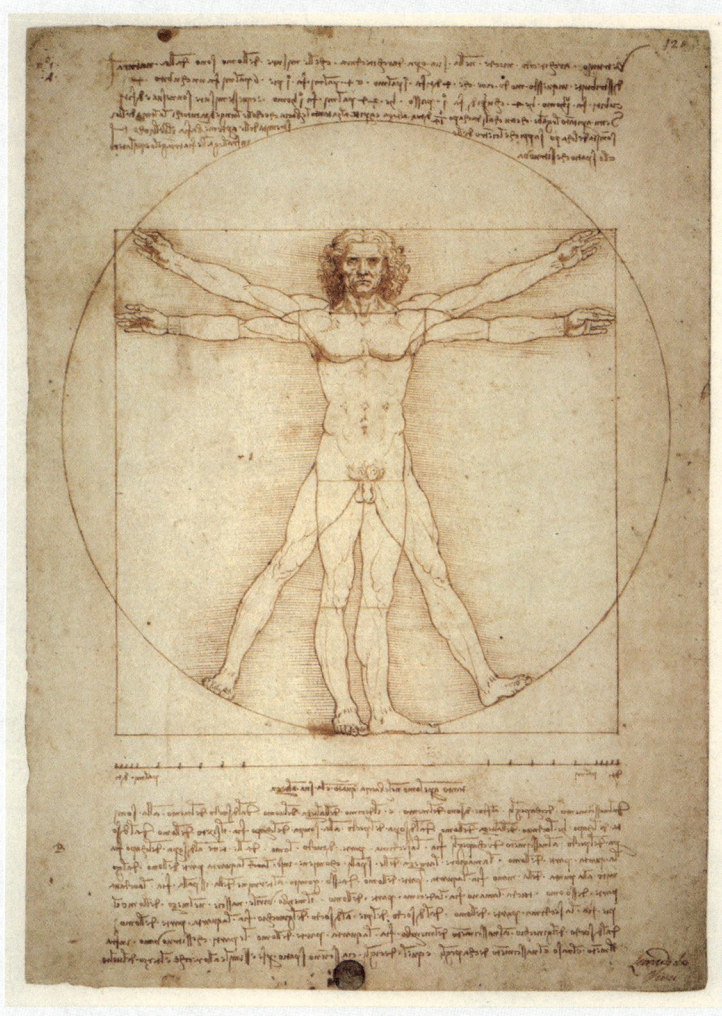

레오나르도 다빈치 「비트루비우스적 인간」(1487년경)

서문 끊임없이 미학을 추구

에는 건축의 원리와 역사를 시작으로 신전, 극장, 목욕탕, 가옥 등 다양한 건축물에 대한 설명이 담겨 있으며, '시계'와 '기계 기술 및 군사 기술'을 주제로 한 내용도 포함되어 있습니다. 이를 통해 알 수 있듯, 비트루비우스는 당시의 과학과 기술에 매우 정통했습니다.

서양 건축사의 출발점을 어디에 둘 것인가에 대해 많은 목소리가 있습니다. 고대 로마의 건축은 고대 그리스의 영향을 받았습니다. 따라서 서양 건축은 비트루비우스 시대부터 시작된 것이 아닙니다. 하지만 서양 건축이 후세에 미친 가장 큰 영향력의 원천은 『건축십서』입니다. 이는 2000년에 걸쳐 건축 문화에 지속적으로 영향을 미쳤습니다. 그 유명한 레오나르도 다빈치(1452~1519)도 『건축십서』의 영향을 받아 「비트루비우스적 인간」이라는 유명한 작품을 그렸습니다. 15~16세기에 활동한 다빈치가 기원전 1세기에 쓰인 책을 참고한 것입니다. 『건축십서』의 영향력이 얼마나 경이로운지 알 수 있겠죠?

비트루비우스의 건축론 중 후세에 가장 큰 영향을 미친 것은 그가 건축의 원칙으로 제시한 '기능Utilitas', '구조Firmitas', '미학Venustas'이라는 키워드입니다. 중요한 건 그 원칙에 '미학'이라는 요소가 포함되어 있다는 점입니다.

건축은 무엇보다 실용성이 요구되기 때문에 인간이 사용하기 편리(기능)해야 하고, 쉽게 무너지지 않는 견고함(구조)을 갖추어야 합니다. 그러나 비트루비우스는 '미학'을 이 두 가지와 동등한 원칙으로 내세웠습니다.

'건축은 아름다워야 한다.'

이 가치관은 현재까지 서양 건축의 토대가 되고 있습니다. 참고로 비트루비우스 시대보다 1500년이 지난 후의 일이지만, 일본에서도 에도 시대 초기에 목수의 우두머리 역할을 한 헤이노우치 마사노부(1583~1645)가 『쇼메이匠明』라는 기와리쇼木割書를 작성했습니다. 기와리木割란, 건축에 사용되는 부재의 치수와 조합을 비율에 따라 정한 규칙을 의미합니다. 이 비율에 따라 건축물 전체의 비례가 결정되기 때문에 '미학'의 기준이라고도 할 수 있습니다.

다만 기와리는 인간의 비율에 맞춰 정해졌을 뿐, '미학' 그 자체를 추구한 것은 아닙니다. 오히려 비트루비우스가 말한 '기능', 즉 인간이 사용하기 편리하고 아늑한 환경을 목표로 한 결과이며, 그 자연스러운 형태 속에 '미학'이 스며들었다고 볼 수 있습니다. 『쇼메이』는 특별히 미의식을 강조한 책이 아닌 목수를 위한 기술서입니다.

반대로 비트루비우스는 2000년 전에 건축 원리에 '미학'을 도입했습니다. 이 원칙이 끊임없이 계승된 것이 서양 건축의 가장 큰 특징입니다.

머리말에서도 언급했듯, 건축은 기본적으로 이공계 분야에 속합니다. 실제로 건축학과는 대부분 공과대학에 속해 있습니다. '기능'과 '구조'라는 건축의 실용성을 고려하면 확실히 공학 영역이죠. 하지만 미술대학에 속해 있는 경우도 있습니다. 이는 '미학'이 '기능' 그리고 '구조'와 더불어 건축에 있어 필수불가결한 요소임을 보여줍니다.

고전주의와 모더니즘

건축에서 무엇을 '미학'으로 정의할지는 시대에 따라 다양하게 변해 왔습니다. 이러한 변화의 발자취를 살피는 것이 서양 건축사의 핵심 주제입니다. 물론 재료와 기술의 변화로 발전된 '기능'과 '구조'가 새로운 '미학'을 창조하는 계기가 되기도 합니다.

그러나 서양 건축의 미의식은 단순히 '새로움'만을 추구한 결과가 아닙니다. 시대의 변화 속에서 『건축십서』가 집필된 고대 그리스와 로마 시대로 회귀하려는 경향이 서양 건축사의 특징이자 흥미로운 점입니다.

앞으로 자세히 이야기하겠지만, 15세기의 르네상스 건축이 바로 그렇습니다. 르네상스는 프랑스어로 '재생', '부활'을 의미하며, 기독교 성경이 모든 것을 지배하던 중세 봉건 체제의 변혁과 그리스와 로마의 고전 문화를 부흥시키려는 문화 운동입니다. 건축 또한 그리스와 로마 건축을 재조명하는 방향으로 발전했습니다.

르네상스 건축은 결국 '바로크'와 '로코코'라 불리는 화려한 장식 스타일을 만들어냈습니다. 그러나 이러한 스타일이 점차 과해지고 지루하게 느껴지면서 단순한 건축이 요구되기 시작했습니다. 이때 다시 참조된 것이 그리스와 로마 건축이죠. 그리고 18세기 말에 '신고전주의'라는 새로운 흐름이 나타났습니다.

르 코르뷔지에가 설계에 참여한 유엔 본부 빌딩 설계 위원회 「유엔 본부 건물」(1952)

르 코르뷔지에 「국립 서양미술관」(1959)

이후 발생한 산업혁명은 건축사에 큰 전환점이 되었습니다. 기술 혁신으로 대량 생산이 가능해지면서 세상은 속도와 효율성을 중요한 가치로 여겼습니다. 건축 세계도 이러한 사회적 배경에 영향을 받아 기능성과 합리성을 중시하는 '모더니즘'이 등장했습니다.

건축에 대해 잘 모르더라도 르 코르뷔지에(1887~1965)라는 이름은 한 번쯤 들어보았을 것입니다. 프랑스 건축가인 그는 20세기 모더니즘 건축을 주도한 핵심 인물 중 한 명입니다.

르 코르뷔지에가 국제 건축가 팀 일원으로 설계에 참여한 「유엔 본부 건물」이나 일본에 남긴 유일한 작품인 「국립 서양미술관」 등 그가 기획하고 설계한 건축물을 보면 모더니즘의 특징을 한눈에 알아차릴 수 있습니다. 기능주의와 합리주의를 철저히 따르면서 장식을 없앤 기하학적인 '상자' 같은 형태죠.

한편 미의식이라는 측면에서 모더니즘에 대한 다양한 반론이 제기되고 있었습니다. 근대 이후의 역사는 저의 전문 분야일 뿐만 아니라, 현재와 미래의 건축을 고민하는 일은 무척이나 중요하기 때문에 이 책에서 많은 지면을 할애해 그 우여곡절에 대해 자세히 이야기하도록 하겠습니다. 유럽을 포함해 미국과 일본이 서양 건축사의 중심 무대에 등장하기 시작한 것도 이 시기입니다.

비운의 건축가와
모더니즘의 좌절

미리 말씀드리자면, 1960년대에는 모더니즘 건축이 막다른 길에 이른 상태였습니다. 그 당시 사람들은 새로운 건물을 '근대 건축'이라고 불렀기에 1960년대에 이미 막다른 길에 이르렀다는 말이 조금 의아하게 느껴질 수도 있습니다. 그러나 건축가들에게 모더니즘은 더 이상 새로운 개념이 아니었습니다.

    이와 관련해 개인적으로 애착을 가지고 있는 건축물을 하나 소개하고자 합니다. 1956년 미국 미주리주 세인트루이스에 건설된 「푸르이트 아이고」라는 이름의 주택단지입니다. 모더니즘의 명작인 동

야마사키 미노루 「푸르이트 아이고」(1956)

시에 '종말의 서막'을 알리는 건축물이죠.

극빈층이 거주하던 빈민가를 철거하고 11층 높이의 고층 주택 33개 동을 새로 지었으나, 얼마 지나지 않아 미국 주택 계획 역사상 가장 큰 실패로 평가받았습니다. 예산을 절감하기 위해 비용을 낮추고 편의성을 포기한 결과(예를 들어, 엘리베이터가 1층, 4층, 7층, 10층에서만 멈추도록 설계), 범죄율이 증가하고 환경이 황폐해지면서 단지 자체가 다시 빈민가로 전락하고 말았습니다.

「푸르이트 아이고」는 입주자가 크게 줄었고, 결국 1972년에 철거되었습니다. 한 건축 평론가는 이 단지가 폭파된 날을 '모더니즘 건축이 죽은 날'이라고 표현하기도 했습니다.

「푸르이트 아이고」를 설계한 인물은 일본계 미국인 야마사키 미노루(1912~1986)입니다. 저도 일본계 미국인으로서 오랫동안 미국에서 살았기 때문에 이 건축물이 애틋하게 느껴집니다.

저는 전후에 태어나 직접 경험하진 못했지만, 제2차 세계대전 당시 미국은 일본계 사람들이 살기에 결코 좋은 나라는 아니었을 것입니다. 일본군의 진주만 공격 이후 12만 명이 넘는 일본인과 일본계 미국인이 집에서 쫓겨나 강제수용소로 보내졌습니다. 저도 미국에서 '미국인'으로 인정받지 못하는 등 불쾌한 경험을 많이 했는데, 그 당시 사람들은 훨씬 더 힘든 처지에 놓였을 테죠.

→ 야마사키 미노루 「세계무역센터WTC」(1973)

그런 미국에서 정부 그리고 군과 관련된 일을 하며 전후 재개발 사업인 「푸르이트 아이고」 설계를 담당한 야마사키는 저에게 '건축계의 오타니 쇼헤이(다재다능한 유명 야구 선수)'와 같은 존재입니다. 그의 손에서 탄생한 명작이 이렇게 비극적인 결말을 맞이했다는 사실이 너무나 안타깝습니다.

덧붙이면, 그는 세계적으로 더욱더 유명한 건축물도 설계했습니다. 그 건축물은 「푸르이트 아이고」가 철거된 다음 해인 1973년에 뉴욕에서 완성되었습니다. 그러나 그 걸작 또한 더 이상 이 세상에 존재하지 않습니다. 어떤 건축물이냐고요? 바로 2001년 9월 11일에 발생한 대규모 테러로 붕괴된 「세계무역센터WTC」입니다. 이 역시 모더니즘 건축사에 길이 남을 독창적인 아름다움을 지녔었죠.

한 번도 아니고 두 번이나 걸작이 붕괴되는 비운을 겪었으니 야마사키만큼 '비운의 건축가'라는 표현이 어울리는 사람도 없을 것입니다.

정체된 모더니즘,
미래를 위해 과거를 되짚어보다

일본 건축가들은 모더니즘이 정체기에 접어든 시기에 새로운 움직임을 일으켜 세계에 큰 영향력을 행사했습니다. 1960년 일본은 처음으로 세계 디자인 회의를 개최했습니다. 이때 구로카와 기쇼 (1934~2007)를 비롯한 당시의 젊은 건축가들과 도시계획가들은 '메타볼리즘'이라는 개념을 발표했죠. '신진대사'를 뜻하는 메타볼리즘은 사회 변화나 인구 증가에 따라 유기적으로 성장하는 도시와 건축을 지향하는 운동입니다.

구로카와가 설계한 「나카긴 캡슐 타워 빌딩」은 메타볼리즘을 구현한 건축물 중 하나입니다. 이는 야마사키 미노루의 「푸르이트 아이고」가 해체된 1972년에 완성되었습니다. 그저 우연이겠지만 왠지 모를 역사적인 인연이 느껴집니다.

「나카긴 캡슐 타워 빌딩」은 안타깝게도 2022년에 철거되었습니다. 이는 메타볼리즘이 서양 건축사의 주요 흐름으로 자리 잡지 못했음을 의미합니다. 하지만 모더니즘이 정체된 시기에 비서구권인 일본에서 시작된 새로운 건축 운동으로서 역사적인 의미가 있습니다.

1980년대 초반 건축계에는

구로카와 기쇼 「나카긴 캡슐 타워 빌딩」(1972)

'비판적 지역주의Critical Regionalism'라는 개념이 등장했습니다. 모더니즘에 대한 반동으로 포스트모더니즘이 유행하며 '모든 것이 가능한 자유로움'이 담긴 기발한 건축물이 속속 등장했습니다. 이러한 흐름에 비판적이었던 건축역사학자 케네스 프램튼을 비롯한 많은 사람은 비판적 지역주의를 주장했습니다. 이는 모더니즘의 획일성과 지역주의의 감성적 복고를 비판하며 '맥락 있는 지역성'을 중시하는 사고방식입니다.

비판적 지역주의의 주창자인 프램튼은 안도 다다오의 건축을 비판적 지역주의의 진수라며 매우 높이 평가했습니다.

안도는 르 코르뷔지에의 책을 읽고 건축가의 꿈을 키웠기에 그의 작품의 근본에는 모더니즘이 자리하고 있습니다. 그와 동시에 다니자키 준이치로의 『음예예찬陰翳礼讃』으로 대표되는 일본인의 미의식이 담겨 있기도 하죠. 이러한 이유로 그의 작품은 전 세계적으로 많은 사랑과 높은 평가를 받고 있습니다.

서양 건축은 그리스와 로마 건축 이후 보편적인 양식으로서 세계를 석권해왔습니다. 그리고 모더니즘은 그 정점에 이른 양식이라 해도 과언이 아닙니다. 모더니즘 건축은 어느 나라, 어느 지역이든 비슷한 미의식을 바탕으로 만들어집니다.

하지만 그것만으로는 정체된 상황을 극복할 수 없었기에 지역의 역사, 문화, 기후, 풍토 등을 반영해 새로운 건축을 만들어내려는 시도가 이루어졌습니다. 변천하는 자연과의 공생을 중시하는 일본인이 추구한 메타볼리즘은 이러한 흐름의 선구자였다고 할 수 있습니다.

지금까지 서양 건축사의 흐름을 간략히 살펴보았습니다. 지금은 어쩌면 '서양 건축사'가 '세계 건축사'로 전환되는 시기일지도 모릅니다.

물론 지금의 비판적 지역주의가 세계에 큰 영향을 미친 모더니즘을 대체할 역사적인 양식이 될지는 또 다른 문제입니다. 그럼에도 자하 하디드가 제안한 「도쿄 국립경기장」의 디자인처럼 지역성과 무관한 건축도 활발하게 만들어지고 있습니다. 이는 수학을 활용한 '알고리즘 디자인'이라 불리는 것으로서, 기존의 모더니즘과 마찬가지로 '보편성'을 추구합니다.

막다른 길에 다다른 모더니즘의 끝에 어떤 미래가 펼쳐질지는 아직 알 수 없습니다. 현재 많은 건축가가 새로운 역사를 개척하기 위해 길을 모색하고 있습니다. 지금은 건축이라는 문화가 매우 흥미로운 시대라 할 수 있습니다. 이러한 흥미로움을 보다 깊이 이해하기 위해 다음 장부터는 건축의 기원이 되는 석기 시대를 시작으로 그 역사를 자세히 추적해보겠습니다.

제1장

석기 시대부터 중세까지

건축의 시작과 종교 권력의 상징

인간은 언제부터 공간을 만들고 그 안에 의미를 부여했을까요?
신을 향한 공간이 세상의 중심이었던 시절,
건축은 종교 권력과 믿음의 상징이었습니다.

건축이란 사람이 사용하는
공간을 만드는 것

저는 고고학자가 아니기에 인류가 스스로 '쉼터'를 건축하기 시작한 시점이 언제인지 알지 못합니다. 추측하건대 석기 시대의 수렵채집민들은 자연의 동굴에서 몸을 보호하며 생활했을 것입니다. 사실 이건 '건축'이라 부르기 어렵습니다. 동굴은 그저 자연의 일부일 뿐이니까요.

 그러나 인간이 동굴을 쉼터로 사용하기 시작한 건 훗날 건축에 필요한 요소들이 포함되어 있었기 때문일 것입니다. 어쩌면 주거지로서의 동굴에는 어떠한 '중심'이 있지 않았을까요? '원의 중심'과 같은 기하학적인 이야기가 아닙니다. '그곳에서 생활하는 인간에게 의미 있는 중심'이라고 해야 할 것 같네요.

 예를 들어, 불을 피워 음식을 조리하는 난로가 있다면 그곳이 중심일 것입니다. 가족 모두가 난로를 중심으로 식사를 하고, 잠자리에 들고, 하루를 시작합니다. 또는 동굴 안쪽에 일족의 장로가 앉을 수 있는 자리를 마련했을 수도 있습니다. 이것도 다른 의미의 중심이죠. 이처럼 중심이 만들어지면, 동굴은 가족의 일체감이나 위계 같은 질서를 표현하는 공간이 됩니다.

게다가 동굴은 안전 측면에서도 매우 효과적인 공간입니다. 외부의 적이 침입할 수 있는 개구부가 한 방향에만 존재하기 때문에 동시에 여러 방향을 살피기 어려운 인간에게 매우 안전한 구조이죠. 누군가가 개구부를 지킨다면 다른 가족들은 안심하고 잠들 수 있을 테니까요.

건축에서 공간은 매우 중요한 요소입니다. 건축가는 인간이 사용할 공간을 어떻게 구성할지, 거기에 어떤 의미를 부여할지 고민합니다. 결국 건축물을 만드는 일은 공간을 만드는 일과 다르지 않습니다. 그렇기에 비록 인공물이 아닌 자연 동굴이라 할지라도 인간에게 의미 있는 공간이 만들어진다면, 그것은 어떤 의미에서는 건축에 가깝다고 볼 수 있습니다.

반대로 사람이 만들었다 하더라도 생활할 수 있는 공간이 없는 기념비는 제 기준에선 건축이 아닙니다. 대표적인 예로는 이집트의 피라미드가 있습니다. 물론 일반적인 의미에서는 피라미드도 건축에 속하며, 건축사의 첫 페이지에 피라미드를 다룬 책도 많습니다. 피라미드는 구조가를 비롯해 공학 계열 전문가들에겐 흥미로운 구조물입니다. 하지만 저를 포함한 많은 건축가는 피라미드를 건축이라 생각하지 않습니다.

피라미드는 돌로 빽빽하게 채워진 것이 아니라 내부 공간이 존재한다고 합니다. 그러나 관을 안치하는 장소일 뿐, 살아 있는 사람이 사용하는 공간이 아닙니다. 오히려 저는 인간이 생활 공간으로 사용하며 의미를 부여한 동굴이 더욱 흥미롭게 느껴집니다.

나무의 문화와 돌의 문화,
건축이 자연을 대하는 두 가지 방식

하지만 수많은 돌을 쌓아 만든 피라미드는 재료 측면에서 서양 건축의 특징을 잘 보여줍니다. 일본이나 동남아시아처럼 '나무의 문화'가 주류였던 지역도 있지만, 서양 건축은 처음부터 '돌의 문화'를 중심으로 오랫동안 이어져 왔습니다.

그렇다면 '나무의 문화'와 '돌의 문화', 이 둘의 차이점은 무엇일까요? 나무와 돌 모두 자연의 산물이지만, 내구성이 뛰어난 돌이 건축 재료로 더욱 적합합니다. 반대로 나무로 지어진 건축물은 오랫동안 보존하기 어려워 오래전에 만들어졌더라도 유적으로 남아 있는 경우가 많지 않습니다.

예를 들어, 일본의 「호류지」는 세계에서 가장 오래된 목조 건축물로 알려져 있지만, 지어진 시기는 7세기에 불과합니다. 반면 이집트에서 가장 오래된 피라미드는 기원전 27세기에 지어졌습니다. 피라미드에 비하면 「호류지」의 건립은 아주 최근의 일인 셈이죠. 일본, 중국, 동남아시아에서도 피라미드와 같은 시기에 나무를 이용한 건축이 만들어졌을 가능성이 높지만, 지금은 흔적을 찾아볼 수 없습니다.

사라진 건축에 사용된 나무는 오랜 시간을 거쳐 흙으로 되돌아갑니다. 그리고 인간은 흙에서 자란 나무를 사용해 다시 건축물을 만듭니다. 나무는 수천 년 동안 건축물로 남아 있는 돌과 달리, 자연과 건축(인공물)을 오가며 순환합니다. 즉 '나무의 문화'는 자연과의 '공생'을 지향합니다.

일본의 전통 주거도 그런 모습입니다. 툇마루를 통해 '안'과 '밖'을 하나로 연결해 외부가 내부로 스며들거나, 내부가 외부로 확장되는 구조를 갖추고 있습니다. 이러한 공간의 형태는 '자연과의 공생'이라는 가치관을 잘 나타냅니다.

20년마다 신전을 새로 짓는 이세신궁의 식년천궁은 자연과 공생을 도모하는 '나무의 문화'만의 독특한 관습입니다. 재료가 교체되어 옛 모습 그대로 유지되지는 않지만, 그렇다고 완전히 사라지지도 않습니다. 옛 기술을 그대로 사용해 동일한 형태를 유지함으로써 1300년 전부터 변함없이 이어져 오고 있습니다. 이러한 방식이 계속된다면 목조 건축물의 수명은 석조 건축보다 더 길어질지도 모릅니다.

서양의 '돌의 문화'는 동양의 '나무의 문화'와 달리, '자연은 인간을 위협하는 것'으로 여깁니다. 자연이라는 외부의 적으로부터 자신을 보호하기 위해서는 쉽게 부서지지 않는 견고한 재료를 사용해야만 했습니다.

이러한 자연관의 배경에는 혹독한 기후와 풍토가 자리 잡고 있었겠죠. 특히 북유럽 지역은 겨울의 추위가 너무나 혹독해 일본의 툇마루처럼 개방적인 구조로 지을 수 없습니다. 그래서 성곽 같은 건축물을 보면 개구부가 작게 만들어져 있죠. 이처럼 서양 건축에는 혹독한 자연을 억제하고 통제할 수 있는 구조가 요구되었습니다.

서양에는 기독교의 영향으로 '인간 중심주의'가 확산되었다는 이야기가 있습니다. 인간을 자연의 일부로 여기는 동양과는 사뭇 다르죠. 그들은 인간이 세상의 중심이며, 자연은 인간에 의해 지배되어야 한다고 생각합니다. 이러한 기독교적인 사고방식이 '돌의 문화'가 시작된 배경일지도 모릅니다.

단순한 구조물을 넘어 공간이 된 이집트의 「룩소르 신전」

내구성이 높은 돌을 사용한 서양 건축은 오래전부터 줄곧 보존될 수 있었기 때문에 후대의 건축에도 지속적으로 영향을 미쳤습니다. 유적으로 남아 있지 않았다면 후대의 건축가들은 과거의 작품을 참고할 수 없었겠죠.

　고대 이집트 이야기로 돌아가볼까요? 우리가 주목해야 할 역사적인 건축 유적은 피라미드가 아닌 「룩소르 신전」입니다. 이는 이집트 제18왕조(기원전 1550~1293)의 9대 파라오인 아멘호테프 3세에 의해 지어졌습니다.

　「룩소르 신전」은 단독으로 존재하는 건축물이 아닙니다. 「카르낙 신전」이라는 거대한 복합체 내부의 중심을 이루는 「아몬 대신전」에 부속된 신전이죠. 「아몬 대신전」과 「룩소르 신전」은 스핑크스의 참배길로 연결되어 있습니다.

'건축'으로서 주목해야 할 「룩소르 신전」

즉 「카르낙 신전」이라는 구조물 전체에는 '중심'과 '부속물'이라는 위계가 존재하고, 각 부분은 고유의 역할을 가지고 있습니다. 그곳에는 건축이 건축으로 불리기 위해 필수적인 '의미를 지닌 공간'이 존재합니다. 이 신전을 설계한 사람들은 파라오가 추구했을 종교적 목적을 고려해 공간의 의미와 건물 간의 관계뿐 아니라 도시 설계를 포함해 깊이 고민했을 테죠.

물론 고대 이집트에도 건축가가 존재했습니다. 기원전 2700년에 태어난 것으로 알려진 신관 임호테프는 건축가로서 조세르 왕의 피라미드를 설계했다고 전해집니다. 이처럼 피라미드는 명실상부한 건축가의 작품이라 할 수 있습니다.

건축가는 예술가처럼 머릿속에 떠오른 아이디어를 단순히 구체화하는 데 그치지 않습니다. 그렇다고 누군가의 아이디어를 그대로 형상화하는 기술자와도 다릅니다. 건축에 요구되는 의미와 용도를 깊이 고민하며 공간과의 관계를 창조하는 일, 그것이 바로 건축가의 역할입니다.

시대와 지역 모두 「룩소르 신전」과 차이가 있지만, 석정石庭으로 유명한 교토의 「료안지」를 예로 들어 이야기해보겠습니다. 그 석정에는 15개의 돌이 놓여 있는데, 어느 각도에서 보더라도 그중 하나는 반드시 다른 돌에 가려져 14개만 보입니다. 이러한 배치를 두고 다양한 설이 있습니다. '15'는 동양의 사상에서 '완전함'을 상징하는 숫자로, 그중 하나를 보이지 않게 배치한 건 '자신의 부족함을 직시하라'라는 가르침이 담겨 있다는 설이 대표적이죠. 어떠한 논리를 바탕으로 정원과 건물을 포함한 공간 전체가 설계되었음을 나타내는 것처럼, 건축에도 이러한 '논리'가 필수적인 요소입니다.

좀 더 이해하기 쉽게 이야기해볼까요? 주택 설계를 의뢰받은 건축가는 클라이언트의 가족 구성과 라이프스타일 등을 종합적으로 파악한 후에 가정에 가장 어울릴 만한 공간 구성을 고민합니다. 자신이 선호하는 공간을 고객에게 강요할 수는 없으니까요.

부모와 자녀의 관계나 교육 방침에 따라 자녀 방의 배치 혹은 현관에서 각 층으로 연결되는 동선이 달라질 수 있습니다. 또한 집에 돌아온 자녀가 곧바로 자신의 방으로 가지 못하도록 거실을 통한 후에 계단으로 올라가는 구조로 설계하는 경우도 있습니다. 이처럼 공간을 이루는 구조는 거주하는 사람에게 전달하는 하나의 메시지가 되곤 합니다.

고대 이집트의 신전 역시 전체 공간을 통해 주변에 살던 사람들이나 그들이 숭배하던 신에게 다양한 메시지를 전달했을 것입니다. 「룩소르 신전」뿐 아니라 오래된 건축물을 방문했을 때 단순히 '크다'라는 감탄에 그치지 않고 그 안에 담긴 논리와 공간이 발산하는 메시지를 상상하며 바라본다면 마음에 더욱 깊이 남을 것입니다.

이집트에서 그리스·로마로 이어진
세 종류의 기둥머리 디자인

「룩소르 신전」에서는 훗날 그리스와 로마 건축에 영향을 미친 구체적인 요소를 찾아볼 수 있습니다. 특히 중요한 것은 일렬로 늘어선 기둥머리의 형태이며, 건축 용어로는 '주두柱頭'라고 부릅니다. 「룩소르 신전」의 기둥머리는 연꽃 모양으로 구성되어 있습니다. 아마도 종교적인 의미를 담아 디자인되었을 테죠.

이후 그리스 건축에서는 이 기둥머리 디자인이 중요한 특징으로 자리 잡았습니다. 로마 시대에 쓰인 비트루비우스의 『건축십서』에도 그리스 신전의 기둥머리 디자인이 종류별로 소개되어 있습니다. 이후에 르네상스 건축이나 신고전주의 건축에서 기둥머리의 디자인이 부활한 점을 미루어볼 때, 고대 이집트 신전은 서양 건축의 기원 중 하나임이 분명합니다.

비트루비우스는 『건축십서』 3권에서 이오니아식 신전을, 4권에서 도리아식 신전과 코린트식 신전을 다루었습니다. 이 세 가지 모두 그리스에서 만들어진 신전의 '오더Order' 형식을 띠고 있습니다.

오더란, 원주圓柱와 이를 받치는 기단基壇 그리고 기둥 위에 놓인 들보와 지붕을 포함한 각 부분의 형태와 치수의 균형을 의미합니다. 세 가지 오더의 특징을 잘 나타내는 것이 바로 기둥머리 디자인이죠.

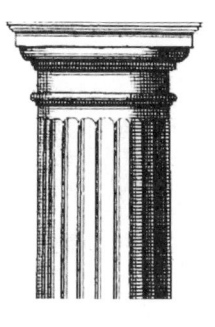 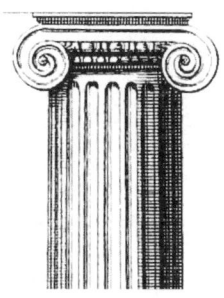 

도리아식　　　　　이오니아식　　　　　코린트식

세 가지 중 가장 오래된 것은 도리아식(도리스식)입니다. 「룩소르 신전」처럼 장식이 없고 직선적이며 디자인이 단순합니다. 원주가 굵어 남성적인 강인함이 느껴지는 것이 특징이라 할 수 있습니다.

그다음으로 등장한 것은 이오니아식입니다. 고대 그리스 민족의 분파 중 하나로, 도리스족의 침입을 피해 아나톨리아 반도의 서안으로 이주한 이오니아족이 만들어낸 양식입니다. 도리아식과 다르게 기둥머리에 소용돌이 모양의 조각이 새겨져 있습니다. 기둥 자체는 도리아식보다 가늘고 길며, 전체적으로 여성적인 이미지로 구성되어 있습니다.

가장 마지막에 등장한 코린트식은 이오니아식보다 원주가 한층 더 가늡니다. 또한 기둥머리 장식이 더욱 화려하고 복잡해졌으며, 지중해 연안에서 자라는 아칸서스(엉겅퀴) 잎 모양이 조각되어 있습니다.

신을 위한 공간에서 시민의 도시로,
「파르테논 신전」

그리스 관광의 하이라이트라 할 수 있는 아테네의 「파르테논 신전」은 앞서 소개한 세 가지 형식 중 가장 오래된 도리아식 신전을 대표하는 건축물입니다. 올림피아의 제우스상 등 수많은 신상神像을 제작해 '신들의 조각가'로 불린 페이디아스의 지도하에 건축가 익티노스가 설계했으며, 기원전 438년경에 완성되었습니다.

폭 약 30미터, 깊이 약 70미터의 신전에 늘어선 대리석 원주는 총 46개입니다. 양쪽 끝에서 중앙으로 갈수록 부풀어 오른 '엔타시스Entasis'라는 형태는 이 신전 기둥의 특징입니다.

주제에서 조금 벗어나지만, 메이지 시대에 서양 건축을 한 차례 익힌 일본에서 엔타시스에 관한 논문이 쓰인 적이 있습니다. 그 당시 제국대학(현 도쿄대학) 건축학과에서 이 분야를 선도했는데, 그곳에서 '지금까지 답습한 서양 건축만으로 충분할까? 일본의 건축학도 함께 배워야 하지 않을까?'라는 논의가 일어났습니다. 이때 이토 주타라는 학생이 논문 〈호류지 건축론〉을 발표했죠. 그는 중국과 인도를 여행하며 직접 다양한 건축을 살펴보았고, 「호류지」 남대문의 기둥이 엔타시스 형태라는 사실을 발견했습니다.

이를 근거로 '일본 건축의 뿌리는 그리스 건축에 있다'라는 주장이 제기되었습니다. 이는 상당히 비약적인 주장으로, 양측의 역사적

도리아식을 대표하는 「파르테논 신전」(기원전 438년경)

연관성은 지금까지도 입증되지 않았습니다. 하지만 당시에는 이러한 이야기가 진지하게 논의되곤 했습니다.

"일본은 서양을 단순히 모방한 것이 아니다. 원래부터 서양과 대등한 위치에 있었다"라고 말하고 싶었는지도 모릅니다. 제가 말하고 싶은 건 그런 주장을 할 정도로 그리스 신전은 서양 건축에 있어 중요한 존재라는 것입니다.

이토의 명예를 위해 덧붙이면, 그는 「호류지」가 일본에서 가장 오래된 사찰 건축이라는 사실을 밝혀낸 인물입니다. 이후 일본 건축사 분야를 개척한 권위자로서 교수이자 건축가로 활동했으며, 본인이 주장한 '건축 진화론'을 바탕으로 「츠키지 혼간지」 등을 설계했습니다. 또한 그는 이전까지 불렸던 '조가造家'를 '건축建築'이라는 명칭으로 탈바꿈시켰습니다. 아무튼 이토는 여러 측면에서 일본 건축사를 대표하는 인물 중 한 명입니다.

이제 다시 본론으로 돌아갈까요? 높은 아크로폴리스 언덕 위에 자리 잡은 아테네의 「파르테논 신전」은 이집트의 「룩소르 신전」과 마찬가지로 단독으로 존재한 것이 아닌, 큰 도시 계획의 일부였던 걸로 보입니다. 신전 주변에는 도서관, 극장, 음악당 등 다양한 문화 시설과 '아고라'라고 불린 공공 광장이 있었습니다.

아고라는 고대 그리스의 폴리스(도시국가)에서 시민들이 모여 토론을 나누는 '시민회의'가 열리던 장소입니다. 특히 아테네, 즉 아테나이(아테나의 옛 명칭)는 시민들이 직접 참여하는 민주주의 정치가 처음으로 발전한 폴리스로서, 아테나이의 중심부에 위치한 아고라를 기점으로 방사형 도로가 만들어졌습니다.

후대에 들어 아테나이의 시민회장은 아크로폴리스와 마주 보는 프닉스 언덕으로 옮겨졌는데, 이러한 전체적인 구조에는 아고라를 중심으로 민주 정치를 발전시키려 했던 도시 계획가들의 메시지가 담겨 있는 듯합니다.

도시에서 올려다보면 언덕 위에 「파르테논 신전」이 자리 잡고 있고, 그 기슭에는 시민들이 모여 자유롭게 이야기를 나누던 광장이 있습니다. 아테나이 사람들은 신이라는 권위의 품 안에서 보호받으며 자신들만의 민주 정치를 만들어나간 것이 아닐까요? 저는 그곳에 방문했을 때 그렇게 느꼈습니다.

건축에서 미학과 상품 가치를 발견한 권력자, 하드리아누스 황제

고대 그리스 아테나이에서 민주 정치가 발전했지만, 고대부터 중세, 근세에 이르는 봉건 사회에서 대규모 건축과 도시 계획을 주도한 것은 왕이나 황제 같은 권력자들이었습니다.

로마 제국 시대에는 이른바 오현제 중 한 명인 하드리아누스 황제(재위 117~138)가 도시 건설과 건축에 큰 관심을 보였습니다. 그는 126년에 브리타니아(현 영국) 북부에 118킬로미터의 길이를 자랑하는 하드리아누스 방벽을 건설했습니다. 또한 여러 지역에서 도시 개발을 진행하면서 하드리아노폴리스(현 튀르키예의 에디르네)를 비롯해 자신의 이름을 딴 도시를 여덟 곳이나 지었습니다.

하드리아누스는 황폐해진 아테나이의 재건에도 많은 노력을 기울였으며, 다수의 공공 건축물을 기증했을 뿐만 아니라 오랫동안 미완성 상태로 남아 있던 「올림피아 제우스 신전」을 완성했습니다.

로마 제국의 속령에 있던 건물을 재현한 빌라 아드리아나(133)

「파르테논 신전」이 위치한 아크로폴리스의 동쪽에는 「하드리아누스 개선문」이 있는데, 하드리아누스의 공적을 기리기 위해 아테나이 시민들이 자금을 모아 지었다고 합니다.

하드리아누스에게 건축은 취미였을까요? 그는 118년부터 133년까지 로마 북동쪽에 위치한 티볼리라는 도시에 광대한 별장을 지었습니다. '빌라 아드리아나'라는 부지에는 30개가 넘는 건축물이 있으며, 대부분 로마 제국의 속령에 있던 매력적인 건물을 재현한 것입니다.

아테나이 아고라에 있는 채색주랑, 「이집트 신전」, 알렉산드리아와 카노포스를 연결하는 운하 등 다양한 유명 건축물을 모방한 작품들이 여전히 빌라 아드리아나에 남아 있습니다. 또한 이오니아식, 코린트식 등 전통적인 그리스 건축의 특징을 볼 수 있죠. 하드리아누스 시대보다 약 200년 전에 『건축십서』를 집대성한 비트루비우스가 이를 보았다면 감격의 눈물을 흘렸을지도 모릅니다.

그는 건축에서 미학과 상품 가치를 발견한 권력자라 할 수 있습니다. 비트루비우스가 『건축십서』에 제시한 기능, 구조, 미학이라는 세 가지 원칙을 이해했는지는 알 수 없지만, 분명 건축의 가치를 이해한 훌륭한 교양인이었을 것입니다. (물론 건축을 사랑하는 저의 개인적인 생각입니다.)

로마 건축의 두 얼굴
「판테온」과「콜로세움」

하드리아누스가 설계한 건축물 중에서 가장 유명한 것은 로마에서 최고의 명소로 꼽히는「판테온」입니다. 이는 하드리아누스가 115~125년경에 재건한 건축물입니다. 화재로 소실된 최초의「판테온」은 기원전 27년에 초대 로마 황제 아우구스투스의 측근이었던 마르쿠스 빕사니우스 아그리파라는 정치가가 지었습니다. 현존하는 하드리아누스의「판테온」에도 아그리파의 이름이 새겨져 있습니다.

8개의 원주가 삼각형 지붕을 떠받치고 있는「판테온」의 입구는「파르테논 신전」과 분위기가 비슷합니다. 이를 통해 그리스 건축이 로마 건축에 영향을 미쳤다는 것을 짐작할 수 있죠.「판테온」만의 독창성은 그 너머에 있는 원형 홀에서 찾을 수 있습니다. 천장은 반구형 돔 구조로 만들어져 있고, 중앙에는 구멍이 뚫려 있습니다. 그곳에서 쏟아져 내려오는 '빛'은 이 건축물의 가장 큰 볼거리입니다.

건축의 미학은 건물만으로 완성되지 않습니다. 주변 경관과 조화가 이루어져야 하죠. 그 속에서 만들어지는 빛과 그림자 역시 미학의 일부입니다. 그래서 건축가는 외부의 빛을 내부로 어떻게 들일지도 깊이 고민합니다.

오늘날에는 다양한 조명 기구를 활용하지만, 촛불이나 횃불을 실내조명으로 사용하던 시대에는 특히 햇빛을 잘 활용하는 방법이

하드리아누스가 재건한 「판테온」(125년경)

큰 의미를 가졌을 것입니다. 그런 점에서 「판테온」 천장에 뚫린 구멍은 매우 뛰어난 시각적인 효과를 만들어냅니다.

어두운 전당 내부의 가장 위에서 직선으로 내리쬐는 햇빛을 본 사람들은 말로 형용할 수 없는 신성함을 느끼지 않았을까요? 로마 신화에 등장하는 솔Sol(영어 단어 solar의 어원)이라는 태양신은 로마 제국 시대에 아폴론 등 다른 태양신들과 함께 열렬히 숭배되었다고 합니다.

또한 그곳에 오래 머물면 햇빛이 서서히 각도를 바꾸며 움직이는 것을 볼 수 있습니다. 즉 「판테온」 돔에서는 우주와 세상의 시간

「판테온」의 천장

이 흐르는 현상을 직접 체험할 수 있습니다.

저도 「판테온」에 방문한 적이 있습니다. 그곳에서 그 빛을 바라보니 태양과 지구가 엮어내는 유구한 시간이 떠올랐고, 제 삶과 겹쳐 보았습니다. 사람은 때때로 자신의 삶을 돌아보며 여러 생각에 잠기곤 하죠. 이런 건축 공간에 있으면 평소와는 전혀 다른 감정이 가슴 깊은 곳에서 소용돌이치곤 합니다. 그런 점에서 「판테온」은 건축과 인간 사이에 깊은 소통을 만들어주는 공간이라고 생각합니다.

「콜로세움」 역시 많은 관광객이 찾는 대표적인 명소 중 하나입니다. 이 건축물을 세운 사람은 베스파시아누스 황제(재위 69~79)입니다. 그는 신전을 비롯한 다양한 건축물에 심혈을 기울인 로마 황제 중 한 명이죠.

이 4층짜리 원형 경기장 기둥에서도 그리스 건축의 영향력을 확인할 수 있습니다. 1층은 도리아식, 2층은 이오니아식, 3~4층은 코린트식 오더로 구성되어 있으며, 위로 올라갈수록 기둥이 점점 가늘어집니다. "「콜로세움」을 방문했지만 기둥의 차이를 몰랐다"라고 이야기하는 사람이 많습니다. 서양 건축사에 대한 지식이 있다면 여행이 한층 더 풍성해질 텐데 말이죠.

「판테온」은 신전이기에 신성한 분위기를 풍기지만, 「콜로세움」은 오락을 위한 시설입니다. 게다가 노예와 전쟁 포로들이 서로를 죽이기 위해 싸웠던 곳이라 「판테온」과 전혀 다른 인상을 줍니다. 5만 명을 수용할 수 있는 바로 이곳에서 지하에서 끌려와 죽임을 당하는 노예의 모습을 내려다보며 즐기던 사람들이 있었다고 합니다. 가파른 경사를 지닌 거대한 공간에 직접 가보면 그곳에 존재했던 위계의 가혹함이 생생하게 느껴집니다.

기독교 교회가 중심이 된
중세 유럽 건축

330년에 콘스탄티노폴리스(현 이스탄불)로 수도를 옮긴 로마 제국은

395년에 동서로 분열되었습니다. 이후 중세 서양 건축은 동로마 제국(비잔틴 제국)을 중심으로 발전했습니다. 두말할 것도 없이 중세 유럽은 기독교 문화가 발전한 시대입니다. 그로 인해 건축도 기독교 교회를 중심으로 발전했죠.

초기 기독교 교회에서 채택된, '바실리카식'이라 불리는 플랜(평면을 구성하는 기본 계획)은 직사각형 평면의 한쪽 면이 반원형으로 돌출되었다는 특징이 있습니다. 고대 로마에서는 법원이나 시민 집회 장소 등이 커다란 바실리카식으로 지어졌으며, 이러한 구조는 이후 기독교 교회의 기본 형태가 되었죠. 또한 직사각형에 직각으로 교차하는 복도를 더해 위에서 보면 십자가 모양으로 보이는 평면도도 등장하기 시작했는데, 이를 '라틴 십자형'이라고 합니다.

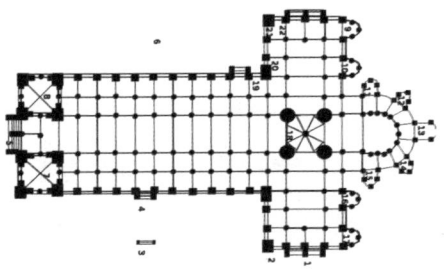

직사각형 구조를 기반으로 한 바실리카식

동로마 제국의 비잔틴 건축에서는 바실리카식 평면 위에 반구형 돔을 얹는 양식이 주류를 이루었습니다. 이후 기독교 사원으로 사용된 로마의 『판테온』처럼 오래전부터

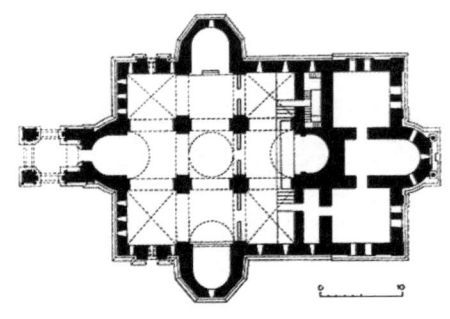

중앙 공간을 기준으로 한 집중식

존재해온 원형, 정육각형, 정팔각형 평면을 기반으로 한 건축 양식을 '집중식'이라고 부릅니다. 수평적이고 일방향 구조인 바실리카식과 달리 중앙 공간을 기준으로 대칭을 이루는 게 특징입니다. 비잔틴 건축의 교회는 바실리식과 집중식을 결합한 형태라 할 수 있습니다.

지금도 튀르키예 이스탄불에 남아 있는 「아야 소피아(거룩한 지혜라는 의미)」가 대표적인 예입니다. 처음 건설된 건 콘스탄티누스 1세 시대이며, 헌당은 360년에 이루어졌습니다. 이후 화재와 지진으로 여러 차례 붕괴되어 증축과 개축이 반복적으로 이루어졌습니다.

「아야 소피아」는 537년에 유스티니아누스 1세가 헌당했으며, 이때 반구형 돔이 덮였습니다. 직사각형 평면 위에 반구형 돔을 올리는 건 기술적으로 매우 어려워 당시에는 평면을 정사각형으로 만들어 그 위에 반구형 돔을 외접해 덮었습니다. '그리스 십자형'은 직사각형의 라틴 십자가와 달리 내부에서 보면 반구형의 둥근 천장으로 덮여 있지만, 외부는 기둥들이 둘러싸고 그 위에 돔을 올린 구조가 특징입니다.

기독교에서 이슬람으로 이어진
건축의 유산 「아야 소피아」

「아야 소피아」가 완성된 지 약 900년이 지난 1453년, 오스만 제국이 콘스탄티노폴리스를 함락시키며 동로마 제국이 멸망했습니다. 이에 「아야 소피아」는 미나레트(이슬람 건축의 특유한 첨탑) 등이 추가된 이슬람의 예배당인 모스크로 용도가 바뀌었습니다.

 이는 이슬람 건축에 큰 영향을 미쳤으며, 이후에도 계속해서 돔 형태의 모스크가 만들어졌습니다. 많은 사람이 '둥근 형태'를 이슬람 사원의 특징이라고 생각하는데, 실제로는 그렇지 않습니다.

 원래 이슬람의 모스크는 대부분 길쭉한 형태입니다. 긴 벽면의 맞은편에 성지 메카가 위치해 있어 신도들은 그 벽에 따라 놓인 융단 위에 줄을 서서 기도를 드렸습니다. 하지만 오스만 제국 사람들은 「아야 소피아」의 아름다움을 보고 '이것도 괜찮네'라고 생각했을

비잔틴 건축을 대표하는 「아야 소피아」(537)

것입니다. 기독교와 이슬람교는 자주 대립한다고 생각하기 쉽고 실제로도 그런 면이 있지만, 이슬람 건축은 정복한 땅의 건축 양식을 적극적으로 받아들였습니다.

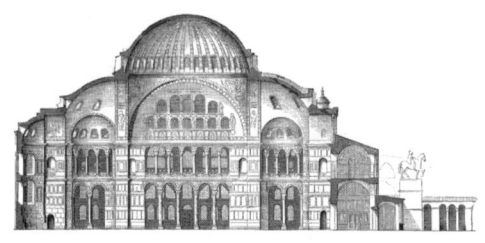

「아야 소피아」의 단면도

「아야 소피아」의 영향을 받은 모스크 중에서 가장 유명한 것은 1617년에 완공된 이스탄불의 「술탄 아흐메트 모스크(아흐메트 1세의 모스크)」입니다. 직경 23.5미터에 이르는 거대한 돔의 내벽에

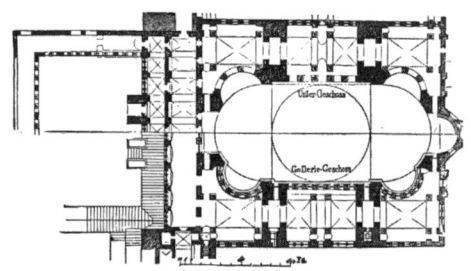

「아야 소피아」의 평면도

장식된 푸른색 타일이 인상적이어서 '블루 모스크'라고도 불립니다.

이를 설계한 궁정 건축가 세데프카르 메흐메드 아가는 '오스만 제국 역사상 최고의 건축가'라 불리는 미마르 시난의 제자입니다. 참고로 '미마르'는 이름이 아니라 '건축가'를 뜻하는 튀르키예어로, 이 호칭에는 그의 업적에 대한 깊은 존경이 담겨 있다는 것을 알 수 있습니다.

시난의 대표작 중 하나는 이스탄불 언덕 꼭대기에 위치한 「쉴레이마니예 모스크」입니다. 오스만 제국 제10대 술탄인 쉴레이만 1세

(재위 1520~1566)의 명령으로 설계되어 1557년에 완성되었습니다. 53미터 높이의 돔과 64미터 높이의 미나레트 4개를 갖춘 웅장한 이슬람 사원입니다.

시난은 쉴레이만 1세가 요구한 거대한 돔을 만들기 위해 획기적인 건축 방식을 고안했습니다. 기둥만으로 커다란 돔을 지탱할 수 없어 여러 크기의 돔을 조합한 뒤 그 위에 커다란 돔을 얹는 구조를 설계했죠. 이 방법은 그의 제자들에게도 계승되어 「술탄 아흐메트 모스크」 같은 대형 돔을 가진 모스크가 속속 지어졌습니다. 높이가 58미터에 달하는 거대한 돔으로 유명한 인도의 「타지마할」 설계에도 시난의 제자가 참여했습니다.

세데프카르 메흐메드 아가 「술탄 아흐메트 모스크(아흐메트 1세의 모스크)」(1617)

두꺼운 벽을 넘어 빛으로 열린 공간,
로마네스크에서 고딕으로

다시 중세 시대로 돌아가볼까요? 동로마 제국에서 비잔틴 건축이 확산되는 동안 서유럽에서는 11세기부터 12세기에 걸쳐 '로마네스

크'라는 건축 양식이 탄생했습니다. 이름 그대로 로마 건축으로의 회귀를 지향하는 움직임이었죠.

    로마네스크 건축의 특징은 두꺼운 벽과 반원형 아치입니다. 특히 '볼트(혹은 궁륭)'라 불리는 반원형의 노출된 천장을 쉽게 볼 수 있죠. 그 대표작으로 꼽히는 것은 이탈리아의 「피사 대성당」입니다.

로마네스크 건축의 대표작 「피사 대성당」(13세기)

1064년에 그리스인 건축가가 설계하고 착공했는데, 13세기에 들어서 건물의 파사드(건물 정면의 장식) 부분을 포함해 공사가 완전히 마무리되었습니다.

그 종탑으로 지어진 것이 바로 갈릴레오 갈릴레이가 쇠구슬을 떨어뜨리는 실험을 했다고 알려진 「피사의 사탑」입니다. (실제로는 실험을 하지 않았다는 설도 있죠.) 관광객들에게는 「피사의 사탑」이 더 인기가 많지만, 대성당 또한 서양 건축사에서 중요한 건축물이니 천천히 감상해보기 바랍니다.

로마네스크 건축이 고딕 건축으로 발전하게 된 배경에는 한 가지 기술적 발명이 있습니다. 로마네스크 건축에서는 측랑의 지붕(본당 양옆 통로 위를 덮고 있는 낮은 지붕) 아래 공간에 아치를 숨겨두었지만, 고딕 건축에서는 이를 측랑의 지붕보다 더 높은 위치로 옮긴 뒤 공중에 '플라잉 버트레스'라는 아치를 설치해 외벽을 보강했습니다. 이러한 기술 덕분에 로마네스크 시대보다 훨씬 더 높은 천장을 가진 건물을 짓는 일이 가능해졌습니다. 이를 사용해 보강하면 두꺼운 벽으로 건물의 무게를 지탱할 필요가 없었죠. 그로 인해 벽을 얇게 설계하는 것이 가능해져 창문을 훨씬 크게 만들 수 있었습니다.

그 결과, 많은 교회에서 '스테인드 글라스'가 사용되었습니다. 스테인드 글라스를 통과한 빛은 자연광과 전혀 다른 매력을 선사합니다. 더불어 스테인드 글라스에는 성경의 이야기가 그려져 있어 종교적인 연출 효과가 매우 뛰어나죠. 천장이 높은 공간에 찬란한 빛이

들어오고, 거기에 파이프 오르간의 장엄한 음향이 어우러지면 사람들은 마치 하늘로 올라가는 듯한 황홀함을 경험하게 됩니다.

이 시기 프랑스에서는 농업 기술의 발달로 농촌에서 일자리를 잃은 사람들이 도시로 이주했습니다. 그들은 대부분 글을 읽지 못해 성경에 무엇이 적혀 있는지 알지 못했습니다. 그래서 교회는 선교를

「노트르담 대성당」의 플라잉 버트레스

위해 성경의 이야기를 그림으로 표현해야만 했고, 이러한 종교적 요구와 기술의 발전이 맞물리며 고딕 건축은 교회를 중심으로 발전하게 되었습니다. 스테인드 글라스로 장식된 고딕 양식의 성당은 '돌로 만든 성서'라고도 불렸습니다.

고딕 건축의 대표작으로 가장 잘 알려진 건축물은 2019년 대형 화재로 첨탑 등이 소실된 파리의 「노트르담 대성당」과 런던의 「웨스트민스터 대성당」일 것입니다. 그 외에도 파리 근교의 「생드니 대성당」, 독일의 「쾰른 대성당」 등 유명한 교회는 셀 수 없을 정도로 많

← 고딕 건축의 공간적 아름다움을 표현한 「샤르트르 대성당」
↑ 고딕 건축의 특징인 수직성을 대표하는 「쾰른 대성당」

습니다.

그중에서도 「쾰른 대성당」은 높이 면에서 단연 압도적입니다. 600년이 넘는 시간을 거쳐 지어진 이 성당의 두 첨탑의 높이는 157미터에 달합니다. 고딕 건축의 특징인 '하늘을 향해 뻗어나가는 수직성'의 절정은 바로 여기서 구현되었다고 할 수 있죠.

공간의 아름다움 면에서는 프랑스의 「샤르트르 대성당」과 「아미앵 대성당」이 높은 평가를 받고 있습니다. 건축을 막 배우기 시작한 대학교 2학년 때 히치하이킹으로 유럽 곳곳을 여행한 적이 있는데, 이 두 교회를 보고 깊은 감명을 받았습니다.

「샤르트르 대성당」의 내부

「샤르트르 대성당」의 건축이 시작된 9세기에는 로마네스크 양식으로 지어졌는데, 1194년에 화재로 상당 부분이 소실되고 말았습니다. 이후 고딕 양식으로 재건되었고, 1220년에 완성되었습니다(내부는 1221년에 완성). 조각과 스테인드 글라스 등 대부분의 요소는 12~13세기 모습을 그대로 간직하고 있습니다. 훗날 19세기를 대표하는 조각가 오귀스트 로댕은 이 대성당을 보고 '프랑스의 아크로폴리스'라고 찬사를 보냈다고 합니다.

프랑스 북부에 위치한 「아미앵 대성당」은 프랑스에서 가장 규모가 큰 고딕 건축물로, 전체 길이는 145미터, 신랑(입구에서 제단까지 이어지는 중앙 공간)의 천장 높이는 42.3미터에 달합니다. 그 공간을 장식한 스테인드 글라스는 그야말로 숨이 멎을 듯한 아름다움을 선사하죠. 저는 그곳이 중세 유럽의 분위기를 생생하게 느낄 수 있는 장소라고 생각합니다.

프랑스 최대의 고딕 건축 「아미앵 대성당」

제2장

근세

고대의 부활과 과시의 미학

그리스와 로마 문화를 되살리고,
신이 아닌 인간의 힘을 드러내려 했던 르네상스 시대.
이어 화려한 장식을 강조한 바로크·로코코 양식이 등장했습니다.

르네상스 건축의 선구자, 브루넬레스키

서양사에서는 과거의 중세 유럽을 '암흑기'라고 불렀습니다. 고대 그리스와 로마 문화가 몰락한 이후 교회와 영주들의 억압으로 문화와 경제의 발전이 정체되었기 때문입니다.

최근에는 중세 사회의 여러 실체가 재조명되면서 이러한 명칭을 부정적으로 생각하는 사람이 많아졌습니다. 그러나 중세가 암흑기였는지에 대한 사실과 별개로 기독교의 성경이 당시 사회의 가치관에 큰 영향을 미친 건 분명한 사실입니다. 이러한 폐쇄적인 사회를 재설정하고자 그리스와 로마의 문화를 부활시키려는 움직임이 일어났습니다. 그것은 바로 14세기 이탈리아에서 시작된 르네상스 운동입니다.

서로마 제국이 멸망한 이후 이탈리아 반도 전체를 통일한 왕조는 존재하지 않습니다. 여러 도시국가로 분열되어 오히려 르네상스라는 새로운 문화 혁신이 시작될 수 있었죠. 예를 들어, 1789년의 프랑스혁명까지 다양한 왕조의 지배를 받았던 프랑스와 달리, 이탈리아의 도시국가에서는 메디치 가문과 같은 귀족들이 무역과 상업을 통해 권력을 키웠습니다. 그들은 예술가와 지식인을 후원함으로써 기독교를 중심으로 지배되던 중세 사회와 다른 문화적 기반을 만들어냈습니다.

바로 이 시기에 레오나르도 다빈치, 미켈란젤로 부오나로티 등 세계사에 이름을 남긴 거물급 건축가들이 등장했습니다. 건축가들은 고딕 건축 이전에도 독자적으로 활동했지만, 르네상스 이후에는 단순한 기술자가 아닌 '표현자'로서 자신의 개성과 창의성을 전면에 드러내기 시작했습니다.

그중에서도 르네상스 건축의 선구자로 꼽히는 인물이 있습니다. 바로 필리포 브루넬레스키(1377~1446)입니다. 건축학과에 다니는 사람은 잘 알고 있겠지만, 일반 대중에게는 잘 알려지지 않아 낯설게 느껴질 것입니다. 그는 르네상스 건축의 선구자로서 활약하기 이전부터 이후 건축 분야에서 자주 사용되는 기법을 도입한 인물로 역사에 이름을 남겼습니다.

3차원의 입체적인 건물을 원근법에 따라 2차원의 평면 위에 그리는 방식을 '투시도법'이라고 합니다. 건축 용어로는 '원근법 Perspective'이라고 하죠. 평면 설계도만으로는 완성된 건축물의 전체 모습을 직관적으로 이해하기 어려워 입체적으로 그린 '예상 가능한 스케치'가 필수적입니다.

    브루넬레스키는 건축가로 활동하기 전부터 11세기에 지어진 「산 조반니 세례당」 등을 투시도법으로 그렸습니다. 이는 세계 최초의 투시도법에 의한 작도로도 유명합니다.

신이 아닌 사람을 위한 최초의 르네상스 건축물, 고아 수용 시설

피렌체에서 금세공 장인으로 활동했던 필리포 브루넬레스키는 이후 로마에서 여러 차례 머물며 건축 공부를 했고, 그리스와 로마 건축의 특징인 오더를 발견했습니다. 오더는 약 1500년 전에 고대 로마의 건축가 비트루비우스가 『건축십서』에서 이미 정리를 했으니, 정확하게 말하면 '재발견'에 가깝습니다.

    그러나 예술과 문화 등 다양한 분야에 걸쳐 그리스와 로마 문화의 '재생'이 요구되던 시대에 이를 건축적으로 심층 있게 탐구한 최초의 인물은 브루넬레스키입니다. 그는 도리아식, 이오니아식, 코린트식 기둥머리의 차이와 구조에 따른 질서정연한 아름다움을 발견했을 뿐만 아니라, 이를 자신의 설계에 적용해 르네상스 건축의 선구자로 자리 잡았습니다.

필리포 브루넬레스키 「오스페달레 델리 인노첸티」(1445)

그가 건축가로서 설계한 첫 작품은 성전이나 교회가 아닙니다. 지금까지의 건축사 흐름을 생각해보면 조금 의외인데, 바로 「오스페달레 델리 인노첸티(무죄한 이들의 병원)」입니다. 이는 브루넬레스키가 소속되어 있던 피렌체의 상인 조합이 운영하던 고아 수용 시설입니다.

이 시설은 완성되기까지 여러 건축가의 손을 거쳤습니다. 중간에 설계가 변경되기도 했지만, 브루넬레스키가 설계한 아케이드는 누가 보아도 고대적인 특징을 지녔습니다. 코린트식 기둥머리를 가

필리포 브루넬레스키 「산타 마리아 델 피오레 대성당」의 돔(1434)

진 가늘고 긴 기둥을 시작으로 9개의 반원형 아치, 각 부분의 비례 관계는 그리스와 로마 건축의 기본적인 구조를 충실히 따랐습니다. 이는 최초의 르네상스 건축으로, 이후 건축사에 큰 영향을 미쳤습니다.

브루넬레스키의 대표작으로 꼽히는 것은 피렌체에 위치한 「산타 마리아 델 피오레 대성당」의 돔입니다. 이 대성당은 브루넬레스키가 태어나기 약 80년 전인 1296년에 건설이 시작되었습니다. 브루넬레스키가 최초로 투시도법을 사용해 그린 「산 조반니 세례당」도 이 종교 시설의 일부입니다.

그 공사의 최종 마무리라 할 수 있는 돔의 설계안이 공모된 건 1418년의 일입니다. 이미 완성된 기초 위에 돔을 건설하기 위해서는 거대한 비계(구조를 받쳐주는 작업용 지지대)와 임시 구조물이 필요했기 때문에 기술적으로 매우 어려웠을 것입니다. 공모전에는 4명의 건축가가 참여했고, 임시 구조물을 설치하지 않고도 이중 구조의 돔을 건설할 수 있는 아이디어를 제안한 브루넬레스키의 설계안이 선정되었습니다. 전문적인 설명은 생략하겠지만, 이 과정에서 브루넬레스키는 구조의 강도를 유지하면서도 전체 무게를 줄이기 위해 다양한 아이디어를 고안했습니다. 그렇게 나무로 제작한 임시 구조물을 사용하지 않고 건설된 세계 최초의 돔이 1434년에 완성되었습니다.

브루넬레스키는 고대 느낌의 디자인을 부활시켰을 뿐만 아니라 건축 기술 면에서도 새로운 시도를 성공시킨 르네상스 시대의 위대한 선구자입니다.

고대의 지혜를 이어받은
르네상스 건축가들

필리포 브루넬레스키가 르네상스 건축의 문을 연 이후, 이탈리아에서는 뛰어난 능력을 겸비한 건축가들이 잇달아 등장했습니다. 그중 한 명은 가장 먼저 고전주의 건축 이론을 구축하는 데 큰 공을 세운 레온 바티스타 알베르티(1404~1472)입니다.

알베르티 가문은 피렌체에서 추방당해 제노바로 망명했으나, 1428년 알베르티가 24세가 되던 해에 추방령이 해제되어 피렌체로 돌아왔습니다. 그곳에서 브루넬레스키의 건축을 접한 알베르티는 조각과 회화를 포함한 예술 이론에 관심을 갖게 되었습니다. 교황청의 서기관이 된 그는 시학부터 음악 이론에 이르기까지 다양한 분야를 연구했습니다. 특히 고대 유적 연구를 바탕으로 건축과 측량술 분야에서 중요한 업적을 남긴 것으로 유명하죠.

15세기 중반에는 비트루비우스의 『건축십서』에 근거하여 10개의 문서로 구성한 르네상스 시대 최초의 건축서인 『건축론』을 집필했습니다. 비트루비우스가 정리한 그리스 건축의 오더는 세 종류였는데, 알베르티는 다섯 종류의 오더를 고전 양식의 기본으로 보았습니다. 그는 이 양식을 포함해 황금비로 대표되는 균형이 건축의 미학을 뒷받침한다고 주장했습니다.

고대 로마에서 탄생한 『건축십서』라는 바통은 브루넬레스키에서 알베르티로 그리고 줄리아노 다 상갈로(1445~1516)로 이어졌습니다. 브루넬레스키에서 시작된 초기 르네상스 양식을 일생 동안 고수한 줄리아노는 메디치 가문으로부터 탁월한 솜씨를 인정받았고, 그로 인해 포지오 아 카이아노라는 마을에 있는 메디치 가문의 별장을 설계하게 되었습니다.

상갈로 가문은 건축가 집안으로, 줄리아노의 동생과 조카도 유명한 건축가입니다. 이들 모두 '안토니오'라는 이름을 사용해 다소 혼란스러울 수 있는데, 그의 조카인 안토니오 다 상갈로 일 조바네는 이후에 다시 등장할 예정입니다.

유명 건축가들이 참여한 「성 베드로 대성당」의 개축

현재 바티칸 시국에는 가톨릭 교회의 중심지인 「성 베드로 대성당」이 있습니다. 이는 로마 제국의 황제로서 최초로 기독교를 공인한 콘스탄티누스 1세 황제가 324년에 창건한 건축물입니다. 당시에는 지금과 같은 돔이 없는 바실리카 형태의 교회였습니다.

현재의 모습을 갖추게 된 것은 1626년으로, 완성되기까지 상당히 오랜 시간이 걸렸습니다. 이탈리아 르네상스 건축을 대표하는 유명 건축가들이 설계에 참여한 「성 베드로 대성당」에는 르네상스 건축의 역사가 응축되어 있으니 이를 자세히 살펴보도록 하겠습니다.

창건된 지 1000년이 넘은 노후화된 대성당의 재건을 가장 먼저 구상한 인물은 15세기 교황 니콜라오 5세(재위 1447~1455)입니다. 이 프로젝트에는 『건축론』의 저자인 레온 바티스타 알베르티도 참여했죠. 그는 니콜라오 5세와 함께 대성당 재건을 포함한 로마 부흥 계획을 수립했습니다. 그러나 니콜라오 5세가 퇴임하면서 공사는 중단되고 말았습니다.

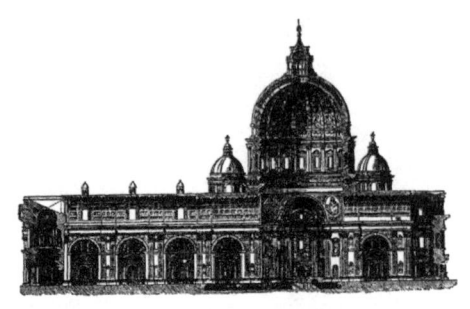

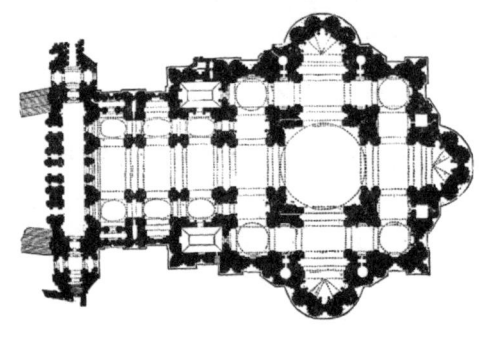

「성 베드로 대성당」의 평면도

약 반세기 후인 1505년, 교황 율리오 2세(재위 1503~1513)의 지시로 「성 베드로 대성당」의 개축이 재개되었습니다. 처음에는 소규모 개축을 계획했으나, 초기 르네상스 건축을 이끌었던 알베르티와 줄리아노 다 상갈로가 참여하면서 줄리아노가 제안한 아이디어를 바탕으로 전면적인 재건 공사가 이루어졌습니다.

하지만 그들의 건축 기법은 이미 보수적이고 낡아 새로운 무언가가 필요했습니다. 그래서 수석 건축가를 선출하는 공모전을 개최했고, 도나토 브라만테(1444~1514)가 최종적으로 선발되었습니다. 그는 대중적으로 잘 알려지지 않았지만, 훗날 '이탈리아 르네상스 전성기의 최고의 건축가'로 평가받았습니다.

브라만테는 레오나르도 다빈치와도 교류했는데, 그가 개축한 「산타 마리아 델레 그라치에 교회」의 벽화로 그려진 작품이 바로 「최후의 만찬」입니다.

「성 베드로 대성당」 재건의 리더가 된 브라만테는 당시로서는 상당히 대담한 계획을 제안했습니다. 비록 그의 계획은 실현되지 못했고 역사적인 자료 또한 부족하지만, 그는 중앙에 커다란 돔을 배치한 그리스식 십자형의 평면을 구상했습니다.

회전 대칭을 기반으로 한 집중식 평면은 기하학적 조화를, 반구형 돔은 우주를 상징했다고 평가받았습니다. 이는 보수적인 고전주의를 넘어 새로운 미학을 추구한 시도라고 생각합니다. 그로부터 약 100년이 지난 시대에 갈릴레오 갈릴레이가 처음으로 천체 망원경으로 달을 관찰했는데, 브라만테의 시대에도 이미 과학에 대한 관심이 싹트고 있었을지도 모릅니다.

한편 브라만테의 대담한 설계는 기둥의 강도가 부족하거나 그 외 기술적으로 어려운 점이 많았던 것으로 보입니다. 그로 인해 공사는 좀처럼 진행되지 못했고, 결국 교황 율리오 2세와 브라만테는 공사가 끝나기 전에 세상을 떠나고 말았습니다.

라파엘로의 죽음과 종교개혁,
멈춰버린 「성 베드로 대성당」

율리오 2세의 뒤를 이어 교황이 된 레오 10세(재위 1513~1521)가 수석 건축가로 선정한 인물은 라파엘로 산치오(1483~1520)입니다. 이름만 들으면 조금 낯설게 느껴질 수도 있는데, 유명한 회화 작품인 「시스티나의 성모」를 남긴 인물이죠. 그는 화가로서, 건축가로서 다양한 활동을 펼쳤습니다.

레오 10세는 줄리아노 다 상갈로를 라파엘로의 보좌관으로 임명했습니다. 그러나 얼마 지나지 않아 줄리아노는 세상을 떠났고, 그의 조카 안토니오 다 상갈로가 보좌관 역할을 이어받았습니다.

라파엘로는 도나토 브라만테의 집중식 평면은 공사가 어렵고 사용이 불편하다는 이유로 설계를 변경했으며, 직사각형 형태의 고전적인 라틴 십자형 평면을 채택했습니다. 그러나 공사는 진전되지 않았고, 1520년에 라파엘로 역시 세상을 떠났습니다. 그리고 이듬해에는 레오 10세도 사망했죠. 그로 인해 개축 공사는 또다시 중단되었습니다.

참고로 레오 10세의 어떠한 행동은 마르틴 루터의 종교개혁 운동이 발생하는 계기가 되었습니다. 그 행동은 과연 무엇일까요? 「성 베드로 대성당」의 건축 자금을 모은다는 명목으로 이른바 '면죄부'를 발행한 것입니다. 그로 인해 "돈으로 신의 용서를 살 수 있다는

게 말이 되는가!"라는 비판과 함께 로마 교회에 대한 저항 운동이 시작되었습니다.

이러한 역풍에 더해, 1527년에는 신성 로마 제국의 황제 카를 5세에 의한 '로마 약탈 사건'이 발생했습니다. 이 사건으로 건축이 진행 중이던 「성 베드로 대성당」도 피해를 입었고, 여러 상황이 겹쳐 결국 공사가 중단되었습니다.

그렇게 시간이 흘러 1536년에 공사가 재개되었습니다. 라파엘로의 뒤를 이어 수석 건축가로 임명된 사람은 그의 보좌관이었던 안토니오입니다. 그는 브라만테의 그리스 십자형과 라파엘로의 라틴 십자형을 결합한 듯한 절충안을 내놓았습니다. 하지만 그는 목조 모델을 완성했을 뿐, 1546년에 세상을 떠나고 말았습니다. 이후 그의 후임으로 지명된 줄리오 로마노 또한 얼마 지나지 않아 비극을 맞이했습니다.

멈춘 르네상스를
다시 움직인 미켈란젤로

이후 대형 프로젝트를 구제하기 위한 인물이 등장했습니다. 주인공은 바로 '천의 얼굴을 가진 남자'라 불린 미켈란젤로 부오나로티(1475~1564)입니다.

미켈란젤로는 「다비드 상」과 「시스티나 성당 천장화」 등을 통해 조각과 회화 분야의 슈퍼스타로 잘 알려져 있죠. 그는 건축가로서도 중요한 작품을 많이 남겼습니다. 대표적인 작품으로는 교황 클레멘스 7세의 의뢰로 지은 「라우렌치아나 도서관」이 있습니다. 이는 피렌체에서 가장 오래된 교회 중 하나인 「산 로렌초 성당」의 부속 시설이며, 메디치 가문의 개인 도서관이기도 합니다.

이 도서관의 설계에서 특히 높이 평가받은 건 직선과 곡선을 조합한 독창적인 계단입니다. 건물 전체의 비례, 즉 1층, 2층, 3층의 높이는 『건축십서』에 기반한 고전주의적 원칙을 따랐지만, 계단이나 아래로 갈수록 가늘어지는 장식용 기둥은 기존 르네상스 건축에서는 볼 수 없었던 새로운 아이디어로 설계했습니다.

「라우렌치아나 도서관」은 '마니에리즘 양식'의 대표작으로 손꼽힙니다. 미술이나 문학 분야에서도 사용되는 마니에리즘Mannerisme이라는 단어는 매너리즘Mannerism과 동일한 의미를 지녀 일반적으로는 다소 부정적인 뉘앙스를 내포하기도 합니다. 이는 낡은 양식에서 새로운 양식으로 전환되는 과도기적 상태뿐 아니라, 여전히 이전의 낡은 요소에서 완전히 벗어나지 못한 상태를 의미합니다.

르네상스 건축에서의 마니에리즘은 다가올 바로크 시대를 위한 가교 역할을 했을 뿐만 아니라, 독보적인 존재감을 드러내기에 충분했습니다. 도나토 브라만테까지의 고전주의적인 요소를 유지하면서도 새로운 시도를 펼칠 수 있었으니까요.

미켈란젤로 부오나로티 「라우렌치아나 도서관」(1571)

미켈란젤로 부오나로티 「캄피돌리오 광장」

    미켈란젤로가 건축가로서 남긴 또 하나의 대표작은 「캄피돌리오 광장」입니다. 이는 '로마의 일곱 언덕' 중 가장 높은 언덕에 자리 잡고 있으며, 중앙의 마르쿠스 아우렐리우스 기마상을 중심으로 미술관과 궁전 등 여러 건물에 둘러싸여 있습니다.

    미켈란젤로가 선보인, 하나의 대칭축을 설정해 서로 다른 형태의 건물에 통일감을 부여하는 공간 구성은 훗날 바로크 건축의 특징 중 하나가 되었습니다. 「캄피돌리오 광장」은 '마니에리즘의 대표작'이라 불리는 「라우렌치아나 도서관」과 달리, 역사상 최초의 '바로크스러운 광장'으로 평가받고 있습니다. 미켈란젤로는 르네상스

건축이 커다란 변화를 맞이하던 시대를 상징하는 건축가라 해도 좋을 것 같습니다.

마침내 완성된 「성 베드로 대성당」

미켈란젤로 부오나로티가 「성 베드로 대성당」의 수석 건축가를 맡았을 때 그의 나이는 72세였습니다. 미켈란젤로는 처음엔 그 일을 거절했지만, 결국 수락한 후에는 열정적으로 참여했다고 합니다. (그것도 무보수로 말이죠.)

미켈란젤로는 가장 먼저 안토니오 다 상갈로의 절충안을 도나토 브라만테가 처음 제안했던 집중식 평면으로 되돌렸습니다. 하지만 기술적인 어려움으로 공사가 진행되지 못했죠. 이에 미켈란젤로는 이미 완성된 부분의 절반 이상을 철거하고 전체 규모를 축소하는 방식으로 공사 속도를 높였습니다.

그러나 미켈란젤로가 88세의 나이로 세상을 떠난 1564년까지 완성된 건 돔의 하부 구조뿐이었습니다. 이후에 자금 부족으로 공사가 다시 정체되었는데, 다행히 16세기 말부터 로마 전체의 도시 계획이 본격적으로 추진되었습니다. 「성 베드로 대성당」 역시 여러 건축가에게 이어지며 공사가 진행되었죠.

그리고 1626년 마침내 「성 베드로 대성당」이 완성되었습니다. 현재 바티칸에서 볼 수 있는 대성당의 몇몇 세부적인 부분은 계획과는 다르지만, 기본적으로는 미켈란젤로가 구상한 형태라고 할 수 있습니다.

니콜라오 5세가 레온 바티스타 알베르티의 도움을 받아 재건을 계획한 건 15세기 후반의 일인데, 실제로는 17세기에 들어서 완성되었습니다.

참으로 길고도 긴 이야기죠. 하지만 아직 끝나지 않았습니다. 대성당 정면에 남아 있는 노후화된 옛 성당들을 어떻게든 해결해야 했습니다. "소중한 유산으로 보존해야 한다"라는 의견도 강하게 제기되었지만, 노후화가 너무나도 심각했기에 대성당의 완공이 가시화된 1605년에 결국 철거가 결정되었습니다.

그러나 단순히 철거한다고 될 문제가 아니었습니다. 그래서 이듬해 최종 건축 계획을 결정하기 위해 8명의 건축가를 대상으로 공모를 진행했습니다.

그 결과, 카를로 마데르노(1556~1629)가 「성 베드로 대성당」의 수석 건축가로 임명되었습니다. 그가 작업한 「산타 수산나 성당」의 파사드는 마니에리즘 양식에서 바로크 양식으로 변화하는 과정을 상징하는 대표적인 작품 중 하나로 평가받고 있습니다. 그 작업이 교황의 눈에 들어온 것이죠.

다시 말해, 이 대성당의 개축 계획을 시작으로 바로크 시대로 접어든 것입니다. '바로크'는 포르투갈어로 '뒤틀린 진주'라는 의미에서 유래한 용어로, 본래는 장식이 지나치게 화려한 건축을 비꼬는 표현이었습니다. 하지만 요한 제바스티안 바흐나 안토니오 비발디의 바로크 음악을 통해 알 수 있듯, 오늘날에는 그 시대의 예술 양식을 지칭하는 용어로 정착되었습니다.

마데르노에게 주어진 과제는 기존의 성당을 철거하고, 미켈란젤로의 설계를 수정해 본당과 파사드를 확장하는 것이었습니다. 그는 미켈란젤로가 설계한 그리스 십자형의 대성당에 신랑을 추가해 라틴 십자형으로 바꾸었습니다. 그리고 단순한 기둥 구조로 구성된 파사드를 화려한 장식이 더해진 발코니로 재탄생시켰습니다.

이렇게 대성당이 완성되었고, 1626년 교황 우르바노 8세(재위 1623~1644)에 의해 헌당식이 거행되었습니다. 이후에도 장식과 주변 시설 정비가 진행되었습니다. 우르바노 8세의 명령을 받아 마무리 작업을 맡은 사람은 이탈리아 바로크를 대표하는 건축가이자, 조각가이자, 화가이자, 극작가였던 잔 로렌초 베르니니(1598~1680)입니다.

우르바노 8세는 "베르니니는 로마를 필요로 하고, 로마는 베르니니를 필요로 한다"라는 말을 남겼습니다. 베르니니가 로마에서 얼마나 중요한 인물이었는지 짐작할 수 있겠죠? 역대 교황들에게도 중용된 그가 건축과 조각 등으로 로마 전역을 장식했다 해도 과언이 아닙니다.

그가 「성 베드로 대성당」에서 맡은 작업 중에서 가장 주목할 만한 것은 대성당 전면부에 있는, 타원형 광장에 만든 기둥이 늘어선 회랑입니다. 네 줄로 배치된 도리아식 기둥과 140개 성인상으로 장식된 모습은 장엄한 분위기를 자아냅니다.

이 광장의 공간적 구성은 미켈란젤로가 과거 「캄피돌리오 광장」에서 시도했던 아이디어를 계승한 것입니다. 대성당 옥상에서 내려다보면 설계 의도가 더욱 뚜렷하게 드러납니다. 하나의 축선을 따라 길이 곧게 뻗어 있는데, 원근법의 시각적 효과로 실제보다 훨씬 길게 느껴집니다. 반대편에서 올려다보면 성당의 높이가 더욱 강조되는 효과를 주죠.

「성 베드로 대성당」은 베르니니가 사망한 1680년 즈음에 현재와 비슷한 모습을 갖추게 되었습니다.

완벽한 균형을 자랑하는 「파르네세 궁전」

지금까지 살펴본 것처럼, 「성 베드로 대성당」이 재건되기까지의 과정에는 고전주의에서 바로크로 이어지는 르네상스 건축의 발자취가 고스란히 담겨 있습니다. 하지만 이 대성당 하나만으로 르네상스 건축을 설명하기란 부족합니다. 따라서 고전주의 시대로 돌아가 르네상스의 흥미로운 건축 작품들을 소개하도록 하겠습니다.

「파르네세 궁전」은 앞서 언급한 안토니오 다 상갈로가 설계하고, 그가 세상을 떠난 뒤 미켈란젤로 부오나로티가 증축 및 계획 변경을 거쳐 1589년에 완성한 건축물입니다. 이는 추기경 알레산드로 파르네세(훗날 로마 교황 파울루스 3세, 재위 1534~1549)의 저택으로 건축되었으며, 지금은 프랑스 대사관으로 사용되고 있습니다.

사진으로만 보면 그다지 흥미롭게 느껴지지 않을 수도 있습니다. 건축에 대해 잘 모르는 제 지인 또한 "그냥 흔한 아파트 같아"라고 말할 정도였으니까요. 그런 인상을 받은 것도 충분히 이해합니다.

하지만 19세기 영국의 건축역사학자 바니스터 플레처는 "「파르

「파르네세 궁전」(1589)

네세 궁전」은 16세기 이탈리아 건축물 중에서 가장 웅장하고 훌륭하다"라고 평가했습니다. 이렇게 과거의 건축 스타일이 오늘날의 아파트나 맨션에도 끊임없이 계승되고 있습니다.

　　동일한 크기의 건물이 줄지어 서 있어 지금의 아파트와 비슷한 느낌을 풍기지만, 이것이야말로 건축물의 가장 큰 특징입니다. 입구를 중심으로 전체가 좌우 대칭을 이루고 있고, 동일한 개구부가 반복됩니다. 이런 구성은 건축물의 강렬한 인상을 만들어내며, 보는 사람에게 압도적인 존재감을 전달합니다.

자세히 보면 1층, 2층, 3층 개구부의 모습이 각각 다릅니다. 특히 주목할 부분은 창문 위에 있는 처마의 형태입니다. 1층은 단순한 직선이지만, 2층은 삼각형과 원호가 번갈아가며 배열되어 있습니다. 그 위 3층은 모두 삼각형이지만 개구부의 너비가 2층보다 좁으며, 삼각형의 밑부분은 잘린 형태를 하고 있습니다.

1층은 건물의 기단 역할을 하면서 안정감을 주고, 2층은 리듬감 있는 계단을 따라 위로 올라가는 듯한 느낌을 줍니다. 3층은 마치 하늘을 향해 날아오르는 로켓과도 같은 기세가 느껴지지 않나요? 이처럼 수평적인 3층 구조의 건물에 수직적인 요소를 더한 점이 참으로 흥미롭습니다. 「파르네세 궁전」은 1층은 안토니오가, 2층과 3층은 미켈란젤로가 설계했습니다.

또한 평평한 지붕과 전면부를 향해 길게 돌출된 처마는 전체적인 구성을 정돈하기 위한 중요한 요소입니다. 만약 처마가 조금만 돌출되었다면 수평성과 수직성의 균형이 무너졌을 것입니다. 게다가 처마로 인해 만들어지는 벽면의 그림자는 건물의 입체감을 더욱 강조합니다.

이렇게 세부적인 요소와 건물 전체를 함께 살펴보며 나름대로 건축을 '읽는' 과정을 반복한다면 건축을 감상하는 즐거움이 점점 커질 것입니다.

고전주의의 계승과 새로운 도전, 팔라디오의 마니에리즘

지금부터는 마니에리즘 시대에 등장해 후대에 큰 영향을 미친 건축가를 소개하고자 합니다. 주인공은 안드레아 팔라디오(1508~1580)입니다. 「성 베드로 대성당」의 건축에는 관여하지 않아 지금까지 그의 이름이 등장하지 않았지만, 그는 18세기 후반에 프랑스에서 신고전주의가 시작되면서 비트루비우스, 레온 바티스타 알베르티와 함께 그리스와 로마 건축의 권위자로 평가받았습니다. 30대 무렵에 로마를 방문하여 비트루비우스의 『건축십서』를 참고해 고대 건축을 연구했으니 그런 평가를 받는 것도 당연하겠죠. 그리고 60세가 넘은 후에는 『건축사서』라는 고전 건축 연구서를 출판할 정도로 '정통 보수'의 중심에 서 있었습니다.

팔라디오의 대표작으로는 비첸차의 교외에 위치한 「빌라 로톤다(빌라 알메리코 카프라)」가 있습니다. 로톤다란, 원형 또는 다각형 평면의 건축물을 의미합니다. 이 건축물은 로마 교황청에서 은퇴한 사제 파올로 알메리코가 자신의 고향에 지은 주택으로, 종교 건축물이 아닙니다.

한편 팔라디오는 그리스와 로마 신전을 연상시키는 건축물을 설계했습니다. 정사각형 평면 중앙에 돔을 얹고, 네 면에 동일한 형태의 그리스 신전 스타일 현관을 배치했죠. 저도 방문해본 적이 있는

안드레아 팔라디오 「빌라 로톤다(빌라 알메리코 카프라)」(1591)

데, 완벽한 좌우 대칭을 이룬 기하학적인 아름다움이 느껴졌습니다.

하지만 그가 활약했던 시기는 마니에리즘 시대였기 때문에 아무리 정통 보수를 추구한다 해도 르네상스 건축으로서 새로운 시도가 필요했습니다. 특히 주목할 만한 요소는 '페디먼트'입니다. 이는 흔히 박공지붕의 삼각형 부분을 의미하는데, 일본 건축에서는 '파풍破風'이라 부르기도 합니다. 고대 신전에서는 당연한 건축 요소였지만, 이를 일반 주택에 적용하는 건 무척이나 대담한 도전이었죠.

이전까지 르네상스 건축의 페디먼트에는 조각을 통한 장식이 점

안드레아 팔라디오 「바실리카 팔라디아나」(1614)

점 단순화되고 있었지만, 팔라디오는 상당히 과감한 조각을 사용했습니다. 이후 르네상스 건축은 화려한 장식이 특징인 바로크 시대로 접어들게 되는데, 이러한 변화를 이끄는 첫걸음을 내디딘 것이 바로 팔라디오의 작품이라 할 수 있습니다.

비첸차에 있는 「바실리카 팔라디아나」는 그의 이름이 담겨 있는 것을 통해 짐작할 수 있듯, 팔라디오가 설계한 대표적인 건축물 중 하나입니다. 원래는 중세에 지어진 고딕 양식의 공회당(바실리카)이었지만, 팔라디오가 이를 둘러싸는 아케이드를 설계하면서 '팔라디아나'라고 불리게 되었습니다.

이 건축물의 가장 큰 특징은 들보를 떠받치는 커다란 기둥과 개구부 아치를 떠받치는 작은 기둥입니다. 기둥 디자인은 고대 그리스 양식을 따르고 있지만, 크고 작은 2개의 기둥을 나란히 배치한 것은 새로운 시도였습니다. 그 결과, 「파르네세 궁전」 2층의 삼각형과 원호가 반복되는 리듬감 있는 반복성이 만들어졌습니다. 이로써 그리스와 로마 건축, 고딕 건축 그리고 르네상스의 마니에리즘의 특징을 동시에 볼 수 있는 흥미로운 건축물이 탄생했습니다.

비첸차에 있는 「팔라초 키에리카티」도 팔라디오의 건축적 매력을 느낄 수 있는 건축물입니다. 원래는 지롤라모 키에리카티 백작의 저택으로 지어졌는데, 이후 시립회화관으로 용도가 변경되었습니다.

1층은 도리아식, 2층은 이오니아식으로 구성하는 등 그리스 건축의 특징이 드러나는 요소를 사용했습니다. 그러나 앞서 소개한

안드레아 팔라디오 「팔라초 키에리카티」(17세기 말)

「바실리카 팔라디아나」와 다르게 이곳에는 개구부의 아치가 없습니다. 게다가 「빌라 로톤다」처럼 커다란 페디먼트도 없습니다. 전체적으로 직선적이고 강인한 인상을 주죠. 옥상에 다양한 조각을 배치한 것은 그리스 건축의 특징이지만, 개인 저택에 비해 상당히 화려한 것은 마니에리즘 시대 특유의 과감한 스타일이라 볼 수 있습니다.

곡선으로 완성한 바로크의 걸작
「산 카를로 알레 콰트로 폰타네 성당」

마니에리즘 시대 이후의 바로크 건축을 대표하는 3명의 건축가가 있습니다. 「성 베드로 대성당」 이야기에서 언급한 카를로 마데르노와 잔 로렌초 베르니니 그리고 마데르노의 친척이기도 한 프란체스코 보로미니(1599~1667)입니다. 보로미니 역시 베르니니의 설계안을 강하게 비판하는 방식으로 「성 베드로 대성당」의 개축에 참여했습니다.

이처럼 베르니니와 보로미니는 라이벌 관계처럼 보이지만, 사실 세 사람이 협력해 설계한 건축물이 있습니다. 현재 로마의 국립고전회화관으로 사용되고 있는 「팔라초 바르베리니」가 바로 그것이죠. 이 건물의 문은 영화 〈로마의 휴일〉 촬영에도 사용되었습니다.

건물의 설계를 의뢰한 인물은 바르베리니 가문 출신의 우르바노 8세입니다. 그는 「성 베드로 대성당」의 개축에도 등장하죠. 처음에는 마데르노가 설계를 맡았지만, 그가 사망한 후에 베르니니와 보로미니가 그의 작업을 이어받았습니다.

세 사람 중 누구의 아이디어인지는 확실하지 않지만, 이 건축물의 가장 큰 특징은 H자형으로 구성된 평면입니다. 그동안은 건물이 중정을 둘러싸는 형태의 평면 구성이 일반적이었습니다. (앞서 소개한 「파르네세 궁전」이 그렇죠.) 바로크 시대에 들어서 처음으로 등장한 중정이 없는 H자형 건축물은 이후 궁정 건축에 영향을 미쳤습니다.

「팔라초 바르베리니」는 3층짜리 건물로, 1층은 도리아식, 2층

「팔라초 바르베리니」(1638)

은 이오니아식, 3층은 코린트식 기둥을 사용하는 등 그리스와 로마 건축의 전통을 따르고 있지만, 디자인적으로는 '완전한 바로크'라 할 수 없습니다. 전체적인 비례 측면에서는 고대 건축과 다른 독특한 균형감이 느껴지긴 하지만요.

베르니니와 보로미니가 마지막까지 함께 「팔라초 바르베리니」를 완성한 것은 아닙니다. 보로미니는 중간에 다른 프로젝트를 맡아 작업에서 손을 뗐고, 이후 베르니니가 완성까지의 작업을 담당했죠.

여기서 보로미니가 맡은 다른 프로젝트란, 로마 테르미니 역 근처에 위치한 「산 카를로 알레 콰트로 폰타네 성당」입니다. 이는 바로크 건축을 대표하는 걸작으로 평가받고 있죠. 지금까지 소개한 건축물들과 비교했을 때, 이렇게까지 유동적인 곡선과 곡면은 없을 만큼 누가 보더라도 확연히 눈에 띄는 특징을 가지고 있습니다. 그야말로 '뒤틀린 진주=바로크'라는 표현이 딱 어울리는, 디자인적으로 '완전한 바로크'라고 할 수 있는 건축물입니다.

조각, 문양, 문자 등 다양한 장식 요소로 꾸며져 있어 디자인적으로 화려한 인상을 주고, 내부로 들어가 천장을 올려다보면 타원형의 '쿠폴라(둥근 지붕)'에 배치된 십자가조차 구부러져 있습니다. 이 성당이 완성된 건 1646년입니다.

이탈리아 건축은 르네상스 건축의 문을 연 필리포 브루넬레스키의 「오스페달레 델리 인노첸티」를 시작으로 약 200년 동안 이러한 변화를 거쳐 발전해왔습니다.

프란체스코 보로미니 「산 카를로 알레 콰트로 폰타네 성당」(1646)

프랑스 상류층이 낳은
로코코 양식

그러나 이탈리아의 건축은 이 무렵부터 쇠퇴기에 접어들었습니다. 후기 바로크 이후에는 17세기 이후부터 경제력을 키워온 프랑스가 문화의 중심지가 되었죠.

이탈리아는 도시국가들의 집합체였기 때문에 로마 교황을 비롯한 종교적 권위가 건축 문화를 주도했지만, 절대군주가 지배하는 프랑스에서는 궁정이 중심이었습니다. 프랑스 후기 바로크를 대표하는 건축가 중 한 명인 쥘 아르두앙 망사르(1646~1708)도 1675년부터 왕실 건축가로서 「베르사유 궁전」 건설 등에 참여했으며, 1686년에 왕실 수석 건축가가 되었습니다.

그 당시 프랑스는 루이 14세가 통치했습니다. 망사르의 대표작 중 하나인 「발 드 그라스 성당」은 루이 14세의 생모가 그의 탄생에 감사를 표하기 위해 세운 것입니다. 망사르는 이탈리아의 잔 로렌초 베르니니 그리고 프란체스코 보로미니와 거의 동시대 인물이지만, 고전적인 오더를 그대로 사용한 것 등을 보면 '정통 보수' 안드레아 팔라디오의 영향을 받은 듯합니다.

그러나 그가 설계한 「블루아 성」의 오를레앙 윙을 보면 건물의 모서리가 곡면으로 처리되거나, 내부 공간에 타원형이 사용되는 등 이탈리아 바로크 건축의 영향이 확연히 드러납니다. 또한 망사르는

훗날 로코코 양식으로 이어지는 특징을 지닌 「블루아 성」의 오를레앙 윙

실내에 거울과 '스타코(장식 벽토)'를 이용한 장식 등 더욱 섬세한 디자인을 적용했습니다. 「베르사유 궁전」의 보수 공사에서도 볼 수 있는 이러한 디자인 요소는 훗날 로코코 양식으로 이어지는 첫걸음이 되었다고 할 수 있습니다.

    로코코는 프랑스어로 '바위'를 의미하는 '로카유Rocaille'에서 유래했습니다. 바로크 시대의 정원에서 바위를 조합해 만든 장식을 '로카유 장식'이라 불렀으며, 시간이 지난 후에는 복잡한 실내 장식을 의미하는 단어로 사용되었습니다.

루이 15세(재위 1715~1774) 시대의 프랑스에서는 왕의 총애를 받은 퐁파두르 부인(1721~1764)이 막대한 비용을 들여 여기저기에 저택을 지으면서 살롱 문화가 꽃을 피웠습니다. 즉 대규모 연회장에서의 화려한 파티보다 사저의 아늑한 방에서 사교하는 분위기가 선호된 것이죠. 바로크의 웅장하고 장엄한 스타일 대신, 우아하고 섬세한 로카유 장식이 유행하게 된 배경에는 이와 같은 상류층의 라이프스타일 변화가 있었습니다.

로카유 장식은 훗날 '로코코'라 불리게 되지만, 사실 바로크와 마찬가지로 당시 유행에 대한 경멸적인 표현이었습니다. 식물 덩굴, 조개껍데기와 산호, 뼈, 생물인지 아닌지 도무지 알 수 없는 기괴한 모양까지, 지나치게 장식적인 디자인은 후대 사람들에게 퇴폐적이고 답답한 느낌을 주었습니다. 솔직히 말해 저도 로코코 디자인을 좋아하지 않습니다.

프랑스혁명으로 막을 내린
로코코 유행

로코코는 서양 건축사에서 커다란 영향력을 지닌 새로운 '양식'으로 보기 어렵습니다. 건축에서 가장 중요한 것은 '공간을 어떻게 구성하는가'입니다. 그러나 로코코는 실내 장식이 중심이었으며, 공간 자

「상수시 궁전」의 볼테르의 방

「에카테리나 궁전」의 호박방

체는 이전의 건축과 별 차이가 없었습니다. 즉 당시 상류층이 선호한 일시적인 유행에 불과했습니다.

그러나 그 유행은 프랑스뿐 아니라 독일, 러시아 등 여러 나라로 확산되었습니다. 예를 들어, 독일에는 브란덴부르크주 포츠담에 위치한 상수시 공원에 로코코 양식의 궁전이 있습니다. 1747년 프로이센 왕국의 프리드리히 2세가 별궁으로 지은 「상수시 궁전」이 바로 그것이죠. 궁전의 외관은 단순하고 장식도 그다지 많지 않지만, 벽에서 천장까지의 내부 디자인은 전형적인 로코코 스타일로, 금색으로 화려하게 장식되어 있습니다.

러시아 상트페테르부르크 근교에 위치한 「예카테리나 궁전」도 로코코 양식으로 지어졌습니다. 이 건축물은 1717년 러시아의 초대 황제인 표트르 대제의 아내이자 제2대 황제인 예카테리나 1세(재위 1725~1727)가 더위를 피하기 위한 별궁으로 건립되었습니다.

그러나 「예카테리나 궁전」이 처음부터 지금의 모습이었던 것은 아닙니다. 예카테리나 1세의 친딸이자 제6대 황제인 엘리자베타(재위 1741~1762)는 어머니가 지은 궁전이 시대에 뒤떨어졌다며 로코코 스타일로 개조하라고 지시했습니다. 당시 프랑스 상류층에서 유행하던 건축 양식이 러시아까지 전해졌다고 볼 수 있죠.

이 궁전에서 가장 유명한 건 '호박방'이라는 공간입니다. 이름 그대로 방 전체가 호박 세공으로 요란하게… 아니, 화려하게 장식되어 있습니다. 참고로 이 호박들은 제2차 세계대전 당시 레닌그라드

포위전 중 독일군에 의해 약탈당했으나 1979년부터 복원 작업이 시작되어 2003년에 완전히 복원되었습니다.

루이 15세 시대에 로코코 양식이 만들어진 프랑스에서는 루이 16세가 권력의 자리에서 물러날 때까지 유행이 계속되었습니다. 이 사치스러운 문화의 종지부를 찍은 건 다름 아닌 1789년 프랑스혁명이었습니다. 한마디로 퐁파두르 부인에서 시작해 마리 앙투아네트로 끝난 유행이라고 할 수 있죠. 프랑스혁명이 일어나기 전에는 영국에서 산업혁명이라는 세계사적 변화가 일어나기도 했습니다.

이처럼 건축은 그 시대의 정치와 경제에 큰 영향을 받습니다. 따라서 18세기 말에 일어난 사회적 대변혁은 서양 건축사에서도 중대한 전환점이 되었습니다. 다음 장에서는 이러한 새로운 시대적 흐름에 대해 이야기해보도록 하겠습니다.

제3장

산업혁명이 가져온 근대의 시작

기술과 사회 변화가 만든 건축

기계가 보급화되고 기술이 발전하면서 건축물의 재료와 구조가 완전히 달라졌습니다. 건축은 장식적 전통에서 벗어나, 산업과 사회의 변화를 반영한 구조와 기능을 강조하기 시작했습니다.

계몽사상과 부르주아혁명, 근대 건축의 시대를 연 힘

건축가는 단순히 자신의 표현 욕구만으로 작업하지 않습니다. 다른 예술이나 문화도 마찬가지겠지만, 그 배경에는 항상 거대한 역사적 물결 속에서 변화하는 사회적 가치관이 자리하고 있습니다.

예를 들어, 르네상스기는 니콜라스 코페르니쿠스의 지동설을 시작으로 근대 과학이 막을 연 시대입니다. 중세 가톨릭 교회의 권위가 흔들렸고, 그리스의 자연 철학이 다시 주목받으며 고대의 '재생'이라는 사조가 형성되었습니다.

17세기부터 18세기에 걸쳐 각지에서 발생한 시민혁명도 서양 사회의 가치관을 크게 변화시켰습니다. 이는 '근대'의 시작을 의미하죠. 이러한 사회적 변화를 알지 못한다면, 서양 건축사를 온전히 이해할 수 없습니다. 그리고 역사를 이해하지 못한다면, 현대 건축에 대해 깊이 고민할 수 없습니다. 건축학을 전공하는 학생은 대부분 이공계적 사고방식을 갖고 있어 이러한 이야기를 어려워하는 경우가 많습니다. 그래서 저는 강의에서 충분한 시간을 들여 이에 대해 가르치고 있습니다.

영국의 청교도혁명(1642)과 명예혁명(1688), 미국의 독립혁명(1775), 프랑스혁명(1789)과 같은 일련의 시민혁명은 봉건적이며 절대주의적인 국가 체제를 해체하고 근대적인 시민 사회의 구축을 목표로 삼아왔습니다.

이러한 변화를 뒷받침하는 것이 바로 '계몽사상'입니다. 계몽은 영어로 'Enlightenment'라 하며 '빛을 비추어 사물을 명확하게 이해하도록 돕는다'라는 의미를 담고 있습니다. 계몽사상은 합리적이고 비판적인 정신을 바탕으로 종교적 미신과 편견이 만연한 사회를 부정하고, 인간의 이성을 계발해 사회의 진보를 도모하는 철학입니다.

그렇다면 이러한 혁명의 주체가 된 '시민'이란 누구일까요? 물론 봉건적 지배에서 해방된 개인은 넓은 의미에서 시민이라고 볼 수 있습니다. 그러나 시민혁명을 이끈 핵심 세력은 상공업자나 자본가 계급, 즉 '부르주아'였습니다.

오늘날에는 빈곤한 노동자 계층에 미움을 받는 부유한 상류층을 '부르주아'라고 부르기도 하죠. 하지만 당시의 부르주아는 봉건적 지배자에 맞서 싸운 대항 세력이었습니다. 그들은 자신의 경제력을 더욱 키우기 위해 자유와 사유재산 보호를 요구했으며, 이러한 요구는 시민혁명의 원동력이 되었습니다. 따라서 시민혁명은 '부르주아 혁명'이라고 불리기도 합니다.

이러한 변화를 뒷받침한 건 다름 아닌 18세기 후반 영국에서 시작된 산업혁명입니다. 르네상스 시대가 근대적인 '과학'의 문을 열었다면, 산업혁명은 '공학'의 혁명입니다. 증기 기관과 석탄 에너지를 이용한 기술 혁신으로 농업이 중심이었던 산업 구조가 공업 중심으로 급격히 변화했습니다.

산업혁명을 통해 부르주아 계층이 영향력을 갖게 되면서 서양에서는 자본주의 경제가 확립되었습니다. 사회 자체가 근본적으로 뒤바뀌었다고 해도 과언이 아닙니다.

신고전주의 건축에 신선한 바람을 불어넣은 환상의 건축가, 불레

그렇다면 이와 같은 사회의 대변혁 속에서 서양 건축은 어떻게 변화했을까요? 앞서 언급했듯, 프랑스에서는 1789년 혁명까지 로코코 양식이 계속되었지만, 그 이전부터 지나치게 화려한 장식에 염증을 느낀 사람들 사이에서 '신고전주의'라는 새로운 흐름이 나타났습니다. 마치 과거의 르네상스 시대가 그랬던 것처럼, 비트루비우스의 건축 이론으로 돌아가 건축의 미학을 재검토하기 시작했습니다.

이러한 흐름 속에는 자크 프랑수아 블롱델(1705~1774)이라는 영향력 있는 건축 이론가가 있었습니다. 그는 신고전주의를 기반으로 한 『건축서설』을 비롯해 여러 주요 도서를 집필한 인물이죠. 또한 프랑스혁명기의 건축에 신선한 바람을 불어넣은 건축가 에티엔 루이 불레(1728~1799)와 클로드 니콜라 르두(1736~1806)의 스승이기도 합니다.

두 제자는 실제로 지은 건축물이 많지는 않지만, 다양한 계획안과 스케치를 남겨 '환상의 건축가'라고 불립니다. 그들을 포함해 프랑스혁명기의 신고전주의 건축가들은 자신들이 만드는 건축에 사회를 쇄신할 수 있는 힘이 있다고 믿었습니다. 대개 고전으로 회귀하는 흐름 속에서 그리스 신전 스타일의 오더를 도입하면서도, 동시에 '혁명'을 지향해 보는 이에게 고전 건축과는 상당히 다른 인상을 주었습니다.

예를 들어, 불레가 디자인한 「오페라 극장」의 계획안을 볼까요? 건물 앞에 그려진 사람들의 크기와 비교해보면 상당히 거대한 건축물임을 알 수 있습니다. 원주와 지붕 위의 조각들은 분명 그리스 건축을 연상시키지만, 반구형 돔을 비롯해 기하학적인 대칭성 또한 눈에 띕니다. SF 영화 속 미래 도시에서나 등장할 법한 분위기를 자아내죠.

이보다 더 SF적인 분위기를 자아내는 것은 「뉴턴 기념당」의 스케치입니다. 이 건축물은 아이작 뉴턴을 기리기 위한 기념비로 계획되었습니다. 전체 구조가 하나의 거대한 구체로 이루어져 있으며, 내

에티엔 루이 불레
「오페라 극장」의 계획안

에티엔 루이 불레
「뉴턴 기념당」의 계획안

에티엔 루이 불레
「영모」의 계획안

부 벽면에 별이 빛나는 하늘을 그리고자 천장에 수많은 구멍을 뚫었습니다. 계획된 높이는 무려 150미터에 이르며, 수백 그루의 편백나무가 구체를 감싸듯이 배치되었습니다.

피라미드 형태로 설계된 「영묘」와 사진은 남아 있지 않지만 거대한 볼트로 덮인 도서관 또한 장엄함을 자랑합니다. 당시 기술력으로 이러한 건축물을 짓는 건 매우 어려웠을 테지만, 만약 실현되었다면 분명 프랑스를 대표하는 건축 명소가 되었을 것입니다.

공업 도시를 꿈꾼
신고전주의 건축가, 르두

클로드 니콜라 르두 또한 에티엔 루이 불레와 마찬가지로 실현하지 못한 스케치가 많지만, 프랑스혁명 이전에 왕실 건축가로 활동하면서 루이 15세의 주도하에 몇 가지 작품을 남겼습니다.

그중에서 가장 유명한 것은 유네스코 세계문화유산으로도 지정된 「살랭레뱅 대 제염소」입니다. 루이 15세가 건설을 명령했지만, 사실 르두는 국왕이 제염소 건설을 결정하기 이전인 1771년부터 프랑스 각지의 제염소를 조사하는 감독관으로 활동하며 더욱 효율적인 공장의 모습을 포함한 이상적인 도시 계획을 구상하고 있었습니다.

장소가 정해지지 않은 상황에서 르두가 구상한 설계안은 혁명

이전의 프랑스 사회에서는 도저히 상상하기 어려울 정도로 규모가 거대했습니다. 중앙의 거대한 정사각형 광장을 중심으로 공장 노동자들을 위한 기숙사가 배치되었습니다. 부지 내에는 병원, 예배당, 농장, 빵집 등 생활에 필요한 시설들이 포함되었습니다. 단순한 제염소가 아닌 하나의 '공업 도시'를 조성하고자 한 「살랭레뱅 대 제염소」는 훗날 다가올 산업혁명을 예견한 듯한 발상이라고 볼 수 있습니다.

거대한 계획은 결국 실현되지 못했지만, 「살랭레뱅 대 제염소」의 건설은 루이 15세가 사망하기 직전에 승인되었고, 르두가 설계를 담당했습니다. 당초 계획은 직경 370미터에 달하는 원형의 평면이었

클로드 니콜라 르두 「살랭레뱅 대 제염소」(18세기)

으나, 재정난으로 인해 결국 반원 형태로 축소되었습니다. 그럼에도 불구하고 중앙 광장과 노동자들의 주거 공간이 마련된 '도시 계획으로서의 공장'을 갖추고 있습니다.

그리스 신전에서 볼 수 있는 기둥이나 페디먼트 같은 신고전주의적인 요소 또한 충분히 표현되었습니다. 사실 르두가 디자인한 기둥과 거의 비슷한 형태를 일본에서도 찾아볼 수 있습니다. 바로 이바라키현 쓰쿠바시에 있는 「쓰쿠바 센터 빌딩」입니다. 이 건축물을 설계한 이소자키 아라타(1931~2022)는 그 내부에 있는 「오쿠라 프론티어 호텔 쓰쿠바」 정문에 르두의 기둥을 인용했습니다.

이소자키는 안타깝게도 2022년에 세상을 떠났는데, 제가 학생

이었을 때 그는 불레의 환상 건축에 대해 연구했던 것으로 기억합니다. 당시의 신선한 건축에 강한 관심을 가지고 있었던 것이겠죠.

그가 「쓰쿠바 센터 빌딩」에 르두를 인용한 건 이후에 이야기할 '포스트모던 건축' 시대의 일입니다. 모더니즘이 막다른 길에 이르자, 다시금 고전 건축으로 회귀하려는 흐름이 나타났습니다. 다소 앞서가는 이야기일 수도 있지만, 서양 건축은 역사 속에서 이러한 흐름을 여러 차례 반복했습니다.

↑ 이소자키 아라타 「오쿠라 프론티어 호텔 쓰쿠바」
→ 정문에 있는 기둥

판화로 흥미로운 공간을 설계한
판화가이자 고고학자, 피라네시

산업혁명이 본격화되기 이전 시대에 흥미로운 작품을 남긴 이탈리아의 건축가를 소개하겠습니다. 거의 동시대를 살았던 에티엔 루이 불레와 마찬가지로, 실제로 지어진 건축물이 아닌 다른 작품으로 유명합니다. 이번에는 스케치가 아닌 판화입니다. 주인공은 바로 판화가이자 고고학자로 알려진 조반니 바티스타 피라네시(1720~1778)입니다.

베네치아에서 무대 미술을 배운 피라네시는 1740년부터 로마에 거주했습니다. 그곳에서 관광객을 위한 기념품용 판화를 제작하며 고대 유적에 대한 고고학적 관심을 키웠죠. 그리고 저서 『로마의 유적』(1756)과 『로마의 웅장함과 건축』(1761)을 출간했습니다.

그의 판화 작품 중에서 가장 중요한 건 1750년에 출간된 『감옥의 기상천외한 창조』라는 제목의 판화 연작입니다. 10년 후 내용이 추가된 개정판의 제목은 『상상의 감옥』으로 바뀌었습니다.

고대 유적에 깊은 관심을 가졌던 만큼 그의 작품에서는 그리스와 로마 건축을 연상시키는 오더를 볼 수 있는데, 이는 실재하는 건물을 스케치한 것이 아닙니다. 피라네시는 상상의 세계를 기반으로 거대하고 음울한 감옥 공간을 그려냈습니다.

다양한 기둥, 방, 계단, 탑 등이 미로처럼 복잡하게 얽혀 있는 이 공간은 유적처럼 보이기도 하고, 전쟁으로 공격을 받은 폐허처럼 보이기도 합니다. 돔이나 볼트를 보면 교회 같지만, 교수대를 연상시키는 기둥과 감시탑 같은 작은 방을 보면 감옥 같기도 합니다.

이 판화에서 어떤 의미를 발견하느냐는 개인의 해석에 따라 다를 수 있습니다. 피라네시가 이러한 공간을 그리게 된 시대적 배경에는 여러 관점이 존재합니다. 그 당시에는 '그리스와 로마 중 어느 쪽이 문화적으로 우월한가'에 대한 논쟁이 있었는데, 피라네시는 "로마가 더 우월하다"라고 주장했습니다. 어쩌면 이러한 논쟁이 그의 작품에 영향을 미쳤을지도 모릅니다.

그러나 건축가로서 우리가 가장 흥미롭게 여기는 것은 판화에 담긴 의미가 아니라 피라네시가 설계한 공간 그 자체입니다. 어디까지 이어지는지 알 수 없는 공간은 굉장히 흥미롭습니다. 어디에서 어떻게 빛을 비춰야 이런 복잡한 명암이 만들어지는지도 무척이나 신비롭죠.

앞서 언급한 이소자키 아라타 역시 피라네시에 관심을 가졌으며, 안도 다다오는 "피라네시는 정말 흥미롭다"라고 이야기하기도 했습니다. 저 역시 공간 구성에 대해 고민할 때 피라네시의 판화를 보곤 합니다. 비록 공상적인 미술 작품이지만, 그 속에는 고전 건축에 대한 깊은 이해가 담겨 있습니다. 그렇기 때문에 서양 건축사에서 후대에 지속적인 영향을 미칠 정도의 강한 존재감을 가지고 있는 것이겠죠.

조반니 바티스타 피라네시『감옥의 기상천외한 창조』

사회주의적 유토피아를 지향한
푸리에와 고댕

한편 산업혁명은 도시의 모습을 크게 변화시켰습니다. 앞서 클로드 니콜라 르두가 도시 계획을 포함하여 제염소를 설계한 이야기를 했듯, 도시는 건축과 떼어놓을 수 없는 존재이며, 도시의 변화는 건축에도 영향을 미치기 마련입니다.

가장 먼저 산업혁명을 일으킨 영국에서는 농촌에서 유입된 사람들로 인해 런던을 비롯한 도시의 인구가 급격히 증가했습니다. 그러나 도시 구조는 예전과 다르지 않아 주택이나 하수 처리 같은 인프라는 이를 감당하지 못했습니다. 수십 명이 한 아파트에서 살았고, 쓰레기를 비롯해 온갖 것을 무분별하게 버려 위생 상태는 극도로 열악했죠. 그 결과 전염병이 유행했고, 공장에서 내뿜는 매연 때문에 대기 오염이 심각해지면서 폐렴을 앓는 사람이 증가했습니다.

산업혁명으로 공업화가 가속화되면서 도시 문제는 영국뿐 아니라 프랑스 파리를 비롯해 유럽 각지로 확산되었습니다. 그리고 이러한 변화에 효과적으로 대응하기 위한 도시 계획이 필요해졌습니다.

이때 프랑스의 철학자 샤를 푸리에(1772~1837)가 흥미로운 제안을 했습니다. 윤리학자이자 사회사상가로도 알려진 그의 사상은 훗날 칼 마르크스(1818~1883)에게 높은 평가를 받았습니다. 또한 생시몽(1760~1825)과 함께 '공상적 사회주의'를 대표하는 사상가로 이름을 날리기도 했죠.

푸리에는 국가의 지배를 받지 않으면서도 토지와 생산 수단을 공유하며 여러 가족이 공동생활을 영위할 수 있는 '아소시아시옹'이라는 개념을 제안했습니다. 이는 1,800명 정도의 인원이 생활에 필요한 물건을 자급자족할 수 있는 공동체를 말하는데, 푸리에는 자신만의 용어로 '팔랑주'라고 불렀습니다.

이를 실현하기 위해서는 건축이 꼭 필요했습니다. 푸리에는 건축물만으로 자립이 가능한 공동체 주거의 건설을 고안했고, 이를 '팔랑스테르'라고 이름 지었습니다.

푸리에는 팔랑스테르 실현을 목표로 자산가들에게 호소하고, 말년에는 그의 제자들이 '푸리에주의Fourierism' 운동을 전개했지만, 그가 살아 있는 동안에는 이 개념이 받아들여지지 않았습니다.

푸리에가 사망한 뒤 그의 사상에 공감해 팔랑스테르와 유사한 공동체를 만든 사업가가 있습니다. 바로 장 바티스트 앙드레 고댕(1817~1888)으로, 자신이 개발한 주철 스토브의 제조 및 판매로 큰 성공을 거둔 인물이죠. 지금까지도 고댕 사의 스토브는 프랑스를 비롯한 전 세계에 널리 알려져 있습니다.

자신의 공장을 갖기 전까지 열악한 환경에서 금속공으로 일했던 고댕은 노동자들도 부르주아와 동일한 수준의 생활 환경을 누려야 한다고 생각했습니다. 그는 푸리에가 꿈꾸었던 유토피아를 직접 실현하고자 프랑스 피카르디 지방에 위치한 기즈라는 작은 마을에

「파밀리스테르」를 건설했습니다. 이는 자신의 공장에서 일하는 노동자들과 그들의 가족을 위한 공동체입니다.

부지 안쪽에는 천장이 유리 지붕으로 덮인 넓은 중앙 광장이 자리하고 있습니다. 그리고 이를 둘러싼 4층짜리 건물은 450세대 정도가 거주할 수 있는 공동 주택으로 구성되어 있죠. 푸리에가 상상했던 것과 비슷하게 1,700명 이상이 생활할 수 있고, 주변에는 학교, 극장, 공원 등의 시설이 갖추어져 있습니다.

일반적인 서양 건축사 가이드북에서는 고댕의 「파밀리스테르」가 크게 다뤄지지 않을 수도 있습니다. 그러나 경제와 사회의 변화,

장 바티스트 앙드레 고댕 「파밀리스테르」(19세기)

건축과의 관계를 미루어볼 때, 산업혁명 시대에 이러한 프로젝트가 존재했다는 사실은 큰 의미가 있다고 생각합니다.

합리성과 고전미를 지킨
독일의 신고전주의 건축가, 싱켈

이번에는 독일로 눈을 돌려봅시다. 신고전주의 건축을 대표하는 독일의 건축가 칼 프리드리히 싱켈(1781~1841)을 소개하도록 하겠습니다. 그의 디자인은 이후 20세기 모더니즘 건축에도 큰 영향을 미쳤습니다.

그의 대표작은 '박물관 섬'으로도 알려진, 독일 베를린의 무제움스인젤에 위치한 「알테스 뮤지엄(베를린 구 박물관)」입니다. 이 건물은 1845년까지 '왕립 박물관'으로 불렸으며, 프로이센의 국왕인 프리드리히 빌헬름 3세(재위 1797~1840)의 명령으로 건설되어 1830년에 완성되었습니다.

이 건물이 만들어진 목적은 왕실이 소유한 미술품을 대중에게 공개하기 위해서였습니다. 당시에는 여전히 왕실이 강한 권력을 가지고 있었지만, 독일에서도 부르주아 계층이 성장하며 사회가 변화하기 시작했습니다. 이로써 일반 시민들도 예술을 향유해야 한다는 분위기가 확산되었죠.

칼 프리드리히 싱켈 「알테스 뮤지엄(베를린 구 박물관)」(1830)

싱켈은 그야말로 '신고전주의'라는 이름에 걸맞게 이오니아식 기둥머리와 옥상의 조각 등 고대 그리스 건축 양식을 엄격히 따르면서도, 인근에 위치한 「베를린 대성당」과 비슷해 보이는 것을 피하기 위해 사각형 벽으로 건물을 가렸습니다. 그와 동시에 지붕 위에는 로마의 「판테온」을 본뜬 반구형 돔을 올렸죠.

그러나 전체적인 구조는 단순하고, 불필요한 장식이 없습니다. 또한 기하학적인 합리성이 돋보이고, 장식을 제거할 경우 그 자체로 20세기 모더니즘 건축과도 통용될 수 있을 만한 디자인을 보여주죠.

후에 자세히 다루겠지만, 모더니즘의 거장인 르 코르뷔지에는 젊은 시절에 독일 건축가 페터 베렌스(1868~1940)의 사무실에서 근무한 적이 있습니다. 베렌스는 르 코르뷔지에를 비롯한 모더니스트들에게 큰 영향을 미친 존재입니다. 그는 화가에서 산업 디자이너로, 건축가로 활동하는 과정에서 싱켈의 건축에 영향을 받았고, 이를 제자들에게 전수했습니다. 그런 의미에서도 싱켈은 근대 서양 건축사에서 가장 중요한 인물 중 한 명이라고 할 수 있습니다.

제1회 런던 세계 박람회를 빛낸
산업혁명의 상징「크리스털 팰리스」

서양 건축은 이 시기부터 점점 더 근대화되어 갔습니다. 칼 프리드리히 싱켈의「알테스 뮤지엄」이 완공된 지 약 20년(싱켈이 사망한 지 10년 후)이 지난 1851년, 영국에서는 최초의 세계 박람회가 개최되었습니다.

세계 박람회에서의 가장 큰 볼거리는 참신한 디자인의 파빌리온입니다. 2025년에 개최 예정인 오사카 세계 박람회를 앞두고 과연 파빌리온이 제대로 지어질지 우려가 제기되고 있습니다. 어쨌든 제1회 런던 세계 박람회를 시작으로 건축 분야에서도 세계 박람회는 중요한 의미를 지닌 이벤트로 자리 잡았습니다.

제1회 런던 세계 박람회에서 가장 주목을 받은 것은 하이드 파크에 지어진 전시관으로, 이를 설계한 인물은 조경가이면서 독창적인 온실 공법을 개발한 조셉 팩스턴(1803~1865)입니다. 세계 박람회 위원회는 공모전을 진행했는데, 좀처럼 좋은 작품이 나오지 않았습니다. 그때 팩스턴이 직접 위원회에 제출한 설계도가 공개되었고, 영국 언론은 "이걸로 하자!"라며 크게 들썩였습니다. 자하 하디드의 「도쿄 국립경기장」 디자인이 발표되었을 때와 비슷한 충격을 주었을지도 모릅니다.

팩스턴의 설계는 당시 최신 기술이었던 철과 유리를 대량으로 활용하는 동시에, 공장에서 대량으로 생산된 부품을 현장에서 조립하는 공법을 적용했습니다. 그야말로 영국의 산업혁명을 상징하는 건축물이죠. 더욱이 길이 560미터, 폭 120미터에 이르는 거대한 건축물을 불과 10개월이라는 짧은 기간에 완성시켰습니다. 팩스턴의 작품은 새로운 시대의 산업력을 과시하는 박람회에 딱 들어맞았습니다.

30만 장의 유리를 사용한 거대한 전시관은 「크리스털 팰리스(수정궁)」라는 애칭으로 불리고 있습니다. 근대적인 소재를 사용했음에도 불구하고, 그때까진 신고전주의 시대였기 때문에 고대부터 이어져 온 볼트 구조의 흔적을 엿볼 수 있습니다. 또한 전체적인 평면 구조는 교회 건축에서 볼 수 있는 라틴 십자형으로 구성되어 있습니다.

그러나 이 공간에서는 전통적인 종교의 분위기를 거의 느낄 수 없습니다. 그보다는 현대 자본주의라는 새로운 가치관에 대한 절대

조셉 팩스턴 「크리스털 팰리스(수정궁)」(런던 교외인 시드넘으로 옮겨진 후의 사진)

적인 믿음이 자리하고 있죠. 다채로운 공업 제품과 최신 기계가 전시된 제1회 런던 세계 박람회는, 말하자면 인류 최초의 '근대적인 축제'였다고 할 수 있습니다.

팩스턴의 「크리스털 팰리스」는 세계 박람회가 끝난 뒤 런던 교외로 옮겨졌습니다. 이렇게 뛰어난 건축물을 허물어버리는 건 너무 아까웠을 테니, 당연한 조치였다고 생각합니다. 이후에는 박물관과 콘서트홀 등을 포함한 거대한 오락 시설로 활용되었습니다. 그러나 안타깝게도 1936년에 화재로 소실되고 말았습니다. 이후 재건되지 않았으며, 그 부지는 공원으로 남아 있습니다.

철과 유리로 표현한 고전 양식
「프랑스 국립도서관」과 밀라노 쇼핑 아케이드

철과 유리를 대량으로 사용한 「크리스털 팰리스」가 그랬듯, 산업혁명은 건축에 사용되는 재료에 커다란 변화를 가져왔습니다. 고대 그리스 이후 서양 건축은 기본적으로 '돌의 시대'가 지속되었지만, 재료가 바뀌면 당연히 디자인도 바뀌기 마련입니다. 돌로는 불가능한 일도 철을 사용하면 가능해지죠. 그렇기에 신고전주의 시대에는 고전 건축의 전통을 계승하면서 과거에는 실현하지 못했던 디자인이 등장했습니다.

이를 잘 나타내는 2개의 건축물을 소개하고자 합니다. 먼저 소개할 건축물은 프랑스의 앙리 라브루스트(1801~1875)가 설계한 「프랑스 국립도서관」입니다. 프랑스에는 17세기 파리에 설립된 이후 건축, 회화, 조각 분야에서 많은 예술가를 배출한 '에콜 데 보자르'라는 국립 고등미술학교가 있습니다. 라브루스트도 이 학교 출신이죠. 그는 고대 그리스 유적에서 깊은 영향을 받아 '네오 그렉Neo-Grec'이라는 새로운 조류를 형성했습니다.

1875년에 완성된 「프랑스 국립도서관」은 코린트식 장식과 아치 등 고전적인 요소를 포함하고 있지만, 철골을 사용해 '돌의 시대' 건축물보다 기둥이 가늘고 전체적으로 가벼운 느낌을 줍니다. 만약 돌을 쌓아 올려 돔이나 볼트의 하중을 지탱하려고 했다면 훨씬 더 두

주세페 멘고니 「비토리오 에마누엘레 2세 갤러리아」(1877)

앙리 라브루스트, 파리 국립도서관 열람실 (1875)

껍고 견고한 구조가 필요했을 테죠.

다음으로 소개할 건축물은 이탈리아 밀라노의 쇼핑 아케이드로, 두오모 광장 근처에 위치한 「비토리오 에마누엘레 2세 갤러리아」입니다. 일류 브랜드와 레스토랑이 즐비한 명소이기 때문에 밀라노에 방문한 적이 있는 사람은 한 번쯤 걸어보았을 것입니다.

앞서 언급했듯, 이탈리아는 서로마 제국이 멸망한 후 여러 도시국가로 분열된 상태로 오랫동안 유지되다가 1861년에 비토리오 에마누엘레 2세(재위 1861~1878)에 의해 '이탈리아 왕국'으로 통일되었습니다. 이 왕의 이름을 딴 아케이드는 주세페 멘고니라는 건축가에 의해 설계되었으며, 1877년에 완성되었습니다.

점포가 즐비한 상점가에 장식된 고전적인 양식을 보면 중세에서 르네상스 시대를 거쳐 지어진 건물처럼 느껴지기도 합니다. 하지만 천장을 올려다보면 유리와 철로 만들어진 볼트를 통해 빛이 스며드는 광경은 물론이고, 38미터에 달하는 유리 돔을 발견할 수 있습니다. 이는 신고전주의 건축의 전형적인 특징이라 할 수 있죠.

기계화 시대에 장인의 가치를 되찾으려 한,
아트 앤 크래프트 운동

지금까지 살펴본 것처럼 근대 자본주의 사회를 탄생시킨 부르주아

혁명과 산업혁명은 당시의 건축에 다양한 변화를 가져왔습니다. 한편 산업혁명이 불러온 시대적 변화에 제동을 걸려는 움직임 또한 나타나기 시작했죠.

산업혁명 이후 영국에서는 기계화에 따른 대량 생산 시대에 적합한 디자인을 모색했지만, 새로운 시대의 양식은 쉽게 탄생하지 않았습니다. 1851년 제1회 런던 세계 박람회에서 전시된 대량 생산품들은 예술성을 잃었다는 부정적인 목소리도 많았습니다. 그로 인해 미술계에서는 기계 문명에 대한 비판이 제기되었고, 중세 고딕 양식의 부활을 주장하는 건축가들도 등장했습니다.

이러한 시대적 흐름 속에서 런던의 젊은 예술가들은 '라파엘 전파'라는 그룹을 결성했습니다. 이는 라파엘로 산치오 이전의 초기 르네상스 미술에서 높은 가치를 발견해 붙여진 이름입니다. 그들의 작품은 성경의 이야기를 다루거나 중세 전설을 주제로 한 경우가 많았지만, 비밀 결사 같은 과장된 활동으로 따가운 시선을 받기도 했습니다.

이 그룹은 결성된 지 불과 5년 만에 해체되었습니다. 하지만 그들이 주장한 중세적 이상주의는 이후에도 기계화나 대량 생산에 반대한 사람들에 의해 계승되었습니다. 이러한 흐름 속에서 탄생한 것이 '아트 앤 크래프트 운동'입니다.

공업화로 인한 대량 생산의 영향으로 훼손된 것은 예술성(아트)만이 아닙니다. 장인들의 수공예(크래프트) 역시 존재감을 잃어갔습니다. 이러한 문제의식을 바탕으로 행동에 나선 인물이 있습니다. 그 주인공은 바로 19세기 후반 영국에서 시인, 공예가, 사회개혁가로 활동한 윌리엄 모리스(1834~1896)입니다.

성직자를 꿈꾸었던 모리스는 대학에서 중세사를 공부했습니다. 이후 라파엘 전파 등의 영향을 받아 건축가의 제자가 되어 건축을 배우기도 하고 화가를 목표로 하기도 했으나, 결국 공예가의 길을 걸었죠. 그리고 1861년에는 동료들과 함께 스테인드 글라스, 가구, 벽지 등 인테리어를 폭넓게 다루는 회사를 설립했습니다. 그곳에서 그는 의자와 벽지 등의 디자인을 담당했습니다. 그렇게 시간이 흘러 회사는 1875년에 문을 닫았고, 이후 모리스는 단독으로 '모리스 상회'를 설립했습니다.

그가 주도한 아트 앤 크래프트 운동의 핵심은 '싸구려에 품질도 나쁜 대량 생산품을 거부하고, 장인과 예술가뿐 아니라 소비자에게도 기쁨을 줄 수 있는 제품을 만들자'라는 것입니다. 모리스는 수공예의 가치를 재조명하며, 생활과 예술을 통합해야 한다고 주장했습니다.

시대를 막론하고 모리스의 생각에 공감하는 사람이 존재할 거라 생각합니다. 새롭게 등장한 것이 편리함과 효율성을 가져다주기도 하지만, 그 변화로 중요한 무언가를 잃어버렸다는 사실을 깨닫기도 합니다. 그렇기에 "옛날이 좋았다"라고 말하는 사람이 있는 거겠죠.

아무튼 모리스 상회에서 제작한 인테리어나 서적 등에는 '번영했던 영국의 황금기'를 떠올리게 하는 요소가 담겨 있습니다. 하지만 단순히 과거를 향한 그리움에서 비롯된 것만은 아닙니다. 산업혁명 이후 등장한 새로운 소재를 사용하면서도 정교한 수공예 기술을 통해 섬세한 장식을 더하는 방식을 활용했죠. 한마디로, '올드 앤 뉴'의 조화를 목표로 했다고 볼 수 있습니다.

이러한 제품들은 대량으로 생산된 상품보다 가격이 높아 일부 부유층만 구매할 수 있었을 것입니다. 하지만 모리스의 사상과 아트 앤 크래프트 운동은 세계적으로 커다란 영향을 미쳤습니다. 예를 들어, 미국에서도 아트 앤 크래프트 운동이 시작되었고, 유명 건축가 프랭크 로이드 라이트 또한 젊은 시절에 이 운동에 영향을 받았습니다.

게다가 아트 앤 크래프트 운동은 이후에 소개할 '아르누보'라는 국제적인 미술 운동에도 영향을 미쳤습니다. 20세기 초반에는 독일의 바우하우스를 설립한 멤버 중 일부가 영국을 방문해 아트 앤 크래프트 운동에 대해 연구했다는 기록이 남아 있습니다. 이는 건축 양식 자체와는 직접적인 관련은 없지만, 근대 디자인의 선구적인 흐름으로서 서양 건축사에서 중요한 위치를 차지한다고 볼 수 있습니다.

제4장

19세기 말

미국의 고층 빌딩과 유럽의 아르누보

서양 건축사에 처음 등장한 미국은
고층 오피스 빌딩 시대를 열었습니다.
유럽에서는 자연의 곡선을 닮은 아르누보 양식이 유행했습니다.

300미터 「에펠탑」을 가능하게 한 기술 혁신

윌리엄 모리스가 아트 앤 크래프트 운동에 뛰어든 무렵, 영국에서 시작된 산업혁명은 이미 다음 단계로 접어들고 있었습니다.

 18세기 후반, 산업혁명으로 인한 경제 발전은 당시 수많은 식민지를 보유한 영국이 독점적인 위치를 차지하는 데 결정적인 역할을 했습니다. 그러나 1860년대 후반에 접어들면서 프랑스, 독일 그리고 미국의 공업력이 향상되었는데, 그 무렵부터 제1차 세계대전(1914~1918)이 발발하기 전까지를 '제2차 산업혁명의 시대'라고 부릅니다. 이 시기에는 철강업을 비롯한 중화학공업에서 획기적인 기술 혁신이 이루어졌으며, 철도와 증기선 등 교통수단 또한 급속도로 발전했습니다.

 서양 건축사 관점에서 볼 때, 미국이라는 비유럽 지역이 처음으로 역사적 무대에 등장한 것이 이 시기의 가장 큰 특징입니다. 지금까지는 유럽 국가들만 다루었지만, 앞으로의 서양 건축사에서는 미국을 빼놓고 이야기할 수 없습니다.

그러나 미국에 대한 이야기는 잠시 미뤄두고, 먼저 프랑스에 주목해보겠습니다. 1889년, 프랑스혁명 100주년을 기념하여 개최된 파리 세계 박람회를 위해 획기적인 건축물이 만들어졌습니다. 파리의 상징인 「에펠탑」이 바로 그것이죠.

그전까지 세계에서 가장 높은 건축물은 1884년에 미국에 지어진 「워싱턴 기념탑」(169미터)이었습니다. 그러나 「에펠탑」은 이보다 100미터를 훌쩍 뛰어넘는 300미터의 높이를 자랑합니다. 설계 공모전에서 만장일치로 선정되었으며, 이후에는 '금속 산업의 독창적인 걸작으로 등장해야 한다'라는 평론이 덧붙여졌습니다. 「에펠탑」은 제2차 산업혁명을 상징하는 건축물로, 건축 공학적으로도 커다란 발전을 보여준 사례라 할 수 있습니다.

참고로 「에펠탑」은 '연철'이라는 재료로 만들어졌습니다. 18세기에 일어난 제1차 산업혁명 이후 철의 대량 생산이 가능해졌지만, 초기에는 부서지기 쉬운 주철이었기 때문에 탑과 같은 구조물에는 적합하지 않았습니다. 더욱 단단한 소재로 만들기 위해서는 철에 포함된 탄소 함량을 줄여야 했습니다.

제2차 산업혁명기에는 이러한 기술이 더욱 발전했습니다. 그 결과, 연철의 대량 생산이 가능해져 철교, 빌딩의 철골, 철도 레일 등을

귀스타브 에펠 「에펠탑」(1889)

제작할 수 있게 되었습니다. 이후에는 더욱 단단한 강철의 대량 생산이 가능해졌고, 그로 인해 연철의 시대는 끝을 맞이했습니다.

300미터에 달하는 탑을 세우기 위해서는 또 다른 기술 혁신이 필요했습니다. 그것은 바로 '엘리베이터'입니다. 엘리베이터가 없었다면 엄청난 체력과 끈기를 가진 사람만이 꼭대기까지 올라갈 수 있었을 것이며, 건축에서 빼놓을 수 없는 기능, 구조, 미학 중에서 기능을 충족할 수 없었을 테죠.

로프와 도르래를 이용한 수동식 엘리베이터는 그리스와 로마 시대부터 사용되었습니다. 19세기 초에는 수압을 이용한 엘리베이터가 등장했는데, 바로 이것이 「에펠탑」에 채용되었습니다.

그러다 1853년 뉴욕 세계 박람회에서 증기식 엘리베이터가 발표되었습니다. 이후에도 기술 혁신은 계속되었고, 파리 세계 박람회가 개최된 1889년에는 미국의 오티스라는 회사가 개발한 전동식 엘리베이터가 뉴욕의 한 건물에 세계 최초로 도입되었습니다.

튼튼한 소재와 엘리베이터 덕분에 높은 탑을 건설할 수 있었지만, 당시 사람들은 300미터라는 높이에 공포감을 느꼈습니다. 그래서 이를 설계한 토목기사 귀스타브 에펠(1832~1923)은 파리 세계 박람회가 개최되는 동안 「에펠탑」 최상층에 마련한 사무실에 머물렀습니다. '이 탑은 절대 쓰러지지 않으니 나는 안심하고 이곳에 머물겠다'라는 메시지를 전달하기 위한 행동이었죠. 지금도 그곳에는 에펠의 밀랍 인형이 전시되어 있습니다.

페르디낭 뒤테르 「기계관」(1889)

　파리 세계 박람회에서는 「에펠탑」 외에 또 하나의 거대 건축물이 지어졌습니다. 높이 45미터, 길이 400미터, 폭 115미터에 달하는 거대한 돔 형태의 천장으로 이루어진, 기둥이 없는 공간을 구축한 「기계관」이 바로 그것이죠. 이 건축물을 설계한 인물은 철과 유리로 된 대형 구조물을 실현하며 명성을 얻은 페르디낭 뒤테르(1845~1906)입니다.

　「기계관」은 자립형 아치 구조로 설계되어 기둥 없이도 천장을 지탱할 수 있었습니다. 그러나 폭 115미터에 달하는 양 끝에서 뻗어 나온 철골이 무너지지 않도록 중앙에서 결합하는 작업은 결코 쉬운 일이 아니었습니다. 전문적인 설명은 생략하겠지만, 이는 하중을 분산시키기 위한 새로운 공법이 개발되는 계기가 되었습니다.

골드러시가 만든 신흥 도시
샌프란시스코

한편 파리 세계 박람회 「미국관」에서는 〈버펄로 빌의 와일드 웨스트 쇼〉가 개최되었습니다. 버펄로 빌(본명은 윌리엄 프레드릭 코디)은 실제로 기병대의 정찰병으로 복무한 경험이 있는 미국 서부의 개척자입니다. 그는 1883년부터 카우보이 곡예 마술과 로데오(길들이지 않아 길길이 날뛰는 소나 말을 타고 버티는 마장 마술) 그리고 당시 '인디언'이라 불리던 미국 원주민과 기병대 간의 전투 장면을 연출하는 극단의 단장으로서 큰 인기를 얻었습니다.

이때 공연된 내용은 결코 과거의 이야기가 아닙니다. 백인과 원주민 간의 충돌은 1890년대까지 계속되었으며, 1889년 파리 세계 박람회 당시 미국의 모습은 '현재 진행형'이었습니다. 오늘날에는 백인을 '원주민의 땅을 강제로 빼앗은 무자비한 인간'이라고 생각하는 사람이 많은데, 당시에는 인디언을 물리치는 백인을 영웅으로 여겼습니다.

또한 파리 세계 박람회에는 아프리카 원주민의 생활상을 구경거리로 만든 악명 높은 '인간 동물원'이 설치되기도 했습니다. 당시의 인종차별은 오늘날과는 비교할 수 없을 정도로 심각했음을 알 수 있는 대목이죠.

아무튼 19세기 후반의 미국은 여전히 서부 개척 시대였습니다.

제가 13세의 나이에 가족과 함께 미국으로 건너가 대학을 졸업할 때까지 지냈던 캘리포니아 역시 그 무렵 개척된 지역이었습니다.

캘리포니아는 골드러시(전 세계 이민자들이 금을 찾아 몰려든 사건, 1848~1855)가 일어나기 전까지 황폐했던 무법지대로, 1846년의 인구는 200명 정도에 불과했습니다. 그러나 골드러시로 '동경의 땅'이 되었고, 1869년에 최초의 아메리카 대륙 횡단 철도가 개통되면서 1870년에는 인구가 15만 명까지 늘어났습니다.

인구가 급격히 늘어나면 도시 계획도 함께 진행됩니다. 골드러시 이전에는 동쪽의 다운타운에만 사람들이 거주했지만, 1860년대에 들어서면서 서쪽으로 시가지가 확장되었습니다. 그리고 1871년에 사람들이 모일 수 있는 대규모 공원인 골든 게이트 공원이 조성되었습니다.

처음에 골드 게이트 공원의 설계를 맡은 인물은 뉴욕 센트럴 파크를 설계한 프레드릭 로 옴스테드였습니다. 공원이 들어설 예정지는 태평양 연안의 해변가에서 시가지 방향으로 뻗어 있는 직사각형 부지로, 황폐한 모래 언덕이어서 울창한 숲을 조성하기에 어려움이 있었습니다. 이때 옴스테드는 캘리포니아 토착 식물을 중심으로 한 설계를 제안했는데, 시의회의 반대로 기각되고 말았습니다.

그를 대신해 등장한 인물은 토목기사 윌리엄 해먼드 홀이었습니다. 그는 뉴욕 센트럴 파크와 비교해도 손색이 없을 만큼 훌륭한 공원을 완성하는 데 심혈을 기울였습니다. 당시 샌프란시스코는 빠르게 성장하는 신흥 도시였던 만큼, 지역 주민들은 자연스럽게 대도시인 뉴욕을 의식했을 것입니다. 저 역시 이 공원에 자주 들러 야생 토끼와 놀았던 기억이 납니다.

샌프란시스코의 거리는 골드 게이트 공원을 중심으로 바둑판 모양으로 구획이 정비된 뒤 주택지로 분양되었습니다. 그곳에 줄지어 들어선 건물은 '빅토리아 양식'의 목조 주택이었습니다. 빅토리아 양식은 빅토리아 여왕(재위 1837~1901) 통치 시절 영국에서 유행한

빅토리아 양식의 목조 주택

건물과 가구 디자인 양식을 뜻합니다. 샌프란시스코는 미국 도시 최초로 빅토리아 양식의 주택을 도입했으며, 1850년부터 1900년까지 약 4만 채가 지어졌습니다.

현지 건축사의 연구에 따르면, 빅토리아 양식은 총괄적인 명칭일 뿐 보다 세부적으로 분류할 수 있습니다. 여기에는 이탈리아, 퀸 앤, 고딕 리바이벌, 리차드슨 등 다양한 양식이 존재하며 이러한 분류 방식은 건축사 팬들에게 흥미를 불러일으킵니다.

주택들은 당시 현지 건축가들의 설계로 지어지기도 했지만, 대부분은 건설업체나 부동산 개발업자가 '패턴 북'이라 불리는 건축 스타일북을 참고해 건설한 것으로, 색채가 무척이나 다채롭습니다.

현재 샌프란시스코에는 지어진 지 120년이 넘는(가장 오래된 것은 170년) 주택들이 여전히 남아 있으며, 상당히 깊은 문화와 다양한 매력을 지닌 거리의 풍경을 형성하고 있습니다. 신흥국이었던 미국은 유럽의 역사와 문화에 대한 동경과 존경을 품고 있었을 테죠.

샌프란시스코에는 리노베이션을 거친 빅토리아 양식은 지금까지도 많이 남아 있습니다. 여담이지만, 제가 스무살이었을 때 노후화되어 방치된 듯한 빅토리아 양식의 주택을 헐값에 매입한 사무실 동료가 있었습니다. 당시 매입가를 엔화로 환산하면 1,000엔 정도였을까요? 그러나 지금은 약 8억 엔으로 올랐습니다. '나도 사둘 걸…' 하고 후회해도 이미 늦었습니다. IT 산업의 중심지인 실리콘밸리를 품은 샌프란시스코는 이제 부자들만이 살 수 있는 도시가 되었습니다.

기업이 일터와 주거를 함께 설계한
도시 실험 「풀먼 공업 도시」

이번에는 당시 미국에서 뉴욕 다음으로 번영한 제2의 도시 시카고에 대해 이야기해볼까요? 미시간 호수와 대서양이 운하로 연결된 시카고에는 상품 거래소가 설치되어 있어 미국 전역의 농산물이 모입니다.

시카고 또한 제1차 산업혁명 당시 유럽과 마찬가지로 도시 환경이 서서히 악화되었습니다. 그로 인해 프랑스의 「파밀리스테르」와 유사한 (심지어 규모는 훨씬 큰) 시도가 이루어졌습니다. 1880년대에 시카고 교외에서 개발된 「풀먼 공업 도시」가 바로 그것이죠.

「풀먼 공업 도시」(1880년대)

「파밀리스테르」는 약 1,700명이 거주하는 공동체였지만 「풀먼 공업 도시」는 무려 6,000개 회사의 직원과 그 가족들이 거주할 수 있는 주택이 마련된, 말 그래도 하나의 '도시'였습니다. 이곳은 직원들이 일하는 공장뿐 아니라 시장, 교회, 도서관, 오락 시설 등을 함께 제공했습니다. 1893년 시카고 세계 박람회에서도 관광 명소로 큰 주목을 받았으며, 1896년에는 '세계에서 가장 완벽한 도시'로 국제적인 표창을 받기도 했습니다.

그러나 1890년대 금융 공황 이후, 직원들의 처우를 둘러싸고 파업과 불매운동 같은 노동운동이 발생했습니다. 또한 기업이 거주민의 삶을 결정하는 것에 대한 반발도 점점 커져만 갔습니다. 결국 1898년 일리노이주 대법원은 '기업이 도시를 건설할 권리는 없다'라며 회사 비즈니스에 불필요한 부동산을 매각하라는 명령을 내렸고, 그로 인해 풀먼 기업의 사택은 1909년까지 매각되고 말았습니다.

고층 오피스 빌딩 시대를 연
건축가 그룹, 시카고파

「풀먼 공업 도시」는 시카고 교외에서 시도된 프로젝트였지만, 시카고는 이와 별개로 미국 건축 문화의 중심지로 주목받게 되었습니다. 그 계기가 된 사건 중 하나는 1871년 10월에 발생한 시카고 대화재입니다. 안타까운 일이지만, 대규모 화재를 계기로 도시가 재정비되었습니다.

또한 경제 발전으로 인구가 증가하고 사무실 수요가 늘어나면서 한정된 땅에 더 많은 공간을 확보하기 위한 고층 빌딩의 필요성이 대두되기 시작했습니다. 교외에 조성된 「풀먼 공업도시」가 '수평적 확장'이었다면, 시카고는 '수직적 확장'인 셈이죠. 당시 뉴욕에는 기껏해야 5층짜리 건물이 전부였지만, 시카고에는 10층 이상 고층 오피스 빌딩이 잇달아 지어졌습니다. 철골 구조와 엘리베이터 기술의 발전 덕에 가능한 일이었죠.

앞서 살펴봤듯, 그리스와 로마 시대 이후 서양 건축의 주축은 신전, 교회, 궁전, 박물관, 도서관 같은 공공 건축물이었습니다. 하지만 시카고의 고층 건축물은 오

다니엘 버넘 「릴라이언스 빌딩」(1895)

피스 빌딩이 중심을 이루었죠. 그리고 오늘날까지 고층 오피스 빌딩은 건축가들에게 중요한 설계 주제 중 하나로 자리 잡고 있습니다. 그런 의미에서 상업 도시 시카고는 서양 건축사에 하나의 새로운 흐름을 만들어냈다고 할 수 있습니다. 그리고 이 시기에 시카고에서 활약한 건축가들을 '시카고파'라고 부릅니다.

시카고의 고층 오피스 빌딩 중에서 가장 유명한 건축물이 있습니다. 이 시대의 미국을 대표하는 건축가 중 한 명인 다니엘 버넘(1846~1912)이 설계한 「릴라이언스 빌딩」입니다. 버넘은 1893년 시카고 세계 박람회에서 총감독을 맡은 인물이기도 합니다.

14층 높이의 「릴라이언스 빌딩」은 철골 구조의 중심을 위부터 아래까지 정글짐처럼 엮은 구조가 특징입니다. 넓은 창문을 포함한 얇은 외벽 구조는 기존 건물들과 모습이 확연히 다릅니다. 고층 빌딩은 강한 바람에 견딜 수 있는 견고함이 필수인데, 다양한 기술 발전으로 가벼운 외벽을 사용하면서도 이를 실현할 수 있게 되었기 때문입니다.

이 건축물의 특징 중 하나는 울퉁불퉁한 형태를 띠는 외벽입니다. 이를 구성하는 돌출된 창문은 여닫을 수 없게 설계되었습니다. 커다란 창문은 고정되어 있고, 공기 순환을 위해 양옆의 좁은 창문만 여닫을 수 있습니다. 채광과 환기 기능을 함께 갖춘 창문은 훗날 '시카고 윈도우'라 불렸습니다.

고층 빌딩에 새로운 미학을 더한 건축가,
루이스 설리번

다니엘 버넘의 「릴라이언스 빌딩」은 넓은 유리창 때문에 조금 가벼운 느낌이 드는데, 그보다 몇 년 전에는 중후한 분위기를 풍기는 로마네스크 건축 양식의 고층 빌딩이 지어졌습니다. 루이스 설리번(1856~1924)이 설계해 1889년에 완성된 「오디토리움 빌딩」으로, 이는 시카고를 대표하는 건축물 중 하나로 평가받고 있습니다.

설리번은 10대 후반부터 필라델피아와 시카고의 건축사무소에서 일했습니다. 이후 파리의 에콜 데 보자르로 유학을 떠난 그는 미켈란젤로 부오나로티를 비롯한 르네상스 건축의 영향을 받았습니다.

그의 대표작인 「오디토리움 빌딩」의 외관은 마치 로마네스크 건축처럼 두꺼운 석재를 차곡차곡 쌓아 올린 듯한 인상을 줍니다. 물론 내부는 철골로 이루어져 있습니다. 게다가 아래에서 위까지 크게 세 부분으로 나뉜 디자인 또한 인상적입니다. 묵직한 기단 위에는 그리스 신전 양식의 기다란 기둥이 뻗어 있으며, 부드러운 곡선을 그리는 아치를 지탱하는 최상부의 모습은 신고전주의 양식으로 굉장히 아름답습니다.

다만 설리번이 신고전주의를 전적으로 지지했다고 보기는 어렵습니다. 이와 관련해 버넘과 대립하기도 했죠. 그 이유는 버넘이 지휘한 시카고 세계 박람회 전시장은 '화이트 시티'라 불릴 정도로 유럽 양식의 궁전을 포함해 고풍스러운 백색 건물들이 늘어서 있었기 때문입니다. 설리번은 신고전주의가 전면에 부각된 점을 부정적으로 바라보며 "버넘은 이 나라의 건축을 50년이나 퇴보시켰다"라고 강하게 비판했습니다.

그러나 고층 빌딩의 설계를 의뢰한 사업가들에게는 유럽의 전통문화에 대한 동경이 뿌리 깊게 자리 잡고 있었을 것입니다. 「오디토리움 빌딩」 역시 이러한 요구에 맞춰 설계되었을 가능성이 큽니다.

사실 설리번은 「오디토리움 빌딩」과 전혀 다른 분위기를 풍기는 건축물도 설계했습니다. 대표적인 예로 「카슨 피리 스콧 백화점」이 있죠. 장식이 거의 없고, 정글짐처럼 철골 구조가 그대로 드러난 형

루이스 설리번 「오디토리움 빌딩」(1889)

태는 상당히 현대적인 감각을 자아냅니다. 게다가 도로 교차로에 면한 모서리 부분이 곡선으로 이루어져 있다는 점이 특징적입니다.

버넘의 「릴라이언스 빌딩」과 설리번의 「오디토리움 빌딩」도 그렇지만, 일반적인 사무실 건물은 정면에 입구가 있습니다. 하지만 「카슨 피리 스콧 백화점」은 상업용 건물이기 때문에 유동 인구가 많은 도로의 양쪽에서 손님을 끌어들이고자 건물 모서리를 곡선으로 만들어 입구로 사용했습니다.

이외에도 설리번이 설계한 유명한 건축물이 있습니다. 1891년에 완성된 「웨인라이트 빌딩」과 1895년에 완성된 「개런티 트러스트 빌딩」이 바로 그것이죠. 이 두 건물은 기단, 본체, 돌출된 지붕 등 구조

루이스 설리번 「카슨 피리 스콧 백화점」(1904)

↑ 루이스 설리번 「웨인라이트 빌딩」(1891)
→ 루이스 설리번 「개런티 트러스트 빌딩」(1895)

가 비슷하지만, 어떤 의미에서는 대조적인 개성을 지니고 있습니다.

먼저 「웨인라이트 빌딩」은 4개의 모서리를 지탱하는 두꺼운 기둥 덕분에 수평적인 느낌보다는 위로 뻗어나가는 수직적인 느낌이 강하게 듭니다. 또한 두꺼운 지붕과 전체적으로 강인해 보이는 외관은 남성적인 느낌을 풍깁니다.

반면 「개런티 트러스트 빌딩」에는 그만큼의 강인함이 느껴지지 않습니다. 모서리에 위치한 가느다란 기둥은 마치 뜨개질로 엮은 듯한 부드러운 느낌을 자아냅니다. 굳이 말하자면, 여성적인 이미지라고 할 수 있죠. 물론 남성과 여성의 성질을 편협하게 구분 지어서는 안 되지만, 고대 건축에서도 남성적인 도리아식 기둥과 여성적인 이오니아식 기둥이 존재했으니까요.

무엇보다 한 명의 건축가가 이렇게 개성이 전혀 다른 작품을 만들었다는 점이 저에게는 매우 흥미롭게 다가왔습니다. 이처럼 어떠한 건축물을 볼 때 마치 게임을 즐기듯이 접근한다면 건축에 대한 친밀감과 흥미가 더욱 커지지 않을까 생각합니다.

자연의 곡선을 닮은 아르누보 양식, 유럽을 물들인 새로운 예술

그렇다고 루이스 설리번의 「카슨 피리 스콧 백화점」이 장식을 완전히 배제한 것은 아닙니다. 2층부터 위층까지는 훗날 등장하는 모더니즘과도 연결되는 기능성을 중시했지만, 거리를 오가는 사람들에게 가장 눈에 띄는 1층은 꽃무늬로 장식했습니다. 1890년대부터 20세기 초반까지 유행한 '아르누보' 양식을 도입한 것이죠.

다시 유럽으로 돌아가봅시다. 화초의 모티프와 흐르는 듯한 곡선을 조합한 디자인이 특징인 아르누보는 프랑스에서 시작되어 국제적인 예술 운동으로 발전했습니다. 아르누보는 '새로운 예술'이라는 의미를 지닌 프랑스어입니다.

지금까지 소개한 바로크, 로코코, 아트 앤 크래프트 운동에서도 볼 수 있듯, 서양 건축사에서는 시대마다 새로운 장식을 지닌 양식이 등장합니다. 로코코는 바로크의 발전된 형태인 반면, 아르누보는 아트 앤 크래프트 운동에서 기원을 찾을 수 있는 양식이라 할 수 있습니다. 두 양식 모두 대량 생산에 적합하지 않다는 공통점이 있습니다.

아르누보 양식을 대표하는 예술가로는 화가, 일러스트레이터, 그래픽 디자이너 등 다양한 분야에서 활약한 알폰스 무하(1860~1939)를 꼽을 수 있습니다. 그는 지금의 체코(당시 오스트리아 제국령)에서 태어났으며, 1887년부터 파리에서 활동했습니다.

당시 파리는 '벨 에포크'라 불리는 화려한 시대였습니다. 이를 상징하는 대배우 사라 베르나르가 출연한 종교극 「지스몬다」의 포스터(1894)는 무하의 출세작입니다. 곡선적으로 디자인된 로고타입을 포함해 전형적인 아르누보 작품이라 할 수 있죠.

알폰스 무하 「지스몬다」
포스터(1894)

현재 파리의 거리에는 당시 흔적이 많이 남아 있습니다. 대표적인 예로 파리 지하철의 입구 디자인이 있는데, 이는 프랑스 아르누보를 대표하는 건축가인 엑토르 기마르가 설계한 것입니다.

벨기에 또한 아르누보의 중심지입니다. 빅토르 오르타(1861~1947)는 아르누보를 건축에 최초로 도입한 건축가로 알려져 있습니다. 그의 대표작인 「타셀 저택」은 1892년 아르누보 전시회에서 깊은 감명은 받은 뒤 이듬해에 설계한 건축물입니다. 그리스와 로마 건축의 전통을 계승한 것처럼 보이지만 2층 기둥은 마치 뼈와 같은 형태를 띠고 있으며, 3층 난간은 덩굴 같은 유기적인 디자인으로 이루어

↓ 빅토르 오르타 「타셀 저택」(1893)
→ 빅토르 오르타 「오르타 저택」(1901)

져 있습니다.

　오르타의 또 하나의 대표작은 「오르타 저택」입니다. 이는 아틀리에와 자택을 겸한 건축물인데, 내부에 있는 곡선적인 디자인의 계단 난간과 꽃을 본뜬 형태의 조명 기구는 아르누보를 상징하는 대표적인 요소입니다. 「타셀 저택」과 「오르타 저택」을 포함한 「건축가 빅토르 오르타의 저택」은 유네스코 세계 문화유산에 등재되어 있습니다.

곡선을 장식이 아닌 구조로 완성한 건축가,
가우디

미완의 걸작 「사그라다 파밀리아 성당」으로 유명한 스페인 건축가 안토니 가우디(1852~1926) 역시 아르누보의 영향을 받은 인물입니다. 가우디가 54세 때 설계한 「카사 밀라」를 보면 그 영향을 확인할 수 있습니다. 직선이 전혀 없다고 해도 무방할 정도로 유기적이고, 곳곳에서 뼈처럼 보이는 기둥과 식물을 모티프로 한 디자인을 발견할 수 있습니다. 이는 누구도 흉내 낼 수 없는 가우디만의 독창적인 설계이지만, 당시 아르누보라는 새로운 흐름이 있었기에 탄생할 수 있었던 건축물이라고 할 수 있습니다.

　「사그라다 파밀리아 성당」 역시 직선이나 직각을 거의 찾아볼

안토니 가우디 「카사 밀라」(1910)

수 없다는 점에서 아르누보를 떠올리게 하죠. 하지만 가우디가 처음부터 이 프로젝트에 참여한 건 아닙니다. 1882년 착공 당시 프로젝트를 이끌었던 인물은 프란시스코 데 파울라 델 비야르라는 건축가였으며, 기본적으로 고딕 양식의 교회로 계획되었습니다. 그러나 그는 이듬해에 사임했고, 가우디가 수석 건축가로 임명되었습니다. 고딕 양식과 아르누보의 곡선적인 형태를 결합한 새로운 설계로 변경한 결과, 지금의 독특한 외관이 만들어졌습니다.

다만 가우디의 설계 방식은 '이렇게 하면 아름다울 거야'라는 주관적인 디자인 감각에 의존하지 않았습니다. 이 건축물의 독특한 탑의 형태는 납추를 단 모래주머니를 끈에 매다는 실험적인 방식을 통해 발전된 아치 구조에서 탄생한 것입니다.

아르누보의 가장 큰 특징은 화초 같은 자연이 만들어내는 곡선이지만, 가우디는 이를 장식적인 요소로만 활용하지 않고 기능적인 구조로 만들어냈습니다. 그렇게 그의 건축은 후대의 모더니즘으로 연결되는 중요한 흐름을 형성했다고 볼 수 있습니다.

안토니 가우디 「사그라다 파밀리아 성당」

영국 아르누보를 이끈 다재다능한 예술가, 글래스고파의 매킨토시

윌리엄 모리스가 아트 앤 크래프트 운동을 일으킨 과거의 영국에서는 찰스 레니 매킨토시(1868~1928)가 아르누보의 예술가로 활약했습니다. 매킨토시는 등받이가 사다리 모양을 하고 있어 '사다리 의자 Ladderback Chair'라고 불리는 길쭉한 의자를 디자인한 인물로 유명하죠. 그는 설계사무소에서 일하며 글래스고 예술대학에서 건축을 공부했으며, 때로는 화가로도 활동했습니다.

20대 중반 무렵, 매킨토시는 예술대학 동료들과 함께 '4인 그룹 The Four'이라는 모임을 결성한 뒤 1896년에 개최된 아트 앤 크래프트 전시회에 가구, 포스터, 회화, 은으로 만든 시계 등 다양한 작품을 출품했습니다. 그러나 주최 측은 이들의 곡선적인 디자인을 마음에 들어 하지 않았고, '기묘한 장식 중독'이라고 혹평하며 이후 전시회 출품을 금지했습니다. 비록 아르누보의 기원이 아트 앤 크래프트에 있다고는 해도, 그 이전 장식과는 분명한 차이가 보이는 이질적인 양식이었겠죠.

한편 매킨토시는 모교인 글래스고 예술대학 건물의 신축 공모전에 입상하는 등 그를 중심으로 결성된 '글래스고파'가 높은 평가를 받기 시작했습니다. 1909년에 완성된 이 학교의 건물은 매킨토시의 대표작입니다.

앞서 언급한 사다리 의자는 매킨토시가 설계한 주택인 「힐 하우스」의 침실에 두기 위해 만든 것으로, 오리지널 사다리 의자는 지금도 그곳에 놓여 있습니다.

찰스 레니 매킨토시 「힐 하우스」(1904)

19세기 보수적 장식 예술에서
20세기 기능적 건축으로 넘어가는 전환점

프랑스, 벨기에, 스페인, 스코틀랜드에 이어 다음은 오스트리아입니다. 그 당시에는 다양한 예술과 문화가 풍성하게 꽃피웠으며, 아르누보는 20세기 사회에도 큰 영향을 미친 이른바 '세기말 빈'에서도 '유겐트슈틸'이라 불리며 새로운 흐름을 만들어냈습니다. 그 선두에 선 인물은 화가 구스타프 클림트(1862~1918)입니다.

전통에 얽매이지 않는 아르누보 양식을 적극적으로 도입한 클

요제프 마리아 올브리히 「제체시온」(1898)

림트의 작품은 보수적인 빈 예술계로부터 강한 반발을 샀습니다. 이에 클립트는 '쿤스틀러하우스'라는 고지식한 예술가 단체에 불만을 품은 젊은 예술가들을 모아 '조각가예술협회'라는 단체를 결성한 뒤 쿤스틀러하우스에서 탈퇴했습니다. 이는 1897년의 일이죠. 기존 그룹에서 분리된 이들은 '빈 분리파Secession'라고 불립니다.

    빈 분리파에 속한 2명의 건축가를 소개하도록 하겠습니다. 먼저 요제프 마리아 올브리히(1867~1908)입니다. 그는 빈 분리파의 작품을 전시하는 「제체시온」을 설계한 건축가로 유명합니다. 그 당시 빈에서는 쿤스틀러하우스만이 전시장을 보유했기 때문에 새로운 예술 운동을 위한 전시장이 필요했습니다.

「제체시온」에서 가장 눈길을 사로잡는 요소는 흰색 건물 위에 놓인 거대한 금색 돔입니다. 월계수를 모티프로 만들어졌으며, '황금 양배추'라는 별명으로도 불립니다. 이와 더불어 벽면에 장식된 올빼미 조각은 아르누보적인 디자인의 진수라고 할 수 있습니다.

다른 한 명은 올브리히의 스승인 오토 바그너(1841~1918)입니다. 그는 자신의 밑에서 제도사로 일하던 올브리히의 재능을 발견하고 많은 도움을 주었습니다. 바그너는 서양 건축이 아르누보를 거쳐 모더니즘으로 나아가던 시대를 상징하는 인물이기도 합니다.

올브리히의 「제체시온」과 거의 동일한 시기에 바그너가 설계한 「마졸리카 하우스」는 분홍색 꽃무늬 타일로 외벽을 장식한 공동 주택입니다. 오늘날의 일반적인 감각으로 본다면 '여기서 사는 건 조금 부담스럽다'라고 생각하는 사람도 있을 것입니다. 그러나 상당히 기발하고 대담한 장식임에도 불구하고 괴짜라고 여겨지지 않았던 건 아르누보 시대였기 때문입니다. 개인적으로 이 건물에 거주할지는 별개로 두고, 세밀한 디테일로 만들어진 건물 자체는 매력적이라고 생각합니다.

바그너가 20세기에 들어 빈에 설계한 「우체국 저축은행」은 「마졸리카 하우스」와는 완전히 다른 분위기를 자아냅니다. 외부에 드러나는 로고나 장식에는 여전히 아르누보적인 요소가 남아 있지만, 내부 공간에서는 장식을 거의 찾아볼 수 없습니다. 특히 유리와 철

오토 바그너 「마졸리카 하우스」(1899)

골로 구성된 볼트와 조명은 합리성과 기능성을 얼마나 중시했는지를 보여줍니다.

바그너는 말년에 "예술은 필요에 따라야 한다"라는 말을 남겼습니다. '새로운 재료, 새로운 구조법, 새로운 생활 방식에 따른 요구에 의해 새로운 건축 양식이 탄생한다'라는 것이 바그너의 철학입니다.

비트루비우스의 기능, 구조, 미학의 관점에서 보면, 바그너는 '건축이란 기능과 구조가 핵심이며, 미학은 종속하는 것'으로 보았다고 할 수 있습니다. 즉 공간의 합리성과 기능성을 따르지 않는 불필요한 장식은 배제해야 한다는 원칙을 바탕으로 건축을 설계한 것입니다. 이러한 건축 철학을 잘 반영한 작품이 「우체국 저축은행」입니다.

오토 바그너 「우체국 저축은행」(1912)

'장식은 범죄다' 모더니즘의 문을 연 아돌프 로스

빈에는 오토 바그너보다 더욱 과격한 표현을 남긴 건축가가 있습니다. 모더니즘의 선구적인 작품을 만든 아돌프 로스(1870~1933)가 그 주인공이죠. 빈 분리파의 장식성을 맹렬히 비판한 로스는 1908년에 출간한 자서전 『장식과 범죄』에 건축계를 떠들썩하게 만든 발언을 남겼습니다.

'장식은 범죄다.'

얼마나 극단적인 주장인가요? 당시 대유행하던 아르누보를 전면적으로 부정하는, 그야말로 '밥상을 통째로 엎어버리는 일'이었습니다. 하지만 로스의 이러한 주장은 서양 건축에 강렬한 영향을 미쳤으며, 결과적으로 역사를 움직이게 만들었습니다. '장식은 범죄다'는 모든 건축학과 학생이 배우는 중요한 문장이므로 여러분도 꼭 기억해두기 바랍니다. 20세기 건축의 주류가 된 모더니즘의 이념은 바로 여기에서 탄생했습니다.

로스는 『장식과 범죄』가 출간된 지 3년이 지난 후에 자신의 주장을 실제로 구현한 대표작인 「로스 하우스」를 만들었습니다. 앞서 소개한 안토니 가우디의 「카사 밀라」와 비교하면 놀라울 정도로 차이가 있습니다. 로스가 얼마나 철저하게 장식을 배제했는지 한눈에 알 수 있죠. 현관과 창문은 기하학적인 직선으로만 구성되어 있으

아돌프 로스 「로스 하우스」(1911)

며, 장식이라고 할 만한 요소는 전혀 찾아볼 수 없습니다.

「로스 하우스」 인근의 로타리를 두고 건너편에 희미하게 보이는 고전적인 건물이 있습니다. 그것은 바로 「합스부르크 가문의 궁전」이죠. 제가 「로스 하우스」 사진을 열심히 찍고 있을 때 관광객들은 관심을 갖지 않고 궁전을 향해 걸어갔습니다. 그중 일부는 저를 힐끔거리며 '저 녀석은 왜 저걸 찍고 있지?' 하는 듯한 표정을 짓기도 했습니다.

아돌프 로스 「빌라 뮐러」(1928)

그러나 건축가들에게는 이곳 또한 중요한 역사적 가치를 지닌 관광 명소입니다. 「로스 하우스」 1층의 차가운 느낌의 개구부는 "장식은 범죄다!"라고 외치는 듯합니다.

로스가 1928년에 설계한 「빌라 뮐러」는 최소한의 창문만을 남긴, 극도로 심플한 외관이 특징적인 건축물입니다. 1928년은 훗날 모더니즘 건축의 전개에 결정적인 영향을 미친 'CIAM(근대건축국제회의)'이 창설된 해이기도 합니다.

미국에서 독자적인 로마네스크를 완성한 건축가, 리차드슨

이러한 과정을 통해 서양 건축사는 마침내 모더니즘의 시대에 접어들게 되는데, 이에 대한 이야기는 다음 장에서 다루도록 하겠습니다. 여기서는 모더니즘이 시작되기 직전의 시대에 활약한 건축가들을 좀 더 소개하고자 합니다.

먼저 CIAM의 창립 멤버 중 한 사람으로서 '네덜란드 근대 건축의 아버지'라고도 불리는 헨드릭 페트루스 베를라헤(1856~1934)입니다.

1910년 이후 네덜란드에서는 '암스테르담파'라고 불리는 건축가 그룹이 활발하게 활동하기 시작했습니다. 이들의 작품은 네덜란드에서 전통적으로 사용해온 벽돌 재료를 많이 활용한 것이 특징입니다. 1903년에 완성된 베를라헤의 대표작인 「암스테르담 증권거래소」는 이러한 건축 흐름의 선구적인 역할을 한 작품이라 할 수 있습니다. 외관 디자인은 암스테르담의 도시 경관과 조화를 이루고, 내부의 거대한 공간은 벽돌과 철골을 결합해 새롭게 표현했습니다.

한편 베를라헤에게는 신고전주의적인 경향도 있었습니다. 1920년에 완성된 「성 휴버트의 사냥관」은 역시나 벽돌을 사용한 건축물이지만, 로마네스크 양식을 연상시키는 중후한 분위기 또한 지니고 있습니다. 베를라헤의 이러한 건축적 지향성은 미국의 건축가 헨리 홉슨 리차드슨(1838~1886)의 영향을 받은 결과입니다.

헨드릭 페트루스 베를라헤 「암스테르담 증권거래소」(1903)

　시카고파의 다니엘 버넘과 루이스 설리번보다 나이가 많은 리차드슨은 미국에서 체계적인 건축 교육이 자리 잡기 이전의 건축가라는 점에서 매우 존경받는 인물입니다. 그는 토목공학을 공부하기 위해 하버드대학에 진학했지만, 중간에 건축학에 관심을 갖게 되었습니다. 그러나 당시 미국에는 이를 체계적으로 가르치는 교육기관이 없었습니다. 매사추세츠 공과대학에 건축학과 수업이 개설된 것은 1865년이었으며, 그때까지 미국의 젊은이들은 건축학을 공부하기 위해 유럽으로 유학을 떠날 수밖에 없었습니다. 참고로 일본에서 건축 교육이 시작된 것은 1871년으로, 미국과 6년밖에 차이가 나지 않습니다.

　파리로 유학을 떠난 그는 22세의 나이에 에콜 데 보자르에 입학했습니다. 참고로 리차드슨은 에콜 데 보자르에서 유학한 두 번째 미국인입니다.

　1865년에 미국으로 돌아온 리차드슨이 로마네스크 양식을 기반으로 한 독자적인 설계를 발전시킨 양식을 '리차드슨 로마네스크'라고 부릅니다. 보스턴의 코플리 광장에 지어진 「트리니티 교회」가 그의 특징을 잘 보여주는 대표적인 사례입니다. 이 교회는 1877년에 완성되었습니다. 시기가 앞뒤로 어긋났지만, 시카고 대화재가 발생한 1871년 이후였으니 이때는 시카고파가 아직 활약을 시작하지 않은 시기였죠.

　그 당시는 건축 기술이라는 측면에서 커다란 개구부를 만들 수 있는 시대였습니다. 하지만 로마네스크 양식을 선호했던 리차드슨

헨리 홉슨 리차드슨 「트리니티 교회」(1877)

은 일부러 개구부를 작게 만들어 묵직한 분위기를 강조했습니다. 그렇다고 고전적인 로마네스크 건축을 그대로 재현한 시대착오적인 설계를 한 것은 아닙니다. 이 교회의 가장 두드러지는 특징은 개구부의 아치를 지탱하는 기둥의 개수입니다. 로마네스크 건축은 하나의 굵은 기둥으로 지탱하는 것이 일반적인데, 리차드슨은 2개의 가느다란 기둥을 나란히 배치했습니다.

이는 굉장히 흥미로운 부분입니다. 개인적으로, 하나의 굵은 기둥을 사용하면 나란히 배치된 아치들의 집합이 하나의 구획처럼 보여 무겁고 중압적인 인상을 주었을 거라 추측합니다.

원래 로마네스크 건축은 묵직한 느낌이 특징이지만, 리차드슨은 이러한 성질을 의도적으로 가볍게 보이도록 만들었습니다. 사실 기둥이 없어도 구조적으로 문제가 없기 때문에 그저 장식에 불과했습니다. 그러나 기둥을 2개로 나누어 새로움을 표현한 점은 동시대 건축가들에게 "기가 막히다!"라고 평가될 만한 요소였습니다.

당시 미국에는 유럽의 고전주의에 대한 동경이 강하게 자리 잡고 있었습니다. 그로 인해 리차드슨의 설계사무소에는 많은 의뢰가 들어왔죠. 모교인 하버드대학의 의뢰를 받아 설계한 벽돌로 만든 「세버 홀」과 총감독을 맡았던 프로젝트인 「뉴욕주 의사당」 모두 '리차드슨 로마네스크' 양식으로 구성되었습니다. 특히 「트리니티 교회」에서 2개였던 아치 기둥은 「뉴욕주 의사당」에서는 3개로 늘어났습니다.

20세기를 맞이했음에도 고전을 선호한 미국

헨리 홉슨 리차드슨과 함께 미국 건축사 초창기라 할 수 있는 시대에 활약한 건축가로는 프랭크 퍼니스(1839~1912)가 있습니다. 그는 하버드대학을 거쳐 에콜 데 보자르에서 유학한 리차드슨과 달리 대학에 진학하지 않고 고향인 필라델피아의 건축사무소에서 실무를 익혔습니다.

그의 대표작으로는 1879년에 은행 겸 보험회사 용도로 지어진 「프로비던트 라이프 앤 트러스트 컴퍼니」가 있습니다. 상당히 독특한 디자인으로, 기동전사 건담 같은 거대 로봇을 연상시키는 동시에 고대 이집트 건축을 떠올리게 합니다. 이러한 독특한 절충주의적 발상이 바로 퍼니스 건축의 특징입니다.

그의 또 다른 작품으로 「펜실베이니아 미술아카데미」가 있는데, 이 역시 다양한 요소가 혼합되어 있

프랭크 퍼니스 「프로비던트 라이프 앤 트러스트 컴퍼니」(1879)

프랭크 퍼니스 「펜실베이니아 미술아카데미」(1876)

어 저 같은 건축 전문가조차 해석하기가 무척이나 어렵습니다. 로마네스크 양식의 요소를 엿볼 수 있지만 리차드슨의 방식과는 다르며, 기둥 역시 전형적인 형태를 따르지 않았습니다. 정통의 건축 교육을 받지 않아 오히려 더 자유롭고 대담한 아이디어를 실현할 수 있었던 것이겠죠.

앞서 소개한 루이스 설리번은 퍼니스의 제자 격인 인물입니다.

설리번은 16세에 매사추세츠 공과대학에 입학했지만 1년 뒤 필라델피아로 이주했고, 그곳에서 퍼니스의 건축사무소에 들어갔습니다. 이후 시카고로 옮겨 에콜 데 보자르에서 공부하며 훗날 시카고파를 대표하는 건축가가 되었죠. 퍼니스는 시카고파의 초석을 닦았다는 점에서 미국 건축사를 대표하는 주요 인물이라 할 수 있습니다.

한편 1870년대 말부터 20세기 초까지 미국에서 활약한 것은 시카고파만이 아니었습니다. 1879년에는 당시 미국에서 가장 큰 영향력을 가진 건축사무소가 탄생했습니다. 3명의 건축가가 공동으로 설립한 '맥킴, 미드 앤 화이트'가 바로 그것입니다.

찰스 폴렌 맥킴(1847~1909)과 스탠포드 화이트(1853~1906)는 에콜 데 보자르에서 공부한 뒤 리차드슨의 사무실에서 일한 경험이 있고, 윌리엄 러더퍼드 미드(1846~1928)는 맥킴이 뉴욕의 건축사무소에서 일했을 때 만난 동료입니다.

이들은 미국 사회가 경제적으로 발전하던 시기에 주택부터 공공시설까지 수많은 건축을 만들었으며, 그중 대부분은 르네상스 건축의 영향이 두드러지는 고전적인 건축물입니다. 여기까지 책을 읽은 독자라면 사진만 보더라도 그 특징을 바로 알아차릴 수 있을 것입니다.

예를 들어, 1898년에 지어진 「로우 메모리얼 도서관」의 정면 현관에는 이오니아식 기둥이 늘어서 있습니다. 1911년에 지어진 「펜실베이니아 역」에는 굵고 웅장한 도리아식 원주가 늘어서 있습니다.

맥킴, 미드 앤 화이트 「펜실베이니아 역」(1911)

20세기를 맞이했음에도 이러한 고전적인 건축물이 선호된 것을 보면 미국이 지닌 '유럽 콤플렉스'는 상당히 뿌리 깊었다는 사실을 알 수 있습니다.

앞서 언급했듯, 리차드슨의 신고전주의는 네덜란드의 헨드릭 페트루스 베를라헤에게 영향을 주었습니다. 반면 고전을 중시한 파리의 에콜 데 보자르의 교육은 미국 건축가들에게 영향을 미쳤으며, 맥킴, 미드 앤 화이트의 신고전주의를 뒷받침했습니다. 모더니즘이 확립되기 이전 시대에도 비트루비우스의 『건축십서』에서 시작된 고전주의는 유럽과 미국을 오가며 강한 존재감을 유지하고 있었던 것입니다.

제5장

모더니즘 시대

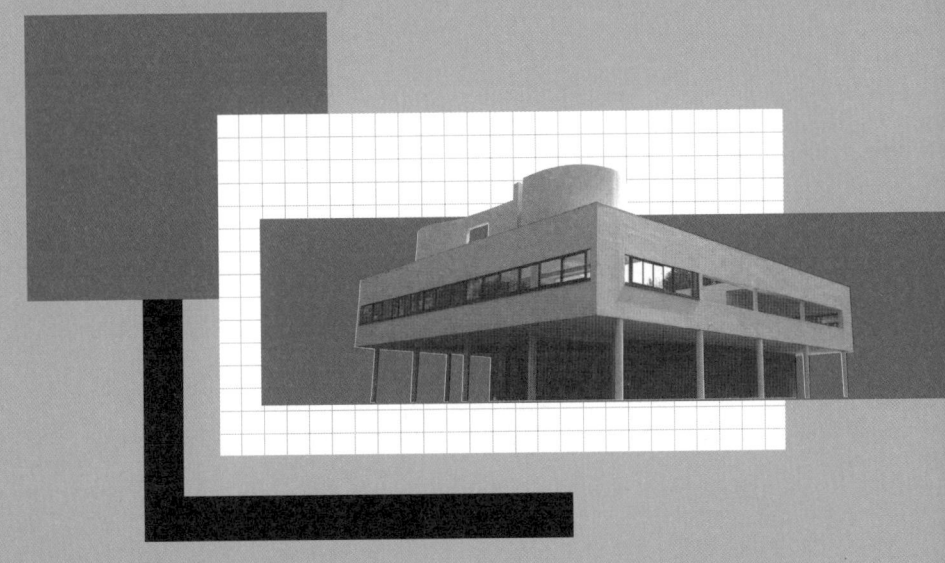

장식보다 기능을 중시한 건축 양식

장식을 걷어내고 공간의 본질을 찾으려는 시도가 본격화되었습니다.
기능이 곧 미학이 되는 새로운 시대, 건축은 삶의 공간으로
다시 태어났습니다.

아르누보에서 모더니즘으로, 시대를 이은 건축가 베렌스

18세기와 19세기의 산업혁명을 통해 재료와 기술이 발전하면서 서양 건축은 기능과 구조라는 측면에서 커다란 변화를 맞이했습니다. 또한 미학 측면에서는 아르누보라는 유행의 영향을 받으면서도, 결국 '장식'을 부정하는 모더니즘으로 나아갔습니다.

아르누보에서 모더니즘으로 넘어가는 과정에서 가교 역할을 한 독일인이 있습니다. 이 시대를 이야기할 때 빼놓을 수 없는 인물이죠. 주인공은 제3장에서 '칼 프리드리히 싱켈의 신고전주의를 연구한 건축가'로 소개한 페터 베렌스입니다.

뮌헨에서 화가이자 산업 디자이너로 활동하던 그는 1892년, 아트 앤 크래프트 운동을 주도한 윌리엄 모리스의 영향을 받아 '뮌헨 분리파'에도 합류했습니다.

앞서 구스타프 클림트가 창설한 빈 분리파를 소개했는데, '분리파'라는 용어를 처음 사용한 건 뮌헨 분리파입니다. 또한 독일어권에서 아르누보를 '유겐트슈틸'이라고 부르게 된 것도 뮌헨 분리파가 발간한 잡지 이름인 『유겐트Jugend』에서 비롯되었기 때문입니다. 베렌스 역시 『유겐트』의 표지에 정통 아르누보 스타일의 그림을 그린 적이 있습니다.

베렌스는 1901년 과학 도시 다름슈타트의 예술가 마을에 자택인 「베렌스 하우스」를 설계한 것을 계기로 건축가로 전향했습니다.

페터 베렌스 「베렌스 하우스」(1901)

그의 디자인은 기본적으로 아르누보 양식을 따르고 있으며, 외벽의 곡선과 실내 장식에도 당시 유행이 반영되어 있습니다. 그 당시 베렌스는 식기와 조명 기구까지 디자인했습니다. 1905년에 제작된, 마치 메뚜기 다리처럼 보이는 조명 스탠드 장식에서도 아르누보의 영향을 엿볼 수 있습니다.

그러나 19세기 말부터 한 시대를 풍미했던 아르누보는 이미 쇠퇴의 길을 걷고 있었습니다. 이때 1907년 뮌헨에서는 독일의 산업과 예술의 통합을 주요 목표로 한 '독일공작연맹'이라는 단체가 등장했습니다.

이 단체의 중심인물이었던 헤르만 무테지우스(1861~1927)는 프로이센 정부의 관료로 런던 대사관에서 근무하면서 아트 앤 크래프트 운동의 영향을 받았습니다. 이전에는 메이지 시대의 일본에 부임해 카스미가세키 부근에 의사당과 관청을 집중시키는 수도 계획의 건축 기술자로 참여하기도 했습니다.

독일공작연맹에 참여한 베렌스는 같은 해에 베를린에 설계사무소를 열고, 전기제조업체 'AEG'의 디자인 고문으로 취임했습니다. 그곳에서 시작한 산업 디자인은 아르누보 특유의 곡선이 아닌 직선적이고 기능적인 디자인이 중심을 이루며 이전 작업과는 전혀 다른 느낌을 주었습니다.

페터 베렌스 「AEG 터빈 공장」(1910)

근대 건축을 연 4대 거장

1910년에 완성된 페터 베렌스의 「AEG 터빈 공장」은 1901년에 지은 그의 자택과는 완전히 다른 모습으로, 장식이 거의 없습니다. 콘크리트, 강철 그리고 유리로 덮인 거대한 건물은 외관과 내부 모두에서 근대 건축의 특징인 합리성과 기능성이 느껴집니다.

한편 베렌스가 좋아했던 칼 프리드리히 싱켈의 신고전주의 영향을 어렵지 않게 찾아볼 수 있습니다. 예를 들어, 콘크리트 외벽에 새겨진 수평의 라인은 기능적으로는 불필요하지만, 고대 건축에서 돌을 여러 겹 쌓아 올린 모습을 연상시킵니다. 또한 다각형을 반으로 자른 듯한 지붕은 로마의 「판테온」과 같은 삼각형 페디먼트와는 다르지만, 고전적인 분위기를 자아내는 디자인이라 할 수 있죠.

그러나 「AEG 터빈 공장」이 완성된 지 10년 후를 기점으로 고전적인 분위기를 찾아볼 수 없게 되었습니다. 1920년에 GHH 제철소가 공모전을 통해 선정한 「GHH 중앙창고」를 살펴보면 더욱 근대적인 디자인으로 구성되어 있음을 확인할 수 있습니다. 정사각형 창문의 반복적인 배치가 가로 방향으로 기다란 건물의 '수평성'을 강조하는 점이 인상적입니다. 또한 1910년대 중반부터 1930년대까지 유행했던 '아르데코' 분위기도 살짝 엿볼 수 있습니다.

아르누보가 쇠퇴한 지 약 10년 후에 새로운 유행이 등장한 것을 보면, 역시나 인간의 문화는 본능적으로 '장식'을 추구하는 경향이 있는지도 모릅니다. 곡선과 동식물을 모티프로 한 장식이 특징인 아르누보와 달리, 아르데코는 직선과 기하학적인 도형을 활용한 장식이 특징적입니다.

아르데코는 예술성과 섬세한 장인정신이 요구되는 아르누보와 달리, 대량 생산되는 공업 제품과도 기능미나 실용성 측면에서 잘 어울렸으리라 생각됩니다. 아트 앤 크래프트와 아르누보가 고급스러운 장식이었다면, 아르데코는 일반 대중도 소비할 수 있는 유행이

페터 베렌스 「GHH 중앙창고」(1925)

니까요.

아르데코에 대해서는 다음 장에서 더욱 자세히 다루도록 하겠습니다. 아무튼 아르누보에서 출발해 근대적인 디자인에 도달한 베렌스는 건축가로서 명성을 쌓아갔습니다.

여담이지만, 훗날 나치 독일의 건축가로서 아돌프 히틀러의 총애를 받은 알베르트 슈페어(1905~1981)는 베렌스의 작품을 무척 좋아했다고 합니다. 고대의 건축 양식을 지향한 히틀러의 나치 정권하에 독일에서는 앞으로 소개할 바우하우스 관계자를 비롯한 많은 모더니즘 건축가가 탄압을 받았습니다. 그러나 베렌스는 슈페어의 신임을 받은 덕분에 추방이나 처형을 당하지 않았으며, 1940년에 71세의 나이로 사망할 때까지 프로이센 예술 아카데미의 건축 교수직을 유지할 수 있었습니다.

이때 유명해진 베렌스의 사무소에는 다음 시대를 짊어질 3명의 젊은 건축가가 재직하고 있었습니다. 그들은 바로 발터 그로피우스(1883~1969), 미스 반 데어 로에(1886~1969) 그리고 그 유명한 르 코르뷔지에입니다.

그로피우스는 훗날 바우하우스를 창립한 인물입니다. 미스는 'Less is more(적을수록 풍요롭다)'라는 미니멀리즘의 명언을 남긴 인물이죠. 이는 아돌프 로스의 '장식은 범죄다'와 함께 모더니즘 건축을 상징하는 문구로, 건축학과 학생이라면 누구나 알고 있을 것입니다. 그리고 르 코르뷔지에는 '근대 건축의 5원칙'을 제시하며 전 세계 건축가들에게 깊은 영향을 미쳤습니다.

그로피우스와 미스는 독일 출신, 르 코르뷔지에는 스위스 출신입니다. 이 세 사람에 미국의 프랭크 로이드 라이트를 더해 '근대 건축의 4대 거장'이라고 부르기도 합니다. 4대 거장 중 유럽인 3명이 베렌스 밑에서 일했으니, 그의 존재감이 짐작이 되겠죠? (참고로 라이트는 시카고파인 루이스 설리번의 제자입니다.) 훗날 그로피우스는 "베렌스는 나에게 건축에 관한 문제를 이론적이며 체계적으로 풀어내는 방법을 가르쳐준 최초의 사람이다", "베렌스는 아르누보와 초기 산업화 건축의 가교 역할을 했다"라는 말을 남겼습니다.

자유로운 공간을 위한 발명,
르 코르뷔지에의 도미노 시스템

지금부터 4대 거장의 작품을 통해 모더니즘 건축의 역사를 살펴보도록 하겠습니다.

먼저 서양 건축 역사상 가장 유명한 인물 중 한 명인 르 코르뷔지에 대해 이야기해볼까요? 스위스 시계 장인의 가문에서 태어난 그는 가업을 잇기 위해 미술학교에서 조각과 금속공예를 배웠지만 시력이 좋지 않아 결국 그 길을 포기했습니다. 그가 건축으로 방향을 바꾼 건 미술학교 교장의 권유 덕분이었습니다.

1908년, 21세 때 파리로 이주한 르 코르뷔지에가 처음으로 들어간 곳은 오귀스트 페레(1874~1954)의 사무실이었습니다. 페레는 고전적인 건축 양식과 철근 콘크리트라는 새로운 소재를 융합한 인물로, '철근 콘크리트의 아버지'라 불리는 건축가입니다.

1923년에 완성된 「노트르담 뒤 랑시 성당」과 말년인 1945년에 설계해 사후에 완성된 「성 요셉 성당」을 보면 페레의 특징을 잘 알 수 있습니다. 이 건축물들은 장식이 없으며, 철저하게 기능적입니다. 아무런 설명이 없다면, 로마 가톨릭 교회라고 생각하지 못하는 사람도 많을 것입니다.

르 코르뷔지에는 페레의 가르침을 받으며 건축가로서의 첫발을 내디뎠습니다. 그리고 1910년에 독일로 건너가 페터 베렌스의 사무

← 오귀스트 페레 「노트르담 뒤 랑시 성당」(1923)
→ 오귀스트 페레 「성 요셉 성당」(1975)

소에서(짧은 기간이지만) 실력을 쌓았습니다.

이후 미술학교에서 강의를 하며 독자적인 이론을 구상하던 르 코르뷔지에는 1914년에 '도미노 시스템'이라는 철근 콘크리트 주택의 건설 방식을 발표했습니다. '도미노Dom-ino'는 프랑스어의 'dom(살다)'과 'ino(새로운)'를 합친 것으로, 르 코르뷔지에가 직접 만든 용어입니다. 이는 훗날 그가 발표한 '근대 건축의 5원칙'의 원형이 되죠.

다음 이미지를 통해 알 수 있듯, 도미노 시스템에서는 세 가지

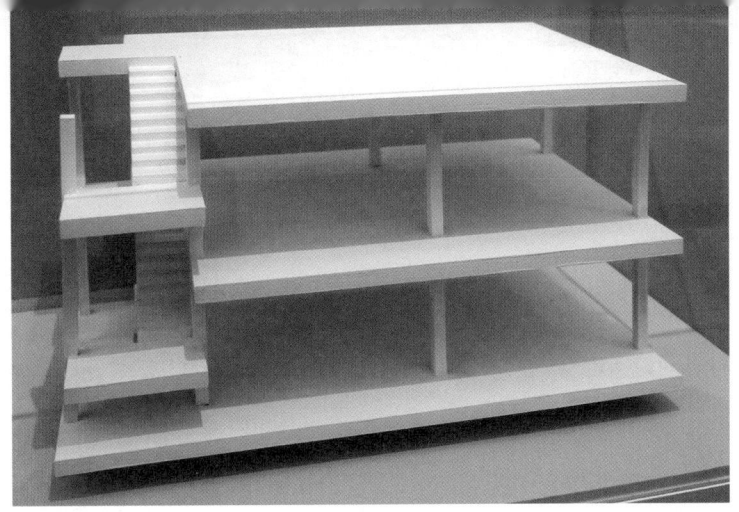

르 코르뷔지에의 도미노 시스템

요소, 즉 바닥, 기둥, 계단이 건축의 핵심입니다. 이 개념이 혁신적이었던 이유는 건물 구조에서 '자유로운 외벽'을 만들었기 때문입니다.

돌이나 벽돌 등을 쌓아 올리는 전통적인 건축 방식에서는 구조 전체를 지탱하기 위해 외벽이 필수적입니다. 그러나 르 코르뷔지에는 바닥과 기둥에 철근 콘크리트를 사용한 유닛을 조합하는 것만으로도 건물을 지을 수 있다고 보았습니다. 이것이 바로 '자유로운 외벽'이라는 개념입니다.

그렇기 때문에 외벽을 모두 유리로 만들어도 전혀 문제 될 것이 없습니다. 또한 전통적인 구조에서는 기둥을 외벽과 결합해 건물 전면부에 돌출되었지만, 도미노 시스템에서는 기둥을 내부로 옮길 수 있어 기둥이 보이지 않는 평평한 외벽을 만들 수 있습니다. 이러한 외벽은 훗날 '커튼월'이라고 불렸습니다.

살기 위한 기계로서의 주택,
르 코르뷔지에의 새로운 주거 철학

도미노 시스템을 발표한 지 3년이 지난 후에 다시 파리로 돌아간 르 코르뷔지에는 시인 그리고 화가들과 함께 『에스프리 누보』라는 잡지를 창간했습니다. 이때부터 그는 '르 코르뷔지에'라는 필명을 사용했죠. 그의 본명은 샤를에두아르 장느레그리입니다.

 잡지에 게재한 글을 모아 출간한 그의 저서 『건축을 향하여』는 큰 주목을 받았습니다. 거기에 적힌 '집은 살기 위한 기계다'라는 문장은 르 코르뷔지에의 건축 철학이기도 합니다.

 그의 철학을 구체화한 작품은 1922년에 발표한 「메종 시트로엥」입니다. '시트로엥'은 자동차 제조업체인 '시트로엥'에서 따온 것이죠. 공장에서 대량 생산된 자동차가 일반 대중에게 '이동을 위한 기계'로 보급된 것처럼, 주택 또한 대량 생산이 가능한 소비재가 되어야 한다는 의미로 보입니다.

 「메종 시트로엥」의 모형을 보면 1층이 필로티(기둥으로만 구성된 개방된 공간)로 되어 있어 차고나 창고로 사용할 수 있습니다. 이처럼 1층을 외벽이 없는 구조로 만드는 일은 도미노 시스템이 아니었다면 불가능했을 것입니다. 필로티는 앞으로 소개할 르 코르뷔지에의 '근대 건축의 5원칙' 중 하나이기도 합니다.

 「메종 시트로엥」은 창틀의 평면 구성 또한 특징적이며, 황금비를 활용한 것으로 보입니다. 르 코르뷔지에는 말년에 비트루비우스와 레오나르도 다빈치의 인체도를 참고하여 인체의 비율을 분석했고, 이를 바탕으로 피보나치 수열과 황금비를 적용한 '모듈러'를 고안했습니다. 모듈러는 건축에 관한 기준 치수를 말합니다. 고대 로마의 『건축십서』는 모더니즘의 거장들에게도 영향을 미쳤습니다.

본론과는 전혀 상관없지만, 이 작업을 도운 르 코르뷔지에의 제자 예지 솔다트는 2005년 92세의 나이로 세상을 떠났습니다. 그는 제가 다녔던 미국의 대학에서 교수로 재직했는데, 수업을 들은 적은 없지만 그의 모습을 본 적이 있습니다. 저는 그의 동료이자 르 코르뷔지에의 제자인 조셉 자레브스키에게 르 코르뷔지에 스타일의 디자인을 배웠습니다.

아무튼 1925년 파리 세계 박람회는 '아르데코 박람회'라 불릴 정도로 아르데코 스타일로 장식된 건물이 가득했습니다. 하지만 르 코르뷔지에는 「에스프리누보관」이라는, 장식이 전혀 없는 전시관을 설계했습니다. 역시 장식을 둘러싼 공방(?)은 서양 건축사 곳곳에서 모습을 드러냅니다.

파리 세계 박람회에 도미노 시스템 유닛을 조합한 르 코르뷔지에의 「빌라형 공동 주택」이 샘플로 전시되었습니다. 400미터×200미터에 달하는 넓은 부지를 포함하는 단지 계획이었는데, 아쉽게도 실현되지는 못했습니다. 이 샘플은 지금까지도 남아 있습니다. 공동 주택이지만 세대마다 테라스와 천장이 개방된 중정이 있어 각각 단독주택처럼 생활할 수 있으며, 일부 세대는 2층짜리 복층 주택으로 구성되어 있습니다.

이 계획을 구상할 때 르 코르뷔지에가 고민한 것은 '어떻게 하면 인구가 밀집된 도시에서 사람들이 건강하게 생활할 수 있을까'였습니다. 우선 저층 주택으로 도시를 가득 채운다면 광장이나 공원과 같은 오픈 스페이스를 확보할 수 없습니다. 하지만 고층의 공동 주택이라는 밀도가 높은 공간을 만든다면 한정된 면적의 도시에서도 여유로운 공간을 만들어낼 수 있습니다. 이 계획에는 그러한 도시 계획적인 발상이 근본에 깔려 있습니다.

다만 고층의 공동 주택은 밀도가 높아 거주 환경이 답답하지 않도록 대책을 세워야 했습니다. 이를 위해 창문을 넓게 만들어 햇볕이 잘 들도록 하고, 수직으로 개방된 테라스에는 나무를 심었습니다. 아무리 '살기 위한 기계'라 해도, 단순히 거주자를 수용하는 것만으로는 충분하지 않습니다. 르 코르뷔지에는 주택이 건강하고 쾌적한 환경을 제공하는 것 또한 중요한 '기능'이라고 생각했습니다.

근대 건축의 5원칙을 구현한
「사보아 저택」

1927년에 스위스 건축가 알프레드 로트는 저서 『르 코르뷔지에와 피에르 잔느레의 두 주택』 서문을 통해 르 코르뷔지에의 '근대 건축의 5원칙'을 처음으로 발표했습니다. 5원칙은 다음과 같습니다.

1. 필로티 Pilotis
2. 옥상 정원 Rooftop Garden
3. 자유로운 평면 Free Plan
4. 수평 창문 Horizontal Windows
5. 자유로운 입면 Free Facade

이 다섯 가지 요소를 종합적으로 구현한 건축물은 1931년에 완성된 「사보아 저택」입니다. 이는 르 코르뷔지에의 대표작 중 하나로, 20세기를 대표하는 주택으로 높이 평가되며 프랑스의 역사적인 건축물로 지정되었습니다. 이 걸작을 바탕으로 '근대 건축의 5원칙'을

르 코르뷔지에 「사보아 저택」(1931)

하나씩 살펴보도록 하겠습니다.

먼저 한눈에 알아볼 수 있는 건 '필로티'입니다. 「메종 시트로엥」의 아이디어를 그대로 실현한 듯한 모습입니다. '옥상 정원'은 나선형의 슬로프를 통해 올라갈 수 있으며, 공간이 개방적이고 평평해 자연의 빛과 바람을 마음껏 누릴 수 있습니다.

'자유로운 평면' 역시 도미노 시스템을 통해 실현할 수 있었습니다. 이 시스템을 사용하면 설계 단계에서 외벽을 구조적인 요소로 고려하지 않고도 내벽을 이용한 공간 분할을 원하는 대로 자유롭게 설계할 수 있습니다.

또한 외벽이 구조적으로 필수였던 시대에는 창문은 그저 외벽에 구멍을 내는 것에 불과했습니다. 그러나 외벽이 구조로부터 자유로워지면서 「사보아 저택」처럼 '수평 창문'을 만드는 것이 가능해졌죠. 물론 외벽의 재료는 유리를 비롯해 무엇이든 사용할 수 있습니다. 이것이 바로 '자유로운 입면'입니다. 수평 창문과 자유로운 입면 역시 도미노 시스템을 통해 실현되었습니다.

이 책 초반부에 '건축이란 사람이 사용하는 공간을 만드는 것'이라고 이야기했던 것을 기억하나요? 르 코르뷔지에가 「사보아 저택」에서 만들어낸 공간은 기존의 전통적인 서양 건축과는 완전히 다른, 무척이나 혁신적인 것이었습니다. 완성된 지 약 90년이 지난 지금 보아도 개방적인 아름다움에 감탄이 절로 나올 정도이니, 당시 건축가들에게는 분명 엄청난 충격을 안겨주었을 것입니다.

새로운 공간을 창조한 모더니즘 공장, 그로피우스의「파구스 공장」

르 코르뷔지에의 이름은 이후에도 여러 차례 등장할 테니 발터 그로피우스의 이야기로 넘어가겠습니다.

페터 베렌스의 사무실에서 약 3년간 경험을 쌓은 그로피우스는 건축가 아돌프 마이어와 함께 사무실을 차렸습니다. 두 사람이 함께 설계한 첫 작품은 1911년에 착공한「파구스 공장」입니다. 제1차 세계대전 동안 계속해서 진행된 증축 공사는 1925년에 완성되었습니다. 이는 유네스코 세계문화유산으로 등재되었으며, 지금까지도 구두 형틀을 제작하는 공장으로 운영되고 있습니다.

언뜻 보면 베렌스가 설계한「AEG 터빈 공장」을 떠올리는 사람도 있을 듯합니다. 유리창으로 덮인 외벽과 입구의 파사드에 새겨진 수평의 라인을 보면 스승으로부터 영향을 받았다는 사실을 짐작할 수 있습니다.

다만「AEG 터빈 공장」은 철골 기둥이 유리창보다 전면부로 돌출되어 있는 반면,「파구스 공장」은 유리창은 돌출되어 있고 기둥은 뒤로 물러나 있습니다. 참고로 르 코르뷔지에의 도미노 시스템은 그로피우스가「파구스 공장」을 설계한 이후에 발표되었습니다. 게다가「파구스 공장」설계에 '커튼월'을 도입한 것을 보면 베렌스의「AEG 터빈 공장」을 비판하려는 의도로 보입니다.

발터 그로피우스, 아돌프 마이어 「파구스 공장」(1925)

또한 수직성을 강조한 베렌스의 「AEG 터빈 공장」과 달리, 「파구스 공장」의 수평적으로 반복되는 유리창은 르 코르뷔지에의 「사보아 저택」을 떠올리게 합니다.

흥미로운 점은 입구 디자인입니다. 입구가 좌우 대칭을 이루지 않고 한쪽으로 치우쳐 있습니다. 오른쪽 부분은 측면 유리가 모퉁이를 지나 건물 내부로 깊숙이 파고들어 있습니다. 게다가 지붕도 없고, 건물의 모서리는 개방되어 있어 건물 내부에서는 두 방향을 바라볼 수 있습니다. 이는 새로운 '공간' 형태라 할 수 있습니다.

그로피우스는 베렌스의 사무실에 들어갔을 무렵에 독일공작연맹에 가입했고, 1914년에는 그곳의 전시관을 설계했습니다. 이 건축물도 유리로 덮인 현대적인 디자인이지만, 좌우 대칭 구조와 1층에 반복적으로 배치된 기둥은 클래식한 멋을 자아냅니다. 마치 칼 프리드리히 싱켈의 「알테스 뮤지엄」을 떠올리게 하는 구성이죠. 이는 싱켈의 제자였던 대숙부 마틴 그로피우스의 영향을 받았기 때문인지도 모릅니다.

진보적인 예술 교육을 지향한 학교, 바우하우스의 탄생

제1차 세계대전이 끝난 이듬해에 독일 바이마르의 미술학교와 공예학교가 합병한 학교가 탄생했고, 발터 그로피우스가 이 학교의 초대 교장으로 취임했습니다. 본래 이곳은 1902년 벨기에 건축가 앙리 반 데 벨데(1863~1957)가 설립한 '공예 세미나'에서 비롯된 학교로, 이후에 공립학교로 바뀌었습니다.

독일공작연맹의 핵심 멤버로 활동한 인물이자 아르누보를 선호했던 반 데 벨데는 한때 이 연맹의 리더이자 대량 생산을 위한 제품의 표준화를 주장한 헤르만 무테지우스와 격렬한 논쟁을 벌였습니

발터 그로피우스 「바우하우스(데사우)」(1926)

다. 그리고 이 논쟁을 계기로 독일을 떠났죠.

바로 이때 반 데 벨데가 공예학교의 교장직을 위임한 인물이 그로피우스입니다. 그로피우스는 새로운 학교의 이름을 '바우하우스(건축의 집)'라고 지었습니다. 이는 중세 유럽에 존재했던 건축 장인 조합인 '바우휘테(건축의 오두막)'를 변형한 것입니다.

공예, 사진, 디자인뿐 아니라 미술과 건축을 아우르는 종합적인 교육을 실시하는 학교로 출발한 바우하우스는 불필요한 장식을 배제한 합리주의적이며 기능주의적인 예술을 추구했습니다. 그야말로 모더니즘의 최전선에 서 있었다고 할 수 있죠. 파울 클레(1879~1940), 바실리 칸딘스키(1866~1944), 라이오넬 파이닝거(1871~1956) 등 쟁쟁한 인물들이 교수진으로 참여했습니다.

그 당시에는 이 정도로 진보적인 예술 교육을 지향한 학교가 없었습니다. 그래서 예리한 감각을 지닌 학생들이 대거 몰려들었죠. 하지만 보수적인 성향을 지닌 바이마르 주민들은 바우하우스를 달가워하지 않았고, 결국 학교는 3년 후 바이마르에서 쫓겨나듯 데사우라는 도시로 이전하게 되었습니다.

1926년에 그로피우스에 의해 새롭게 지어진 학교 건물의 커튼월 벽은 모더니즘을 지향하는 바우하우스와 잘 어울립니다. 또한 이 건물은 공중 통로로 데사우 시립 직업학교와 연결되어 있습니다. 두 건물 사이에 있는 공공 도로 위를 가로지르는 형태로, '도시 디자인에 개입하는 건축'이라는 그로피우스의 메시지가 담겨 있습니다.

나치의 탄압으로 폐쇄된
바우하우스

바우하우스에는 3명의 일본인 유학생이 있었습니다. 가장 먼저 입학한 사람은 도쿄 미술학교(현 도쿄 예술대학 미술학부)의 조교수였던 미즈타니 타케히코(1898~1969)입니다. 그는 1927년 문부성 장학생으로 독일로 건너가 바우하우스에서 바실리 칸딘스키와 2대 교장이었던 건축가 한네스 마이어로부터 가르침을 받았습니다.

이어서 1930년에는 도쿄 미술학교 도안과 제2부(건축과) 출신인 야마와키 이와오(1898~1987)와 그의 부인 야마와키 미치코(1910~2000)가 바우하우스에 입학했습니다. 이들은 국비 지원이 아닌 부유한 미치코 집안의 지원으로 독일에 발을 내디뎠습니다.

그러나 당시 독일에서는 아돌프 히틀러가 이끄는 국가사회주의 독일 노동자당(나치)이 선거를 통해 세력을 확장하고 있었으며, 1932년에는 그들이 제1당이 되었습니다. 전위적인 교육을 실천해온 바우하우스는 나치의 탄압으로 결국 폐쇄해야 했습니다. 이후 베를린으로 이전했으나 1933년에 나치가 정권을 장악하면서 그마저도 폐쇄되고 말았습니다.

이와오는 데사우에 위치한 바우하우스가 폐쇄된 1932년에 일본으로 귀국했습니다. 그리고 같은 해에 「바우하우스의 타격」이라는 제목의 포토콜라주 작품을 발표했습니다. 이 작품은 나치 장교들

야마와키 이와오 「미기시 아틀리에」(1934)

「미기시 아틀리에」의 내부

이 무너진 바우하우스 건물 위를 활보하는 모습, 공포에 질린 표정을 짓고 있는 학생들의 모습을 담고 있습니다.

　1934년에 이와오가 서양 화가인 미기시 고타로(1903~1934)와 미기시 세츠코(1905~1999) 부부를 위해 설계한 「미기시 아틀리에」는 바우하우스에서 배운 건축가다운 면모를 잘 보여줍니다. 마치 바우하우스 학교 건물의 미니어처처럼 보이기도 하죠. '나치에 의해 무너진 바우하우스의 흔적을 조금이라도 남기고 싶다'라는 마음을 담았을지도 모릅니다. (참고로 「미기시 아틀리에」는 현존하는 전쟁 이전의 목조 모더니즘 건축이라는 점에서 매우 귀중한 작품으로 평가받고 있습니다.)

　그 후 이와오는 현 무사시노미술대학인 제국미술학교 교장, 조형미술학원 학원장을 거쳐 일본대학 교수로 재직하며 미술 교육 분야에서 활약했습니다. 비록 바우하우스는 단기간에 막을 내렸지만, 그의 정신은 지금도 일본에서 끊임없이 이어지고 있습니다.

미니멀리즘의 진수
미스의 「바르셀로나 파빌리온」

바우하우스에서 마지막으로 교장을 지낸 인물이자, 지금부터 소개할 세 번째 거장은 미스 반 데어 로에입니다. 석공의 아들로 태어나 정규 건축 교육을 받지 못한 그는 목조 건축과 가구 등 현장에서 장인의 기술을 익혔습니다. 1909년에 페터 베렌스의 사무실에 들어갔으며, 이후에 독립한 뒤 처음으로 「크롤러 밀러 빌라」라는 단층짜리 별장 건축을 의뢰받았습니다. 이는 완성되지 않았지만, 스케치와 실물 크기로 제작된 모형 사진이 남아 있습니다. 칼 프리드리히 싱켈을 연상시키는 클래식한 기둥이 많이 배치되어 있지만, 이때까지는 미니멀리즘적인 분위기가 풍기지 않습니다.

하지만 1919년과 1922년에 제안한 고층 빌딩의 스케치와 모형은 그야말로 미니멀리즘의 진수를 보여줍니다. 전면이 유리로 뒤덮인 빌딩에는 불필요한 장식이 전혀 없습니다. 하지만 이 역시 실제로 완성되지는 않았습니다. 그가 'Less is more'를 주장하며 건축계에 강렬한 인상을 안겼던 순간은 바로 1922년에 「유리 마천루 계획안」을 발표했을 때입니다.

1929년 미스는 바로셀로나 세계 박람회에서 「독일관」의 설계를 담당했습니다. 「바르셀로나 파빌리온」은 그의 대표작 중 하나로, 1986년에 박람회장과 동일한 장소에 복원되어 「미스 반 데어 로에 기념관」으로 남아 있습니다.

이 건축물의 가장 큰 볼거리는 공간의 아름다움입니다. 대리석과 줄무늬 마노와 같은 석재 그리고 유리로 만들어진 벽은 천장과 바닥의 구조물과 독립적으로 자유롭게 배치되어 있습니다. 이로써 기존 건축에서 볼 수 없었던 흐르는 듯한 공간이 만들어졌으며, 이러한 공간 구성은 지금까지도 건축가들의 모범이 되고 있습니다.

미스 반 데어 로에 「바르셀로나 파빌리온」(1929)을 복원한
「미스 반 데어 로에 기념관」(1986)

 또한 꾸준히 사랑받고 있는 「바르셀로나 체어」는 「바르셀로나 파빌리온」에서 개최된 세계 박람회 연회 공간에서 스페인 왕족들이 휴식을 취할 수 있도록 디자인된 의자입니다. 교차된 다리가 특징적인 이 의자를 어디선가 마주하게 된다면, 모더니즘 거장의 이름을 떠올리며 그 편안함을 직접 느껴보기 바랍니다.

연인과의 재판에 휘말린 걸작 「판스워스 하우스」

미스 반 데어 로에는 바르셀로나 세계 박람회 이듬해에 발터 그로피우스의 추천으로 바우하우스 세 번째 교장으로 취임했습니다. 그러나 앞서 언급했듯, 바우하우스는 나치의 탄압으로 3년 후인 1933년에 폐쇄되었습니다.

  미국으로 망명한 후 1938년에 시카고의 일리노이 공과대학(당시 명칭은 아머대학) 건축학과 주임교수가 된 미스는 대학 캠퍼스의 설계도 직접 맡았습니다.

미스 반 데어 로에 「크라운 홀」(1956)

1956년에 캠퍼스 내부에 완성된 「크라운 홀」 역시 그의 대표작 중 하나입니다. 철근 콘크리트를 사용하지 않고 철골과 유리만으로 이루어진 심플한 구조로, 천장이 철골 상부에 매달린 형태로 설계되어 내부 공간에는 기둥이 하나도 없습니다. 그 결과, 내벽을 통해 자유롭게 구획된 드넓은 공간이 만들어졌습니다.

　비슷한 시기에 설계한 「판스워스 하우스」도 미스의 대표작으로 알려져 있습니다. 건축주인 에디스 판스워스는 정신과 의사였으며, 당시 미스와 애정이 넘치는 관계였습니다. 그녀가 주말을 보내기 위한 별장으로 지어진 이 작품은 강이 이따금 범람하는 지역임을 감안해 바닥이 높게 설계되었습니다.

미스 반 데어 로에 「판스워스 하우스」(1950)

모든 내벽은 천장과 맞닿아 있지 않습니다. 심지어 화장실의 벽조차 천장 사이에 틈이 존재합니다. '내부에 놓인 모든 것은 가구일 뿐 건축물이 아니다'라는 메시지가 담겨 있습니다. 즉 공간은 하나만 있으면 충분하다는 것이 미스의 생각이었죠.

또한 별장은 외벽이 모두 유리로 되어 있어 내부가 훤히 보입니다. 아무리 넓은 사유지에 지어진 별장이라 해도 프라이버시를 지키기가 쉽지 않아 보입니다. 더군다나 유명한 건축가가 설계한 만큼 구경하러 오는 사람도 많았을 텐데 말이죠. 미스는 달가워하지 않았지만, 에디스는 결국 커튼을 달았다고 합니다.

이후에 별장을 둘러싼 소송이 벌어지면서 미스와 에디스의 관계는 결국 파국을 맞았습니다. 건축비가 당초 예산을 크게 초과하자 에디스는 "이렇게나 사용하기 불편한 집인데!"라고 격분하며 설계비를 지급하지 않았습니다. 재판에서는 미스가 승소했지만, 주인이 떠난 「판스워스 하우스」는 현재 해당 지역의 내셔널 트러스트(역사적 가치가 있는 건축물을 보호하는 단체)가 관리하고 있습니다.

「판스워스 하우스」는 확실히 사용하기 불편한 건축물입니다. 기능, 구조, 미학 중에서 기능을 소홀히 했죠. 그러나 미스 같은 거장이 설계한 건축물은 이러한 문제가 있어도 높은 평가를 받습니다. 예를 들어, 안도 다다오가 설계한 주택도 실제로는 거주하기 불편한 부분이 있지만, 그럼에도 불구하고 그가 만들어낸 미학에 가치를 두고 구입하려는 사람이 많습니다. 예술성이 그만큼 높아진다면 건축

미스 반 데어 로에, 필립 존슨 「시그램 빌딩」(1958)

은 '거주할 수도 있는 예술'이 될지도 모릅니다.

    이후 미스는 젊은 시절에 실현하지 못했던 초고층 빌딩의 설계에 참여했습니다. 1958년에 완성된 뉴욕의 「시그램 빌딩」은 이후에 다시 언급될 필립 존슨(1906~2005)과 공동으로 설계한 작품입니다. 모더니즘 초고층 빌딩의 명작인 이 건물은 미국 국가 사적지에 등재되어 있습니다.

미국 평야의 풍경을 닮은 집, 라이트의 프레리 스타일

지금까지 페터 베렌스 사무소가 배출한 3명의 모더니즘 거장을 소개했습니다. 4번째로 소개할 인물은 미국 출신의 거장 프랭크 로이드 라이트입니다. 그는 제국호텔 설계를 통해 일본의 근대 건축에 큰 영향을 미쳤습니다. 그래서 일본에서는 르 코르뷔지에보다 인기가 더 많을지도 모릅니다.

    그의 인생은 참으로 파란만장했습니다. 르 코르뷔지에를 처음 만났을 때 시치미를 떼며 "당신은 누구지?"라고 물었다는 일화가 있을 정도로 오만하고 자기중심적이었다고 합니다. 또한 젊은 천재로 보이고 싶어 출생 연도를 속인 적도 있습니다.

    위스콘신주에서 태어난 라이트는 지역 내 대학의 토목과를 중퇴한 뒤 시카고로 이주했습니다. 그곳에서 일한 두 번째 건축사무소가 바로 루이스 설리번의 사무소였죠. 설리번은 라이트의 재능을 인정해 많은 주택 설계를 맡겼고, 라이트 역시 설리번을 "사랑하는 스승님"이라고 부르며 존경심을 나타냈습니다.

그러나 사무실에 입사한 지 약 7년이 지난 1893년에 문제가 발생했습니다. 라이트가 주택 설계를 독단적으로 수주한 사실이 발각된 것이죠. 결국 소송이 제기되었고, 라이트는 해고되고 말았습니다. (훗날 세계적으로 유명해진 라이트는 일자리를 잃고 어려워하던 설리번을 끝까지 지원해주었다고 합니다. 설리번을 존경하는 마음이 그만큼 컸던 것이죠.)

해고된 라이트는 1895년에 배를 타고 일본으로 건너갔습니다. 그는 1893년 시카고 세계 박람회에 설치된 「일본관」인 「봉황전」을 보고 일본을 좋아하게 됐습니다. 「봉황전」은 일본 교토부 남쪽에 위치한 우지라는 도시에 지어진, 평등원 내에 있는 「봉황당」을 본뜬 건축물입니다.

당시 서양에서는 에도 시대에 일본에서 유행한 판화인 우키요에浮世繪를 비롯해 '재패니즘'이 유행하고 있어 「봉황전」 역시 큰 인기를 끌었습니다. 우키요에 수집가였던 설리번의 추천으로 시카고 세계 박람회에 직접 방문한 라이트는 이때부터 일본에 굉장한 관심을 갖게 되었습니다. 이러한 경험은 훗날 제국호텔 설계로 이어지는데, 이는 한참 뒤의 이야기입니다. 아무튼 독립한 라이트는 시카고

프랭크 로이드 라이트 「오크파크」(1889)

교외에 「오크파크」를 설계해 자신의 사무실을 열었습니다.
　자택 겸 아틀리에인 「오크파크」는 삼각형의 기하학적인 파사드가 인상적입니다. 라이트는 어렸을 때 어머니가 사준 프뢰벨 블록을 가지고 놀았던 것을 계기로 건축가를 꿈꾸게 되었다고 합니다. 이 건축물을 보고 있으면 '그럴 만하네'라는 생각이 절로 듭니다.
　라이트는 이 마을에서 1910년까지 약 200채의 주택을 설계했는데, 이 주택들의 양식은 '프레리 스타일'이라 불립니다. 프레리란, '초원'을 뜻합니다. 저는 자동차로 여러 차례 미대륙을 횡단했는데, 시카고를 떠난 후 이틀 정도는 산을 전혀 볼 수 없을 정도로 평야가 이어졌습니다. 이처럼 미국 중서부 평원의 풍경과 조화를 이루는, 수평적인 구조의 주택 양식을 프레리 스타일이라 칭합니다.

당시 미국은 여전히 유럽을 모방한 신고전주의 건축이 주축을 이루고 있었는데, 라이트의 이러한 스타일은 신선한 충격을 주었으며, 건축가로서 그의 입지도 더욱 높아졌습니다.

1910년 독일에서 첫 작품집이 출간되면서 라이트의 재능은 유럽에도 알려지기 시작했습니다. 그 당시 베렌스의 사무실에 소속되어 있던 젊은 시절의 발터 그로피우스, 미스 반 데어 로에, 르 코르뷔지에 등도 라이트의 작품에 강한 인상을 받았다고 합니다.

연이은 시련으로 늪에 빠진
라이트에게 손을 내민 일본

프랭크 로이드 라이트는 연이은 스캔들로 좌절을 겪었습니다. 먼저 자신에게 주택 설계를 의뢰한 건축주의 아내인 메이마 체니와 불륜에 빠졌죠. 그는 여섯 자녀의 어머니였던 아내 캐서린에게 이혼을 요구했지만 받아들여지지 않았습니다. 이때 불륜 관계를 정리했다면 얼마나 좋았을까요? 하지만 라이트는 1909년에 사무실을 닫고 체니와 함께 유럽으로 도망치듯 떠났습니다. 그는 이후 2년 동안 베를린에서 자신의 작품집을 편집했을 뿐, 설계 작업은 전혀 하지 않았습니다.

라이트는 1911년에 다시 귀국했지만 아내와 아이들이 있는 「오크파크」로 돌아갈 수 없었습니다. 그래서 고향인 위스콘신주에 「탈리에신」이라는 집을 짓고 체니와 함께 거주하며 설계 작업을 재개했죠. 하지만 불륜과 도피 생활로 명성이 크게 실추되어 한동안 일감을 구하기가 어려웠습니다.

라이트는 건축가로서 어떻게든 열심히 살아보려고 노력했지만 운명은 그를 가만히 내버려두지 않았습니다. 1914년 8월, 라이트가 집을 비운 사이 자신이 고용한 하인이 집에 불을 지르고 체니와 그녀의 아들과 딸, 목수, 정원사 등 7명을 도끼로 살해하는 일이 발생했습니다. 범인은 왜 그런 일을 저질렀는지 실토하지 않았고, 몇 주 후에 감옥에서 굶어 죽었습니다.

주변 사람이 이런 일을 겪으면 다시 일상을 살아가기 힘들 것입니다. 라이트 역시 깊은 실의에 빠졌을 테죠. 그때 일본에서 큰 일감이 들어왔습니다. 그에게 일을 제안한 사람은 하야시 아이사쿠(1873~1951)라는 사업가로, 그는 뉴욕에서 미술품 상인으로 일하면서 우키요에를 좋아하는 라이트와 인연을 맺었습니다. 1909년에 제국호텔의 총지배인으로 취임한 하야시는 라이트에게 제국호텔의 신관 설계를 의뢰했습니다. 애정을 가지고 있던 일본으로부터 받은 의뢰는 절망적인 상황에 처한 라이트에게 커다란 용기를 주었을 것입니다.

일본 건축에 큰 영향을 미친 시모다 기쿠타로의 발자취

사실 하야시 아이사쿠가 제국호텔 신관 설계를 가장 먼저 의뢰한 건 프랭크 로이드 라이트가 아니었습니다. 처음 의뢰를 받은 사람은 당시 상하이에서 활동하던 시모다 기쿠타로(1866~1931)였습니다. 라이트와 직접적인 관련은 없지만, 메이지 시대의 일본에 대한 이해를 돕고자 시모다에 대해 잠시 이야기하도록 하겠습니다.

아키타현 출신인 시모다는 1883년에 공부대학교(현 도쿄대학 공과대학)에 입학했습니다. 공부대학교는 1877년 공부성(메이지 정부의 관청 중 하나)이 일본 최초로 설립한 공학교육기관으로, 1886년에 제국대학(1897년부터 도쿄제국대학)과 합병되었습니다. 시모다는 입학하고 2년이 지난 뒤에 전문 과정인 조가학과造家学科에 진학했습니다. 앞서 언급했듯, 당시에는 '건축'이라는 단어가 존재하지 않았습니다. 이토 주타가 '조가造家'를 'Architecture'로 번역한 '건축'으로 바꾼 건 1897년의 일입니다.

참고로 공부대학교 조가학과 1기생으로는 다쓰노 긴고(1854~1919), 가타야마 도쿠마(1854~1917), 사타치 시치지로(1856~1922), 소네 다쓰조(1853~1937) 등 4명이 있습니다. 초대 제국호텔을 설계한 와타나베 유즈루는 이들보다 한 기수 아래인 2기생입니다.

현재의 「영빈관 아카사카 이궁」은 이른바 고용외국인으로서 일본에 서양 건축을 가르친 조시아 콘도르(1852~1920)의 첫 번째 제자 가타야마 도쿠마가 동궁어소(일본 황실에서 황태자가 사는 곳)로 설계한 건물입니다. 외관이 화려하고 주거하기 다소 불편하다는 이유로 당시 황태자(훗날 다이쇼 시대의 천황)는 자주 사용하지 않았다고 합니다. 그러나 일본인이 서양 건축을 완전히 습득했다는 증거로서 역사적으로 매우 중요한 건축물이라 할 수 있습니다.

시모다가 의뢰받은 제국호텔 신관과 관련된 인물이 있는데, 그는 바로 조가학과 1기생인 다쓰노입니다. 시모다는 담당 교수였던 다쓰노와 관계가 좋지 않아 1887년에 공부대학교를 중퇴했습니다. 아마도 시모다의 성격이 까다로웠기 때문일 테죠. 그는 다쓰노의 강의가 지루하다고 느꼈던 것 같습니다. 두 사람의 관계는 점점 악화되었고, 결국 시모다는 그에게 졸업 작품에 대한 지도를 받지 못했습니다.

대학을 그만둔 시모다는 1889년에 미국으로 건너가 샌프란시스코의 한 건축사무소에 들어갔습니다. 그 건축사무소는 1893년 시카고 세계 박람회에서 캘리포니아관 설계를 담당하게 되었고, 시모다는 그곳에서 설계 감리를 맡았습니다. 그때 시모다는 박람회 총감독이었던 다니엘 버넘으로부터 새로운 건축 기법을 배우게 되었습니다. 그리고 얼마 후에 그의 사무실로 자리를 옮겼죠.

1895년에 독립한 시모다는 시카고에 자신의 건축설계사무소를 열었고, 일본인으로는 처음으로 미국에서 등록 건축가(일본의 1급 건축사에 해당하는 자격)가 되었습니다. 그로부터 3년 뒤, 시모다는 일본으로 돌아와 요코하마에 설계사무소를 열었습니다. 1908년에는 독일계 자본의 「토아 호텔」을 설계해 '수에즈 동쪽 지역에 위치한 최고의 호텔'이라는 찬사를 받았으며, 1909년부터는 상하이에서 활동했습니다.

우여곡절 끝에 완성된 「제국호텔 라이트관」

하야시 아이사쿠가 시모다 기쿠타로에게 제국호텔 신관 설계를 의뢰한 건 「토아 호텔」의 실적을 높이 평가했기 때문일 것입니다. 그러나 하야시는 시모다가 제출한 설계안을 둔 채 프랭크 로이드 라이트에게 자문을 구하기 시작했습니다. 이는 결코 시모다의 설계안이 마음에 들지 않아서가 아니었습니다. 자세한 상황은 정확히 알 수 없지만, 저는 이렇게 추측합니다.

하야시는 시모다의 설계안을 제국호텔의 회장인 오오쿠라 기하치로에게 전달했을 것입니다. 오오쿠라는 당시 일본건축학회 회장직을 맡고 있던 다쓰노 긴고에게 시모다의 설계안을 보여주며 의견을 구했을 테고요. 국가적인 프로젝트는 아니지만 외국인을 대상으로 하는 일본 최고 호텔을 건설하는 일이니 '건축계의 거물'의 의견이 당연히 궁금했을 것입니다.

다쓰노는 자신을 싫어해 대학을 그만둔 시모다가 달갑지 않았을 것입니다. 실제로 미국에서 귀국한 시모다가 도쿄에서 일을 시작하려 할 때 방해를 하기도 했죠. 다쓰노는 분명 오오쿠라에게 "이런 녀석을 고용하면 안 된다"라고 말했을 것입니다. 상황이 이러하니

시모다의 설계안을 채택하기 쉽지 않았겠죠. 그리고 결국 그 일은 라이트에게 돌아갔습니다.

하지만 혼란은 아직 끝나지 않았습니다. 라이트가 하야시에게 제안한 설계 내용을 알게 된 시모다는 자신의 설계안과 콘셉트가 너무 유사하다며 격노했고, 표절이라며 소송을 제기했습니다. 흐지부지한 상태로 방치해둔 자신의 아이디어와 비슷한 설계안이 채택되었으니 화가 날 만도 하죠.

더욱이 시모다가 시카고에서 다니엘 버넘의 사무실에 있을 때 라이트는 라이벌 관계인 루이스 설리번의 사무실에 있었습니다. 이러한 이유로 서로 좋지 않은 감정이 있었을지도 모릅니다. 실제로 라

프랭크 로이드 라이트 「제국호텔 라이트관」(1923)

이트가 1932년에 출간한 자서전을 보면 시모다를 두고 '좋지 않은 일본인'이라고 표현한 문장이 있습니다.

라이트가 시모다의 설계안을 의식적으로 도용했는지는 확실하지 않습니다. 제국호텔 신관은 평등원의 「봉황당」을 기반으로 만들어졌는데, 이는 애초에 하야시의 아이디어였다고 전해집니다. 그렇다면 시모다와 라이트의 설계안이 비슷한 것도 이해가 되죠.

라이트는 시카고 세계 박람회에서 「봉황당」을 본뜬 건축물인 「봉황전」에 깊은 감명을 받았습니다. 시모다 역시 시카고 세계 박람회 현장에서 일했으니 같은 것을 보았겠죠. 여러모로 두 사람은 인연이 깊은 듯합니다. 저작권을 둘러싼 재판은 수년간 이어졌고, 결국에는 제국호텔 측이 시모다의 요구를 받아들이면서 마무리되었습니다.

1916년 라이트는 제국호텔과 계약을 맺고 시공을 총지휘했습니다. 그러나 라이트가 석재와 목재 선정을 엄격하게 관리하고 내진 및 방화에도 철저히 신경 쓴 탓에 공사는 예정보다 지연되었고, 예산 또한 당초 150만 엔에서 900만 엔으로 크게 증가했습니다. 결국 하야시는 이에 대한 책임을 지고 총지배인 자리에서 물러났고, 라이트 역시 일이 마무리되기 전에 해고되어 일본을 떠났습니다. 이후에는 라이트의 제자인 엔도 아라타(1889~1951)를 중심으로 공사가 진행되었습니다.

엔도는 공부대학교 조가학과의 맥을 잇는 도쿄제국대학 건축학과 출신입니다. 그는 졸업 이듬해에 '건축계의 거물' 다쓰노가 설계한 「중앙 정차장(현 도쿄역 마루노우치역사)」 건축을 비판하는 논문을 발표했습니다. 다쓰노에 반감을 가지고 있었던 시모다로서는 그가 싫지 않았을 것입니다.

계속되는 혼란 속에서 1923년 7월 드디어 「제국호텔 라이트관」이 완성되었습니다. 그러나 완공 기념 피로연이 열린 1923년 9월 1일 뜻밖의 사건이 발생했습니다. 관동대지진이 발생한 것이죠.

주변 건물들이 속속 무너지고 화재가 발생했습니다. 하지만 「제국호텔 라이트관」은 약간의 손상만 입었을 뿐, 여전히 굳건히 서 있습니다. 엔도의 편지를 통해 자신의 설계가 좋은 결실을 맺었다는 사실을 알게 된 라이트는 무척 기뻐했다고 합니다.

제2의 황금기를 연 라이트,
자연과 어우러진 걸작들

프랭크 로이드 라이트가 설계한 호텔이 대지진에도 무너지지 않았다는 소식은 신문을 통해 전 세계에 보도되었습니다. 이를 계기로 그의 명성은 다시 한번 높아졌고, 라이트는 제2의 황금기를 맞이했습니다.

이후 라이트는 세상에 수많은 걸작을 선보였습니다. 그중에서

프랭크 로이드 라이트 「낙수장」(1936)

가장 중요한 작품은 1936년에 에드거 카우프만이라는 백화점 경영인을 위해 설계한 「낙수장」입니다. 이름 그대로 폭포 위에 지어진 지상 3층, 지하 1층 규모의 주택으로, 실내 계단을 통해 물가로 내려갈 수 있도록 설계되었습니다.

바위에서 솟아오른 듯한 수직의 외벽과 마치 공중에 떠 있는 것처럼 보이는 각 층의 테라스가 조화를 이루는 모습은 무척이나 아름답습니다. 또한 주변의 자연 경관과 잘 어우러지는 모습도 매우 훌륭합니다. 많은 건축과 학생이 이 작품을 따라 그려본 적이 있을 만큼, 명작 중에서도 명작이라 생각합니다.

좀 더 큰 규모의 작품으로는 1939년에 완성된 「존슨 왁스 본사」가 있습니다. 당시에는 여전히 아르데코가 유행하고 있었는데, 라이트만의 독창적인 스타일을 선보였다는 점에서 흥미로운 작품이라 할 수 있습니다.

특히 눈길을 끄는 요소는 사무실 내부의 천장을 받치고 있는 버섯 모양의 기둥입니다. 무늬가 새겨진 천창이 설치되어 있는 모든 틈 사이로 빛이 스며듭니다. 바깥 풍경은 보이지 않지만 직원들은 마치 숲속에서 일하는 듯한 기분을 느낄 수 있을 것입니다.

라이트가 사망한 1959년에 완성된 「뉴욕 구겐하임 미술관」 역시 빼놓을 수 없는 그의 걸작입니다. 많은 사람이 나선형을 그리는 독특한 외관을 기억할 것입니다.

일본과 인연이 깊었던 라이트는 일본에 「제국호텔 라이트관」

외에도 명작을 남겼습니다. 효고현 아시야시에 있는 「구舊 야마무라 주택」(1923)과 도쿄 도시마구에 있는 「자유학원 명일관」(1921)은 중요 문화재로 지정되어 있습니다.

「구舊 야마무라 주택」은 엔도 아라타의 소개를 통해 양조장 주인의 별채로 설계된 건물입니다. 라이트가 제국호텔에서 해고된 후 미국으로 돌아가 실제 건축은 엔도를 중심으로 진행되었습니다. 이후 1947년에 요도가와 제강소가 이를 매입했고, 지금은 「요도코 영빈관」으로 운영되고 있어 일반인도 견학할 수 있습니다.

1921년에 「자유학원」을 설립한 하니 요시카즈와 하니 모토코 부부를 라이트에게 소개한 것도 엔도입니다. 그들의 교육 이념에 공감한 라이트는 기본 설계를 맡았고, 역시나 엔도가 마무리했습니다. 이 건물은 노후화되어 1999년부터 약 2년에 걸쳐 보존 및 개수 공사가 진행되었고, 지금은 결혼식장이나 이벤트 장소로 활용되고 있습니다.

제6장

대공황 시기부터
제2차 세계대전까지

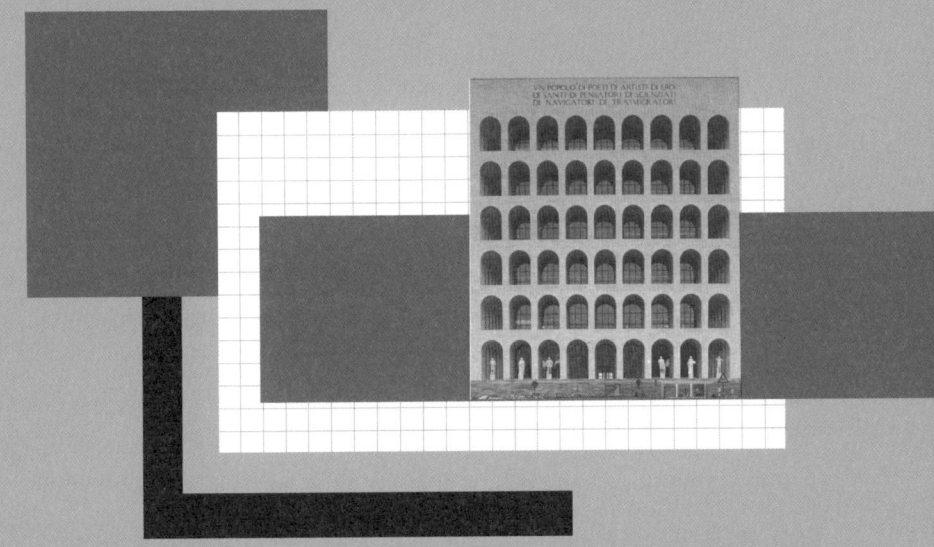

권력과 이념이 건축의 방향성을 좌우한 시대

경제 위기와 정치적 혼란 속에서 아르데코, 러시아 구성주의, 이탈리아 미래파와 같은 건축 양식이 나타났습니다. 한쪽에서는 번영과 미래를 상징하는 초고층 빌딩이 세워졌고, 다른 한쪽에서는 혁명과 권력의 이상이 담긴 건축이 시도되었습니다.

모더니즘과 신고전주의가 경쟁한 「시카고 트리뷴 본사 건물」 공모전

앞 장에서는 근대 건축을 연 4대 거장의 프로필을 종합적으로 다루며 1910년대부터 전후까지 이어지는 폭넓은 시대의 모더니즘 건축을 소개했습니다. 이제 다시 시곗바늘을 돌려 모더니즘의 여명기인 1920년대로 돌아가볼까요?

르 코르뷔지에는 1914년에 '도미노 시스템'을, 1927년에 '근대 건축의 5원칙'을 발표했지만, 그렇다고 해서 서양 건축 전체가 단숨에 모더니즘을 향해 나아간 건 아니었습니다. 특히 미국은 유럽 콤플렉스가 강해 고전적인 장식을 가진 건축을 선호했습니다.

이러한 '고전과 모더니즘 대결'의 긴장 관계를 잘 보여주는 유명한 공모전이 있습니다. 1922년에 시카고 트리뷴 신문사가 진행한 본사 건물의 국제 공모전이 바로 그것이죠. 총상금 10억 달러가 걸린

레이몬드 후드, 존 미드 하웰 「시카고 트리뷴 본사 건물」(1925)

이 대규모 공모전에 250명이 넘는 건축가가 참가했습니다.

1922년은 미스 반 데어 로에가 전면이 유리로 구성된 「유리 마천루 계획안」의 모형을 발표하며 'Less is more'라는 문구로 건축계에 충격을 안겨준 해이기도 합니다. 이처럼 모더니즘의 태동은 이미 시작되고 있었습니다.

하지만 공모전에 당선된 것은 에콜 데 보자르 출신인 레이몬드 후드(1881~1934)와 존 미드 하웰(1868~1959)이 공동으로 제출한, 고전적인 장식이 가미된 고딕 양식의 설계안이었습니다. 아쉽게 2위를 차지한 핀란드 출신 엘리엘 사리넨(1873~1950)의 설계안도 후드와 하웰의 설계안과 마찬가지로 하늘을 향해 뻗어나가는 수직성이 고딕 양식의 특징을 갖추고 있었습니다. 당시 심사위원들의 취향이 그랬나 봅니다.

비록 2위에 그쳤지만 높이 올라갈수록 점점 가늘어지는 사리넨의 독특한 아르데코 양식의 디자인은 미국 건축계에 큰 영향을 미쳤으며, 이후 초고층 빌딩의 디자인에 적극적으로 도입되었습니다. 이후에 소개할 뉴욕의 「엠파이어 스테이트 빌딩」 등이 대표적인 예입니다.

지금까지의 이야기는 그다지 흥미로울 것이 없죠? 그런데 이 공모전에는 앞서 언급한 2명의 유명 건축가도 참여했습니다. 발터 그로피우스와 아돌프 로스가 그 주인공입니다.

그로피우스는 공모전에 참여하기 3년 전에 바우하우스의 초대 교장으로 취임한 바 있습니다. 그의 설계안은 모더니스트로서의 입

「시카고 트리뷴 본사 건물」 공모전의 계획안
← 엘리엘 사리넨의 계획안 ↑ 발터 그로피우스의 계획안 → 아돌프 로스의 계획안

장을 충분히 반영한 작품이었습니다. 1위와 2위의 작품이 고딕 양식의 수직성을 강조했다면, 그의 작품은 「팍스 구두형 공장」과 마찬가지로 창문이 수평으로 연속되어 있으며, 장식다운 장식은 전혀 없습니다. 만약 실현되었다면 '모더니즘 건축의 걸작' 중 하나가 되었을지도 모르지만, 당시 공모전 심사위원들은 그의 작품을 높이 평가하지 않았습니다.

로스의 설계안은 더욱 흥미롭습니다. 지금까지 이 책을 읽은 사람은 거대한 도리아식 원주가 그대로 고층 빌딩이 된 그의 작품을 보고 "풉" 하고 웃음을 터뜨렸을지도 모르겠습니다. 로스는 고전적 양식을 동경하는 미국 건축계의 경향을 잘 알고 있었을 것입니다. 그는 이미 14년 전에 '장식은 범죄다'라고 선언한 바 있습니다. 그런 그가 이와 같은 설계안을 제출한 것은 장식이 과한 고딕 양식을 선택할 것 같은 심사위원들을 향한 통렬한 풍자였습니다.

"그렇게 고딕이 좋으면 어설픈 고딕보다 차라리 이게 낫지 않아?"라고 말하며 쓴웃음을 짓는 로스의 모습이 눈앞에 그려집니다. 그로부터 6년 후인 1928년, 말년의 로스는 제4장에서 소개한 「빌라 뮐러」를 설계했습니다.

기능성과 장식성을 동시에 추구한
아르데코 양식

1928년, 산업화와 도시화가 진행되는 근대 사회에 적합한 건축을 추진하려는 건축가들의 연합 조직 CIAM이 발족되었습니다. CIAM이 만들어진 건 공모전에서 발생한 모더니즘파와 보수파 간의 대립 때문입니다. 1927년 국제연맹 본부 건물의 설계 공모전에서 에콜 데 보자르의 전통을 잇는 보수파가 르 코르뷔지에의 계획안을 '규약 위반'이라고 트집 잡으며 탈락시켰습니다. 이 사건을 계기로 모더니즘 건축가들은 더욱 결속을 다지게 되었습니다.

CIAM은 엘렌 드 망드로라는 이름을 가진 스위스 출신 여성이 후원자로 나서면서 1928년 6월 그녀가 소유한 라 사라의 성에서 제1회 회의를 개최했습니다. 그때 르 코르뷔지에를 비롯해 페터 베렌스, 발터 그로피우스, 미스 반 데어 로에 등 24명의 건축가가 참여했죠. 이후 제2차 세계대전으로 10년 동안 활동이 중단되었고, 1959년까지 총 11번 회의를 개최했습니다.

1929년에는 세계 대공황으로 경제가 흔들리고, 독일에서는 나치가 대두되는 등 어두운 정세가 펼쳐졌습니다. 그러나 CIAM의 출범을 계기로 모더니즘 건축은 미국을 포함해 전 세계로 확산되었습니다.

그렇게 미국 건축계에서 아르데코가 유행하기 시작했습니다. 기계를 연상시키는 직선과 기하학적인 디자인이 중심을 이루는 아르데코는 장식을 배제하는 모더니즘 건축과도 잘 어울렸습니다. 르네상스 건축에서 마니에리즘이 파생된 것처럼, 모더니즘을 배운 건축가들이 다음 단계를 모색하는 과정에서 주목한 것이 아르데코였을지도 모릅니다.

모더니즘에 아르데코를 도입한 대표적인 작품으로는 1932년에 완공된 「PSFS 빌딩」이 있습니다. 이는 파리의 에콜 데 보자르에서 건축을 배운 미국인 조지 하우(1886~1955)와 스위스 출신 윌리엄 레스카즈(1896~1969)가 공동으로 설계한 건축물이죠.

조지 하우, 윌리엄 레스카즈 「PSFS 빌딩」(1932)

10년 전에 공모전을 통해 당선된 「시카고 트리뷴 본사 건물」과 비교해보면, 상당히 참신하고 현대적입니다. 비록 전면을 유리로 덮은 미스의 초고층 빌딩만큼 외벽이 자유롭지 않지만, 층마다 창문이 연속적으로 배치되어 있습니다. 이는 르 코르뷔지에의 스타일이기도 하죠. 이러한 창문은 가능한 한 넓은 면적을 확보해 내부로 자연광을 최대한 끌어들이는 기능을 합니다.

디자인 측면에서 독특한 요소는 기단 부분입니다. 1층 쇼윈도 윗부분을 감싸는 얇은 두께의 스테인리스 스틸은 마치 머리띠를 두른 듯한 모습처럼 보입니다. 그 위에는 검은색 대리석으로 된 무거운 기단이 놓여 있습니다. 반면 하부의 머리띠 모양의 스테인리스 스틸과 일부러 간격을 두어 과도한 위화감이 들지 않도록 디자인했으며, 직각이 아닌 곡선으로

「PSFS 빌딩」의 개성적인 1층 부분

처리한 기단의 모서리는 전체적인 인상을 완화하는 역할을 합니다.

이처럼 직선과 곡선이 결합된 디자인이지만, 기하학적인 아름다움을 강조했다는 점에서 아르데코 스타일이라고 할 수 있습니다. 게다가 옥상에 안테나 타워를 설치해 라디오를 들을 수 있도록 오디오 시스템을 설치하는 등 기능적인 측면에서도 새로운 시도를 했습니다.

건물 내부를 살펴보면, 은행 사무실 공간은 층이 뚫려 있어 개방감이 느껴집니다. 당시 사람들은 이러한 설계 방식이 신선하게 느껴졌을 것입니다. 지금은 이런 구조가 흔하지만, 과거 은행이나 우체

개방적인 느낌이 드는 「PSFS 빌딩」의 홀

국 창구는 대부분 벽으로 막혀 있고 얼굴을 마주하는 부분만 개방되어 있었습니다. 이 건물에는 모더니즘 특유의 기능적인 아름다움이 드러나 있다고 볼 수 있습니다.

한편 로비에 깔린 카펫은 기하학적인 아르데코 디자인을 반영하고 있습니다. 흑백 사진이라 정확히 확인할 수는 없지만 오렌지, 블루, 옐로우 같이 선명한 색을 사용한 건 아르데코의 특징입니다. 반면 르 코르뷔지에의 모더니즘은(「사보아 저택」에서도 볼 수 있듯) 흰색이 중심이며, 선명한 색은 거의 사용하지 않았습니다. 이런 점에서도 「PSFS 빌딩」은 모더니즘과 아르데코가 융합된 사례라고 볼 수 있습니다.

대공황 시대의 예술,
대규모 고용 창출을 위한 「록펠러 센터」

고딕 양식으로 「시카고 트리뷴 본사 건물」 공모전에서 우승한 레이몬드 후드와 존 미드 하웰은 이후에도 아르데코를 도입한 초고층 빌딩을 여러 차례 설계했습니다. 그중에서 가장 유명한 건 1939년에 완성된 「록펠러 센터」입니다.

    1870년에 스탠더드 오일을 창업한 존 록펠러는 '석유왕'이라 불린 백만장자입니다. 그는 1930년부터 「록펠러 센터」 건설을 추진했는데, 그 이유 중 하나는 1929년에 발생한 대공황으로부터 벗어나기 위함이었습니다. 거대한 프로젝트가 진행되면 대규모 고용이 창출될 테니까요. 또한 이 프로젝트를 위해 매입한 뉴욕 맨해튼 5번가와 6번가는 그리 높은 가치를 가진 땅이 아니었습니다. 하지만 그곳에 새로운 초고층 빌딩을 세운다면, 이를 계기로 침체된 경기를 부양하는 데도 기여할 수 있을 것이라 판단했을 겁니다.

    후드와 하웰의 설계는 「시카고 트리뷴 본사 건물」 공모전에서 2위를 차지한 엘리엘 사리넨의 영향을 받았습니다. 위로 올라갈수록 가늘어지면서 수직적인 라인이 강조된 형태를 보면 이러한 사실을 짐작할 수 있죠. 그런 의미에서 르 코르뷔지에식 모더니즘과는 다소 차이가 있습니다. 비록 고딕 양식의 장식은 완전히 사라졌지만, 건물 주변과 내부는 아르데코 양식의 조각과 벽화 등으로 꾸며졌습니다.

이 시기 미국에서는 뉴딜 정책의 일환으로 대공황 탓에 일자리를 잃은 예술가들을 지원하기 위한 프로젝트가 시행되었습니다. 그 결과, 거리 곳곳에 조각품 등이 만들어지기 시작했고, '대공황 예술'이라고 할 수 있는 운동이 일어났습니다.

멕시코 출신의 화가 디에고 리베라(1886~1957)도 이 시기에 미국에서 활동한 예술가 중 한 명입니다. 1933년 그는 「록펠러 센터」에 「교차로가 서 있는 남자」라는 제목의 프레스코 벽화를 그렸습니다. 그러나 열렬한 공산주의자였던 리베라는 미국의 건국자들과 함께 소련의 지도자 블라디미르 레닌의 초상화를 그려 넣어 많은 사람의 빈축을 샀고, 결국 그의 벽화는 완성되기도 전에 철거되고 말았습니다.

다른 이야기지만, 제가 다녔던 조지 워싱턴 고등학교 건물도 비슷한 시기에 지어졌습니다. 건물 로비에는 아르데코풍 벽화가 있는데, 초대 대통령 조지 워싱턴의 생애를 그린 작품입니다. 몇 년 전 이 벽화를 둘러싼 논란이 뉴스에 크게 보도되었습니다. 워싱턴이 노예를 부리는 장면을 지워야 한다는 사람들과 시대를 반영한 예술이므로 그럴 필요가 없다는 사람들이 대립했죠. 결과적으로 그 벽화는 지금도 보존되어 있습니다.

아무튼 리베라는 「록펠러 센터」에서 철거된 작품을 멕시코에서 복원했습니다. 그러나 단순한 원상 복구가 아니었습니다. 그는 자신의 작품을 철거한 록펠러의 얼굴을 매우 추악하게 그려 넣었습니다.

레이몬드 후드, 존 미드 하웰 「록펠러 센터」(1939)

높이 경쟁에서 세계 최고에 이른
「크라이슬러 빌딩」

대공황의 시대였지만, 자신의 힘을 과시하고 싶은 기업과 개발업자들은 뉴욕에 초고층 빌딩을 잇달아 세웠습니다. 뉴욕은 암반이 단단하고 지진이 거의 발생하지 않는 지역이기에 초고층 건설에 적합한 조건을 갖추고 있죠.

건물의 높이는 소유자의 힘과 권위를 상징했습니다. 그래서 이를 둘러싼 경쟁이 벌어지기도 했습니다. 1930년 당시 세계에서 가장 높은 빌딩은 1913년에 뉴욕 최초의 초고층 빌딩으로 완성된, 241.4미터에 달하는 고딕 양식의 「울워스 빌딩」이었습니다.

이를 뛰어넘고자 치열하게 경쟁한 두 건물이 있습니다. 바로 「크라이슬러 빌딩」과 「뱅크 오브 맨해튼 트러스트 빌딩」입니다. 참고로 「뱅크 오브 맨해튼 트러스트 빌딩」은 현재 미국 대통령인 도널드 트럼프가 소유하고 있어 「트럼프 타워」라고도 불립니다. 두 건물은 서로의 높이를 곁눈질로 지켜보며 설계를 거듭 변경했습니다. 「크라이슬러 빌딩」은 당초 246미터로 계획되었지만, 「트럼프 타워」가 260미터로 계획되었다는 사실을 알고 나서 282미터로 변경했습니다. 그러자 「트럼프 타워」는 1미터 더 높은 283미터로 설계를 변경해 1930년 4월에 완성했습니다. 283미터는 그 당시 세계 최고 높이였죠.

참고로 「트럼프 타워」의 설계팀에는 일본계 건축가 마쓰이 야

쓰오가 있었습니다. 그는 일본에서 태어나 1898년에 미국으로 건너가 캘리포니아대학을 졸업한 뒤 뉴욕에 정착한 일본계 건축가죠. 수많은 고층 건축물을 설계한 F.H. 듀이 앤 컴퍼니의 대표이사 자리까지 올랐으며, 시모다 기쿠타로와 함께 미국에서 크게 활약했습니다.

그러나 그의 성장 과정을 보면 결코 순탄하지만은 않았습니다. 제2차 세계대전 당시 일본계 미국인이라는 이유로 수용소에 감금되기도 했으며, 전쟁 중에는 24시간 감시를 받아 설계 작업을 전혀 할 수 없었습니다.

다시 건축 이야기로 돌아가, 「크라이슬러 빌딩」의 설계자인 윌리엄 밴 앨런(1883~1954)에게는 아주 특별한 비장의 카드가 있었습니다. 그는 「트럼프 타워」의 설계 변경을 눈치채고 극비리에 38미터 높이의 첨탑을 제작했습니다. 「트럼프 타워」가 완공된 다음 달에 완성된 「크라이슬러 빌딩」은 마지막 순간에 이 첨탑을 추가해 319미터에 이르게 되었습니다. 이로써 당시 「크라이슬러 빌딩」은 세계에서 가장 높은 빌딩이 되었습니다.

「크라이슬러 빌딩」은 높이뿐 아니라 디자인 측면에서도 뉴욕의 마천루를 대표하는 존재로 자리 잡았습니다. 삼각형 창문과 겹쳐진 아치로 구성된 기하학적인 꼭대기 디자인은 아르데코를 상징하죠. 벽면과 인테리어 역시 아르데코 스타일로 장식되어 있습니다.

하지만 첨탑이라는 비책을 동원해 세운 「크라이슬러 빌딩」의 기록은 이듬해에 갱신되고 말았습니다. 1931년 4월에 「엠파이어 스

슈리브, 램 앤 하몬 「엠파이어 스테이트 빌딩」(1931)

테이트 빌딩」이 완공된 것이죠. 이 건물은 최상층까지 373.2미터, 전파탑 꼭대기까지 443.2미터에 달합니다.

「엠파이어 스테이트 빌딩」은 「크라이슬러 빌딩」만큼 디자인이 정교하지는 않지만, 위로 올라갈수록 가늘어지는 스타일은 「시카고 트리뷴 본사 건물」 공모전에서 2위를 차지한 엘리엘 사리넨의 영향을 받은 것입니다. 또한 저층부와 최상층에 아르데코 양식이 적용되었습니다.

이 건물을 설계한 곳은 슈리브, 램 앤 하몬이라는 건축사무소입니다. 이 사무소는 「엠파이어 스테이트 빌딩」이 완공되고 5년이 지난 1936년에 앞서 언급한 일본계 2세 야마사키 미노루를 고용했습니다. 「엠파이어 스테이트 빌딩」은 야마사키가 설계한 「세계무역센터」 북쪽 타워(527미터)가 완성된 1973년까지 42년 동안 '세계 최고'라는 타이틀을 지켜냈습니다.

3차원 입체에 대한 새로운 시각,
러시아 구성주의

미국의 이야기가 길어졌네요. 훗날 미국과 어깨를 나란히 하며 세계 리더가 된 나라로 시선을 돌려볼까요? 1917년 러시아혁명으로 탄생한 소비에트 연방은 건축 분야에서도 존재감을 드러냈습니다.

1789년 프랑스혁명을 계기로 루이 왕조가 무너진 이후, 유럽 각국에서는 18세기부터 19세기에 걸쳐 궁정을 중심으로 한 봉건 사회가 붕괴되었습니다. 반면 러시아는 20세기에 들어서도 황제의 지배가 이어졌죠. 이를 무너뜨리고 프롤레타리아(마르크스주의에서 노동 계급을 의미하는 용어. 자신이 가진 자산 없이 오로지 노동력을 제공해 생계를 유지하는 계층)가 주도하는 사회를 건설하고자 했던 것이 바로 러시아혁명입니다.

공산주의 운동에서는 자본가와의 계급 투쟁에서 진보적인 역할을 하는 집단이나 개인을 '전위'라고 부릅니다. 러시아 예술계에서도 혁명 이전부터 궁정 문화와 궁정 예술의 권위주의를 부정하며 추상성, 합리성, 혁신성을 중시하는 전위적인 예술 혁신 운동이 일어났습니다. 이를 '러시아 아방가르드'라고 부릅니다.

그 일련의 운동 중에 20세기 초반 파블로 피카소와 조르주 브라크가 시작한, 큐비즘의 영향을 강하게 받은 '러시아 구성주의'라는 사조가 있습니다. 큐비즘은 2차원의 평면에 여러 관점과 각도를 도입해 3차원의 시각을 추구하는 예술 양식입니다. 러시아 구성주의 역시 '입체'를 어떻게 구성할 것인가를 중요한 개념으로 삼았습니다.

러시아 구성주의는 건축에도 영향을 미쳤습니다. 건축이란 본래 3차원으로 구성된 입체인데, 러시아 구성주의 건축은 입체적인 구조 자체의 아름다움을 추구하는 것이 특징입니다. 단순히 상자 형태의 구조물을 쌓아 올리는 것이 아니라, 여러 요소로 이루어진 복잡한 구조를 역학적으로 계산해 균형을 맞추는 방식을 택했습니다. 말하자면, 오뚝이처럼 절묘한 균형 감각을 통해 구조적인 아름다움을 창조하려 했던 것이죠.

쉬운 이해를 위해 작품을 살펴볼까요? 「제3인터내셔널 기념탑」은 1919년 블라디미르 타틀린(1885~1953)이 구상한 작품으로, 실제로 완성되지는 않았습니다. '제3인터내셔널'은 1919년부터 1943년까지 존재했던 국제 공산주의 운동 조직입니다. 그 이전에 '제1'과 '제2'가 있어 '제3'이라 소개했지만, 일반적으로는 '코민테른'이라고 부릅니다.

코민테른의 발족을 기념하기 위해 계획된 「제3인터내셔널 기념탑」은 높이가 400미터에 달하는 거대한 기념물이 될 예정이었습니다. 만약 실현되었다면 「엠파이어 스테이트 빌딩」에는 미치지 못하지만, 「크라이슬러 빌딩」을 제치고 당시 세계 2위 높이의 건축물이 되었을 것입니다.

이를 구성하는 재료는

블라드미르 타틀린 「제3인터내셔널 기념탑」(1919)

제6장 대공황 시기부터 제2차 세계대전까지 ——— 255

철과 유리입니다. 나선형의 바구니처럼 생긴 구조물 내부에는 육면체, 사각뿔, 원기둥, 원통형, 반구형의 방이 매달려 있으며, 각각 회의실, 정보국 등으로 사용할 수 있도록 설계되었습니다.

흥미로운 사실은 각 방의 회전 속도가 다르다는 점입니다. 육면체는 1년에 한 번, 사각뿔은 한 달에 한 번, 원기둥은 하루에 한 번, 반구는 한 시간에 한 번 회전합니다. 일반적으로 건축물은 정적인데, 이는 동적인 건축물이라 할 수 있죠. 회전하는 방의 방향에 따라 순간순간 보이는 모습이 달라진다는 점은 매우 역동적인 제안으로, 마치 3차원의 '공간' 속에 '시간'이라는 차원이 더해져 건축의 구조 자체에 내장된 형태라고 해석할 수도 있습니다. 거기에 기계장치에 의한 움직임이 더해지면서, 그곳에서 생활하는 인간의 모습까지 표현했습니다.

러시아 구성주의 건축물, 세계가 주목한 「소련관 파빌리온」

1925년 파리 세계 박람회에서는 아르데코 건축물이 즐비한 가운데, 콘스탄틴 멜니코프(1890~1974)가 설계한 「소련관 파빌리온」이 이목을 집중시켰습니다. 「소련관 파빌리온」을 구성하는 두 건물 사이에는 계단이 놓여 있으며, 그 위에는 비스듬히 교차하는 지붕과 기하학적인 형태로 만들어진 타워가 세워져 있습니다. 다양한 부품을 겹겹이 쌓아 균형 잡힌 구조를 이루고 있다는 점에서 러시아 구성주의의 특징을 잘 보여주는 걸작이라는 평가를 받고 있습니다.

1929년에 완성된 멜니코프의 자택도 유명합니다. 저도 모스크바까지 직접 가 구경한 적이 있는데, 지금은 미술관의 일부로 공개되고 있습니다. 타원형 건물에 육각형 창문을 여러 개 배치한 디자인은 굉장히 참신하며, 옥상을 둘러싼 나무 격자와 본체의 균형도 절묘합니다.

콘스탄틴 멜니코프 「소련관 파빌리온」(1925)

러시아 건축계의 거장이 된 멜니코프는 1933년 밀라노 트리엔날레에 르 코르뷔지에, 미스 반 데어 로에 등과 함께 초대되는 등 국제적으로도 인정을 받았습니다. 그러나 당시 소련은 최고 지도자 이오시프 스탈린이 주도한 대숙청의 시대였습니다.

콘스탄틴 멜니코프가 설계한 자택(1929)

1932년 소련 공산당 중앙위원회에서는 예술 단체를 국가 산하로 일원화하기로 결정했습니다. 이와 함께 '사회주의 리얼리즘'이라는 방침이 제시되었고, 모든 예술 분야는 이 방침을 따라야만 했습니다.

그로 인해 '예술은 혁명과 함께해야 한다'는 정신을 강조한 러시아 아방가르드는 한순간에 비판의 대상이 되었습니다. 멜니코프 역시 1937년 신문과 건축가 단체로부터 '형식주의 건축가'라는 낙인이

찍혀 국내에서 건축 설계를 할 수 없는 상황에 처했습니다. 그래서 이후에는 교사와 화가로서의 일을 하며 자택에서 지냈다고 합니다.

그렇게 시간이 흘러 1956년 니키타 흐루쇼프(공산당 중앙위원회 제1서기)의 '스탈린 격하 연설' 이후 소련에서는 스탈린 시대에 억압받았던 사람들의 명예 회복이 진행되었습니다. 멜니코프도 1965년에 명예를 회복했으며, 그가 사망하기 2년 전인 1972년에는 '소년 명예 건축가'라는 칭호를 받을 수 있었습니다.

실현되지 못한 러시아의 상상력, 일본에서 현실이 되다

제3장에서 실제로 완성된 작품은 거의 없음에도, 역사에 이름을 남긴 18세기 '환상의 건축가'를 소개했습니다. 이오시프 스탈린 체제하의 소련에서도 이와 비슷한 사례를 찾아볼 수 있습니다. 대부분의 작품이 '언-빌트(실현되지 않은 건축)'임에도, 르 코르뷔지에가 높이 평가할 만큼 뛰어난 재능을 가진 건축가가 있었습니다. 바로 이반 레오니도프(1902~1959)입니다.

그는 1927년 모스크바 부흐테마스(국립 고등예술공예학교)의 졸업 작품으로 발표한 「레닌 연구소」의 계획안으로 주목을 받기 시작했습니다. 수직으로 길게 뻗은 고층 빌딩, 그것과 연결된 수평 건물,

이반 레오니도프 「레닌 연구소」(1927)

유리로 덮인 구체 등 개별적인 요소들을 와이어로 연결해 트리 구조를 형성하며 하나의 건축물로 완성시켰습니다. 그야말로 아방가르드하고 실험적인 제안이었죠.

또한 1934년에 실시된 중공업성省 건물의 설계 공모전에 응모한 그의 작품은 고층 빌딩이라는 '상자' 부분만 본다면 르 코르뷔지에식 모더니즘 건축과 유사합니다. 하지만 그것만으로는 러시아 구성주의 작품이라 할 수 없죠. 자세히 들여다보면 외벽에 안테나 같은 철제 부품이 부착되어 있는 등 독창적인 요소가 가미되어 있습니다.

레오니도프의 응모작은 공모전에서 채택되지 않았지만, 그가

구마 겐고 「M2 빌딩」(1991)

제안한 안테나 구조는 훗날 일본에서 실제로 구현되었습니다. 1991년 도쿄 세타가야구에 자동차 디자인 연구소로 건설된 구마 겐고의 「M2 빌딩」이 바로 그것이죠.

    이후에 설명할 포스트모던 건축 시대에 지어진 이 작품은 고전주의부터 모더니즘까지 다양한 요소를 콜라주한 디자인으로 찬반양론을 불러일으켰습니다. 아니, 오히려 반대 의견이 더 많았을지도 모릅니다. 거대한 이오니아식 원주, 현대적인 유리창, 러시아 구성주의의 수수께끼 같은 안테나가 뒤섞인 혼란스러운 조합은 기괴한 인상을 줍니다. 구마는 훗날 이 건물이 건축계에서 좋은 평가를 받지 못한 것에 대해 "「M2 빌딩」은 내게 트라우마로 남아 있다"라고 회고했습니다.

그러나 이 건물에 서양 건축의 역사가 힘껏 응축되어 있는 건 분명한 사실입니다. 지금은 본래의 외관을 그대로 유지한 채 장례식장으로 사용되고 있습니다. 도쿄에서 이 건물을 보게 된다면 '레오니도프는 이 모습을 보고 무슨 생각을 할까' 상상해보는 것도 재미있지 않을까 싶습니다. 비록 일부분에 불과하지만 '형태로 구현된 레오니도프의 작품을 직접 접할 기회는 흔치 않으니까요.

구조미의 극치, 뼈대 자체의 아름다움 「슈호프 타워」

이반 레오니도프의 안테나는 건설 노동자를 위한 엘리베이터처럼 보이기도 해 '공사 중인 건물인가?' 하고 생각하는 사람도 많을 것입니다. 이번에 소개할 건축가의 작품 또한 공사 중인 건물처럼 보일지도 모릅니다. 1922년 블라디미르 슈호프(1853~1939)가 설계한 모스크바의 전파탑 「슈호프 타워」가 바로 그것입니다.

러시아 구성주의는 블라드미르 타틀린의 「제3인터내셔널 기념

블라디미르 슈호프 「슈호프 타워」(1922)

탑」과 마찬가지로 구성 자체를 표현하는 양식이기 때문에 돌이나 콘크리트 같은 '마감'을 사용하지 않고 구조의 뼈대를 그대로 드러내는 경향이 있었습니다. 이는 합리성과 기능성을 중시하는 모더니즘적인 표현 방식이기도 하죠.

슈호프는 기하학에서 '쌍곡면'이라고 불리는 구조를 적용한 건축들을 설계했습니다. 쌍곡면 구조는 외관이 아름다울 뿐만 아니라 강도가 높아 적은 재료로도 탑을 만들 수 있다는 장점이 있습니다. 또한 눈이 잘 쌓이지 않는다는 특성이 있죠. 그 덕분에 소련에서는 이러한 타워가 계속해서 확산되었습니다.

슈호프가 설계한 것은 타워만이 아닙니다. 그는 러시아혁명 이전인 1912년에 「모스크바 키옙스키 역의 플랫폼」을 설계했습니다. 이는 모스크바에서 우크라이나 키이루로 향하는 열차의 출발역으로, 역사驛舍는 다른 건축가가 설계해 비잔틴 양식으로 지어졌지만, 슈호프가 설계한 플랫폼은 뼈대가 그대로 드러나 있어 여전히 공사가 진행 중인 것처럼 보이기도 합니다. 이는 1917년 혁명 이전부터 러시아에서 이러한 건축적 움직임이 일어났다는 것을 의미합니다.

하지만 러시아 구성주의의 전성기는 오래 지속되지 못했습니다. 언제나 그렇듯, 건축은 정치, 경제, 사회 흐름에 따라 크게 영향을 받

블라디미르 슈호프 「모스크바 키옙스키 역의 플랫폼」(1912)

기 때문입니다.

앞서 이야기했듯, 이오시프 스탈린 체제하에서 사회주의 리얼리즘과 양립할 수 없는 예술과 문화는 크게 비판받았습니다. 사회주의 국가의 발전과 인민들의 혁명 의식을 고취하기 위해 현실을 구체적이고 평이하게 표현해야 한다는 것이 사회주의 리얼리즘이 제시한 예술의 지침이었기에 러시아 구성주의와 같은 추상적인 표현은 허용되지 않았습니다.

권력의 상징으로 계획됐지만 미완으로 끝난 거대 궁전

이러한 변화는 공식적인 공모전에서 더욱 분명하게 드러납니다. 1932년, 소련 공산당 당대회 본회의장이 될 「소비에트 궁전」을 설계하기 위한 국제 공모전이 진행되었습니다. 이 공모전에는 콘스탄틴 멜니코프를 비롯한 러시아 구성주의 건축가들뿐 아니라 르 코르뷔지에, 발터 그로피우스, 오귀스트 페레 등 유명 모더니즘 건축가들도 참여했으며, 총 272개 안이 제출되었습니다.

「소비에트 궁전」은 모스크바에서 가장 큰 교회인 「구세주 그리스도 대성당」의 부지에 건설될 예정되었습니다. 기존 교회는 설계 공모 요강이 발표되기 이전인 1931년 12월에 완전히 철거되었습

블라디미르 슈추코 「소비에트 궁전」 공모전의 계획안

니다. 공산주의는 종교를 부정하는 이념을 기반으로 하고 있었기에 「소비에트 궁전」은 매우 상징적인 계획이었을 것이라 생각합니다.

공모전에는 정말 다양한 계획안이 제출되었습니다. 예를 들어, 러시아 구성주의 건축의 이론적 지도자 중 한 명인 모이세이 긴즈부르그(1892~1946)가 제출한 계획안은 반구형의 거대한 돔이 특징적입니다. 또한 기단 부분에는 다리처럼 보이는 철골 아치 구조가 배치되어 있습니다. 만약 이 계획이 실현되었다면, 러시아 구성주의를 대표하는 작품 중 하나가 되었을지도 모릅니다.

한편 고대 이집트의 유적을 연상시키는 계획안도 있었습니다. 이 계획안의 주인공은 러시아혁명 이전에는 신고전주의를 지향하고, 혁명 이후에는 러시아 구성주의적인 작품을 설계한 블라디미르 슈추코(1878~1939)입니다. 그런 그가 고전주의적인 계획안을 제출한 것을 보면, 당시 정치 상황의 변화를 읽는 것도 가능하다는 생각이 듭니다. 시대 흐름을 빠르게 파악하는 사람들에게는 이것이 '정답'처럼 보였을지도 모릅니다.

공모전에서는 세 가지 계획안이 우승을 차지했는데, 이오시프 스탈린은 최종적으로 보리스 이오판(1891~1976)의 아이디어를 선택했습니다. 로마의 미술 아카데미에서 건축을 배운 이오판은 원래 신고전주의를 지향하는 건축가였으며, 공모전에서 우승한 이후 '스탈린 양식'이라 불리는 건축 양식을 대표하는 건축가로 자리매김했습니다.

이오판은 스탈린의 요구에 맞게 계획안을 조금씩 수정했고, 그 결과 계획안은 웅장한 스케일의 건축물로 발전했습니다. 옥상에 세워질 블라디미르 레닌 동상만 해도 높이가 무려 100미터에 달했으며, 레닌의 손끝을 포함한 전체 높이는 415미터에 이를 예정이었습니다.

보리스 이오판 「소비에트 궁전」 공모전의 최종안

이는 당시 세계 최고였던 「엠파이어 스테이트 빌딩」을 능가하는 높이였습니다.

그러나 모스크바 강에서 부지로 흘러들어오는 지하수를 처리하는 일이 해결되지 않아 공사는 난항을 겪었습니다. 게다가 1941년 독일과 소련의 전쟁이 시작되면서 공사가 중단되었고, 조립된 철골마저 해체되어 전쟁용 자재로 납품되었습니다. 이후에도 공사는 재개되지 않았으며, 전쟁이 끝나고 스탈린이 사망하자 소련 정부는 이 계획 자체를 백지화했습니다.

그리고 소련이 붕괴된 후 원래 그 자리에 있었던 대성당을 재건하는 공사가 진행되었고, 2000년에 복원이 마무리되었습니다. 결국 러시아 구성주의의 쇠퇴에 일조했던 신고전주의 건축 계획은 웅장한 '언-빌트'로 끝나고 말았습니다.

과거의 예술을 철저히 파괴하려 한 미래파의 출현

앞 장에서 이야기한 것처럼, 나치 독일의 아돌프 히틀러는 바우하우스를 탄압해 결국 폐쇄로 몰아넣었고, 소련의 이오시프 스탈린은 러시아 구성주의를 억압했습니다. 두 독재자 모두 참신하고 전위적인 양식은 배척하고, 고전적인 건축을 선호했죠. 독재자들은 강력한 권위를 과시하고 싶었을 테니, 지배자의 상징이었던 과거의 건축 양식에 매력을 느꼈을 가능성이 큽니다.

하지만 이들과 다른 독재자도 있었습니다. 그는 바로 이탈리아에서 국가 파시스트당에 의해 독재 체제를 확립한 베니토 무솔리니입니다. 그가 선호했던 것은 과거의 예술을 철저히 파괴하려 한 과격한 운동으로, 20세기 초반에 출현한 '미래파'입니다.

이 운동의 창시자는 1909년에 '미래파 선언'을 발표한 이탈리아 시인 필리포 토마소 마리네티(1876~1944)입니다. 선언에 쓰인 유명한 구절, 즉 '포탄 위에라도 올라탄 듯 으르렁거리는 자동차는 「사모트라케의 니케」보다 아름답다'는 미래파의 가치관을 단적으로 보여준다고 할 수 있습니다.

「사모트라케의 니케」는 파리의 「루브르 박물관」이 소장하고 있는 헬레니즘 시대의 대리석 조각상입니다. 미래파는 이러한 과거의 예술을 부정하고, 미래 사회의 기계와 속도를 찬양하는 행위를 기본적인 방침으로 삼았습니다.

또한 전쟁을 미화하는 측면이 있었기 때문일까요? 1915년 마리네티는 저서 『전쟁, 세계의 유일한 위생』을 출간했습니다. 전쟁과 파괴 속에서 '미화'를 찾아내는 미래파의 태도는 무솔리니의 파시즘 운동과 궁합이 좋았습니다. 마리네티도 파시스트당의 뿌리가 된 우익 단체인 '전투 파시'의 일원이었으며, 이후에는 파시스트당에도 입당했습니다.

파시스트 정권에서 활약한 건축가, 리베라

아달베르토 리베라(1903~1963)는 미래파 집단과 가까운 위치에 있었던 건축가 중 한 명입니다. 그는 젊은 시절에 로마를 기반으로 한 단체인 'MIAR(이탈리아 합리주의 건축 운동)'의 설립에 관여했으며, 그곳에서 서기를 맡기도 했습니다.

  리베라는 카프리 섬에 있는 「말라파르테 저택」으로 유명합니다. 이 저택은 작가이자, 저널리스트이자, 한때는 파시즘 이론가이기

도 했던 쿠르치오 말라파르테(1898~1957)의 별장입니다. 건물의 형태는 단순하지만, 조금씩 폭을 넓혀가며 옥상의 일광욕실로 이어지는 계단이 참으로 독특합니다. 그러나 리베라의 도면과 상당히 다르게 지어졌는데, 현재로서는 말라파르테가 대부분을 직접 설계했다는 설이 가장 유력합니다.

리베라는 로마에서 펼쳐진 건축 운동의 중심적인 역할을 했을 뿐만 아니라 미래파의 영향을 받았으며, 베니토 무솔리니가 정권을 잡은 이후 정부와 밀접한 관계를 맺었습니다. 그로 인해 그는 다수의 공공 건축물을 설계하는 기회를 얻을 수 있었죠.

아달베르토 리베라 「말라파르테 저택」(1937)

아달베르토 리베라 「EUR 팔라시오 데 콩그레소스」(1954)

그중 하나는 1938년에 공모전을 통해 선정된 「EUR 팔라시오 데 콩그레소스」입니다. EUR은 1942년에 개최될 예정이었던 로마 세계 박람회를 의미합니다. 무솔리니는 이를 위해 로마 교외에 대규모 개발을 추진했습니다. 전쟁으로 로마 세계 박람회가 취소되면서 건설이 한 차례 중단되었지만, 이후 1950년에 공사가 재개되어 1954년에 완성되었습니다.

이 건물은 장식이 없는 점과 사용된 재료를 미루어보면 명백히 모더니즘이라고 할 수 있습니다. 한편 볼트형 지붕과 열주(일렬로 세워진 기둥의 집합)에서 신고전주의적인 요소도 엿볼 수 있습니다. 참신한 예술 운동과 가까운 관계를 유지했음에도, 이 건물이 공모전

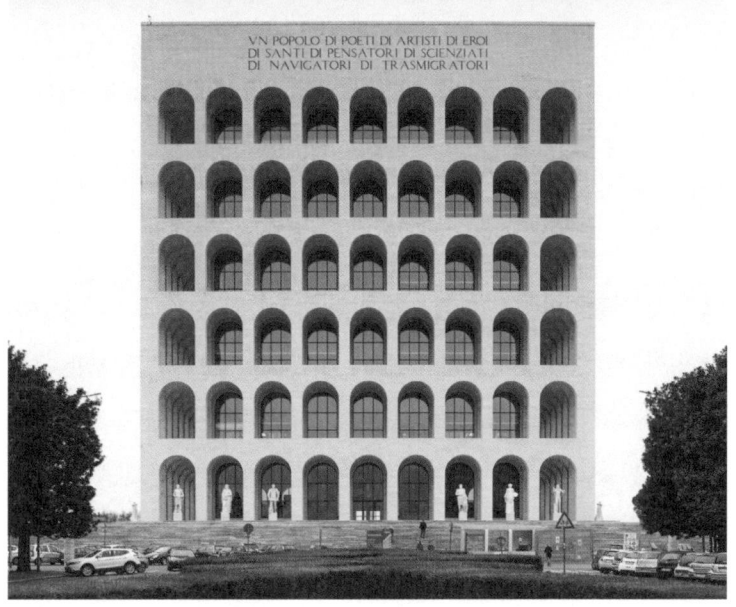

조반니 구에리니, 에르네스토 브루노 라 파둘라 외 「팔라초 델라 치빌타 이탈리아나」(1943)

에서 선정된 것을 보면 역시 독재자는 고전적인 양식을 선호하는 경향이 있었던 것 같습니다. 어쨌든 이 건물이 완공되었을 때는 무솔리니는 이미 세상을 떠난 후였습니다.

리베라가 설계한 것은 아니지만 같은 EUR 지역에 건설된 「팔라초 델라 치빌타 이탈리아나」 역시 모더니즘과 신고전주의가 공존하는 작품입니다. 콘크리트를 꿰뚫어 아치를 만드는 공법과 재료는 근대적이고, 장식이 적은 점 또한 모더니즘적인 요소를 떠올리게 합니다. 그와 동시에 아치나 조각 등의 표현은 고전적이죠. 이 건물은 파시즘의 아이콘으로 지어졌지만, 제가 방문했을 때는 펜디의 본사 건물로 사용되고 있었습니다.

단순한 형태에 숨어 있는 치밀한 비례
「카사 델 파시오」

그 당시 이탈리아에서 합리주의 건축을 주도한 것은 로마의 MIAR만이 아니었습니다. 이탈리아 북부의 코모를 기반으로 활동한 '그루포7'이라는 집단도 있었는데, 그들은 신고전주의와 복고주의를 강하게 비판했습니다.

1926년에 그루포7을 창설한 주세페 테라니(1904~1943) 역시 무솔리니 정권의 의뢰로 많은 건물을 설계했습니다. 특히 1936년에 코모의 포폴로 광장에 지어진 「카사 델 파시오」는 이탈리아 근대 건축의 걸작 중 하나로 평가받고 있습니다. 이름을 통해 알 수 있듯, 이 건물은 파시스트당의 거점으로 활용하기 위해 지어졌습니다. 「카사 델 파시오」는 이탈리아어로 '파시스트의 집'이라는 뜻입니다. '카사'는 집을, '파시오'는 '파시스트'를 의미하죠.

이 건물은 EUR의 두 건물과 달리 완전한 모더니즘을 따랐습니다. 디자인은 단순하지만, 건축가들에게는 커다란 호기심을 자극하는 구조로 구성되어 있습니다. 전문적인 내용이므로 자세한 설명은 생략하겠지만, 미국의 건축가 피터 아이젠만(1932~)을 비롯한 학자들이 「카사 델 파시오」를 분석한 결과, 이 건물의 각 부분에는 치밀한 비례 관계가 존재한다는 사실이 밝혀졌습니다.

예를 들어, 한 대각선과 다른 대각선을 비교하면 황금비나 피보

나치 수열과 같은 수학적 규칙이 드러납니다. 다소 전문적인 내용이지만, 정면의 파사드에 보이는 격자형 발코니 구조의 보이드(빈 공간) 혹은 오른쪽 벽면에서 하나의 대각선을 그려보면 각각의 대각선에서 황금비의 관계를 확인할 수 있습니다.

주세페 테라니 「카사 델 파시오」(1936)

이처럼 정면의 파사드만 보더라도 흥미로운 법칙에 따라 설계되었다는 사실을 알 수 있으며, 나머지 세 면도 상당히 이론적이고 호기심을 자극하는 요소들로 구성되어 있습니다. 개인적으로 많은 사람이 직접 방문해 살펴보았으면 하는 건축물 중 하나입니다.

테라니는 부지의 치수와 같은 여러 제약 속에서도 합리적인 비례 관계를 만들어내기 위해 수많은 시행착오를 거쳤을 것입니다. 마치 난해한 퍼즐을 해결하는 과정처럼 말이죠. 언뜻 보면 단순한 네모 상자 같아 보여도, 건축가들은 고민을 거듭해 자신이 추구하는 미학을 건축물에 담아내기 위해 노력합니다.

제7장

전쟁 이후의 미국

국제주의와 현대 도시의 탄생

전쟁의 폐허 위에 새로운 도시와 일상의 공간의 채워졌습니다.
국경과 이념을 넘어 모두가 사용할 수 있는
보편적이고 열린 건축이 도시에 퍼져 나갔습니다.

전후 국제 협력과 민주주의를 상징하는
「유엔 본부 건물」

지금까지의 이야기를 통해, 건축은 결코 독립된 문화가 아니라 그 시대의 정치, 경제, 사회와 밀접하게 연결되어 있다는 점을 알 수 있었을 것입니다.

 제1차 세계대전(1914~1918) 전후에 첫발을 내딛 모더니즘 건축은 아르데코, 전위적인 예술 운동 혹은 신고전주의 등과 결합하며 다채로운 변화를 만들어냈습니다. 그러나 그 배경에는 독일의 나치즘, 소련의 스탈린주의, 이탈리아의 파시즘 그리고 대공황과 같은 어두운 그림자가 늘 따라다녔습니다. 그리고 세계는 다시 한번 끔찍한 재앙을 초래한 대전쟁에 돌입했습니다.

 세계는 전쟁이 끝난 후 반성을 바탕으로 새로운 출발을 맞이했습니다. 제2차 세계대전(1939~1945)을 초래한 요인 중 하나는 국제연맹이 평화를 유지하기 위한 조직으로서 제대로 기능하지 못했기 때문입니다. 그로 인해 유엔(국제연합)이 새로운 국제기구로 창설되었죠. 전후 서양 건축사 역시 이 지점에서 새롭게 출발했다고 볼 수 있습니다. 존 록펠러가 기부한 뉴욕 맨해튼의 부지에 건설된 「유엔 본부 건물」은 성숙한 모더니즘 건축을 상징하는 대표적인 사례로 자리 잡았습니다.

「유엔 본부 건물」을 보고 많은 사람이 르 코르뷔지에를 떠올릴 거라 생각하는데, 이 건물은 그가 혼자 설계한 것이 아닙니다. 유엔의 역할은 전쟁으로 분열된 세계를 하나로 연결하는 것이었기에 그런 조직의 건물 설계는 국제 협력을 통해 이루어지는 것이 바람직했습니다. 따라서 공모전을 개최하지 않고, 각국을 대표하는 건축가로 구성된 설계 그룹이 만들어졌습니다. 르 코르뷔지에는 프랑스를 대표해 이 그룹에 참여했습니다.

여기서 가장 큰 역할을 한 사람은 브라질의 오스카르 니에메예르(1907~2012)입니다. 그는 훗날 1960년부터 브라질의 새로운 수도가 된 브라질리아의 도시 계획에 참여해 대통령 관저, 국회의사당, 대법원 등 주요 건축물의 설계를 맡은 건축가입니다.

그런 니에메예르와 르 코르뷔지에가 중심이 되어 설계한 「유엔 본부 건물」은 실로 심플한 형태를 띠고 있습니다. 흰색으로 감싸진 외벽과 유리로 마감된 정면의 커튼월은 수평성과 수직성의 균형을 고려해 이루어졌으며, 기하학적이면서도 장식이 전혀 없습니다.

유엔 본부 빌딩 설계 위원회 「유엔 본부 건물」(1952)

특정 지역의 문화와는 무관한 보편성을 강조한 모습은 세계 각국을 하나로 연결하는 기관인 유엔의 성격과 걸맞습니다.

이 건물의 균등한 형태를 보면 평등을 중시하는 민주주의가 상징적으로 표현된 것처럼 느껴집니다. 현재 유엔은 러시아와 우크라이나의 전쟁, 중동의 분쟁으로 난처한 입장에 처해 있습니다. 이럴 때일수록 세계대전의 비극을 되풀이하지 않기 위해 모더니즘 건축이 전하는 메시지에 귀를 기울여야 하지 않을까 생각합니다.

모더니즘 내부의 세대 교체, CIAM을 해체시킨 팀 텐 Team X

앞 장에서 이야기했듯, 1928년 르 코르뷔지에가 중심이 되어 모더니즘 건축을 주도하는 CIAM을 창설한 건 1927년 국제연맹 본부 건물의 설계 공모전에서 보수파와 대립한 것이 계기가 되었습니다. 그런 의미에서 「유엔 본부 건물」 설계는 르 코르뷔지에에게 복수의 기회였을 뿐 아니라, 모더니즘 건축의 빛나는 승리였다고도 할 수 있습니다.

그러나 1952년 「유엔 본부 건물」이 완성된 후 CIAM은 큰 동요를 겪었습니다. 1953년 CIAM의 제9차 회의에서 르 코르뷔지에를 비롯한 구세대의 사고방식과 조직 운영 방식에 반발한 젊은 세대를 중심으로 그룹이 결성되었고, 제10차 회의의 준비위원회가 된 그들은 스스로를 '팀 텐'이라고 이름 지었습니다.

CIAM에서 자신들이 논의하고자 하는 주제를 다룰 수 없다고 판단한 팀 텐은 1954년에 회의를 열고 CIAM을 해체하겠다고 선언했습니다. 그리고 1956년에 유고슬라비아 두브로브니크에서 새로운 회의를 개최했죠. 결국 CIAM은 1959년 네덜란드 오테를로에서 열린 회의를 마지막으로 공식적으로 해체되었습니다.

팀 텐에 모인 멤버들은 같은 세대였을 뿐, 집단으로서 공통된 이론이나 양식을 가지고 있던 건 아니었습니다. 예를 들어, 그룹의 리더 격이었던 영국의 피터 스미슨(1923~2003)과 앨리슨 스미슨(1928~1993) 부부는 콘크리트, 벽돌, 유리, 철, 돌 등의 소재를 가공하지 않고 직접 사용하는 '브루탈리즘'이라는 이념을 내세웠습니다.

반면 네덜란드의 알도 반 아이크(1918~1999)는 독자적인 구조주의를 추구했습니다. 그는 '주택은 작은 도시이고, 도시는 거대한 주택이다'라는 개념을 바탕으로 건축물은 도시의 변화와 성장 속에서 그 관계성을 고려해 만들어져야 한다고 주장했습니다.

이러한 사고방식은 도시와 건축의 기능성을 중시했던 르 코르뷔지에 등 CIAM의 구세대와 접점을 찾기 어려웠죠. 또한 아이크는 일본의 마키 후미히코(1928~2024)와 교류했던 것으로도 잘 알려져 있습니다.

팀 텐은 1981년까지 비정기적으로 회의를 개최하며 20세기 후반의 건축에 다양한 영향을 미쳤습니다. 핵심 멤버 중에는 일본인이 포함되지 않았지만, 마키를 비롯해 단게 겐조, 기쿠타케 기요노리, 구로카와 기쇼 등이 패밀리 멤버로 회의에 초청된 적이 있습니다.

'Less is more'에서 'Less is bore'로

르 코르뷔지에의 '근대 건축의 5원칙'과 미스 반 데어 로에의 'Less is more'에서 출발한 CIAM식의 모더니즘은 합리성과 기능성을 중시한다는 점에서 산업혁명 이후 시대에 완벽하게 부합하는 건축 양식이 되었습니다.

그러나 역사를 돌아보면, 아무리 강력한 건축 양식이라도 언젠가는 싫증을 불러일으키기 마련입니다. 인간은 변화를 추구하므로 장식이 거추장스럽게 느껴지면 심플한 디자인을 원하고, 그것이 또 지루하게 느껴지면 새로운 양식을 갈망합니다. 바로크, 로코코, 아트 앤 크래프트, 아르누보, 아르데코 등 서양 건축사는 늘 이런 반작용의 흐름과 유행의 반복 속에서 발전해왔습니다.

모더니즘도 예외는 아닙니다. CIAM이 해체된 지 7년이 지난 1966년, 미국의 건축가 로버트 벤추리(1925~2018)는 저서 『건축의 복합성과 대립성』을 통해 모더니즘을 비판하며 다음과 같이 풍자했습니다.

'Less is bore(적을수록 지루하다).'

두말할 필요 없이 이는 미스의 'Less is more(적을수록 풍요롭다)'를 풍자한 것입니다. 벤추리의 이 저서는 훗날 등장하는 포스트모던 건축을 누구보다 먼저 예언한 작품이라 할 수 있습니다.

하지만 포스트모더니즘의 유행은 1980년대부터 시작했습니다. CIAM의 해체로 모더니즘은 새로운 국면을 맞았지만 1950년대부터 1970년대까지, 특히 미국에서는 비범한 재능을 가진 건축가들에 의해 흥미로운 작품이 많이 탄생했습니다. 지금부터 그 시대를 차분히 살펴보도록 하겠습니다.

교외 생활의 중심이 된 공간, 쇼핑몰의 탄생

제2차 세계대전 후, 미국에는 전장에서 돌아온 군인들을 위한 대량의 주택이 필요했습니다. 저소득층 젊은이들이 가정을 이루기 위해서는 그들이 일하는 도시로 통근할 수 있는 지역에 저렴한 주택을 대량으로 공급해야 했죠. 또한 퇴역 군인들이 저금리로 주택담보대출을 받을 수 있는 제도가 도입되었고, 그러한 배경하에 교외 개발이 급속도로 진행되었습니다.

대표적인 예로 부동산 회사 레빗 앤 선스가 1947년부터 뉴욕주

롱아일랜드에 건설한 「레빗 타운」이 있습니다. 이 회사의 창업자 아들은 해군 건설대대에서 근무하며 군용 주택의 대량 생산에 관한 지식과 기술을 익혔고, 그것을 「레빗 타운」 개발에 적극적으로 활용했습니다.

줄지어 서 있는 주택들은 형태가 매우 단순합니다. 이 주택에는 방 2개와 거실, 주방이 있는데, 규모가 작아 가족이 늘어나면 생활하기 불편했습니다. 그럴 때마다 주민들은 증축을 반복했죠. 저의 두 번째 아내도(저는 3번 이혼을 했습니다) 「레빗 타운」 출신입니다. 아내는 4남매 중 셋째 딸이었는데, 막내가 태어난 후에 방을 증축했다고 합니다.

대량 생산품이기 때문에 같은 「레빗 타운」 안에서도 계속해서 신제품이 투입되었습니다. 예를 들어, 1957년에는 로고가 자동차 캐딜락처럼 멋있게 바뀌었고, 주택 또한 모던하고 세련되게 변화했습니다.

이처럼 미국에서는 「레빗 타운」 같은 주택지가 교외에 계속해서 건설되었습니다. 하지만 주택이 있고 주민이 많다고 해서 커뮤니티가 형성되는 것은 아닙니다. 예전부터 존재해온 마을에서는 사람들이 메인 스트리트에 모여 교류를 했습니다. 교외 주민들에게도 이와 같은 공간이 필요했을 테죠.

그로 인해 시작된 것이 쇼핑몰 건설입니다. 그 초석을 만든 인물은 오스트리아 출신의 건축가 빅터 그루엔(1903~1980)입니다. 유대인

레빗 앤 선스 「레빗 타운」

인 그루엔은 1938년에 나치로부터 도망쳐 도면 작성에 필요한 T모양의 자와 연필만을 챙겨 미국으로 건너갔습니다. 그때 그의 주머니에는 8달러밖에 없었다고 합니다.

그루엔이 처음으로 설계한 것은 1954년에 오픈한 디트로이트의 「노스랜드 몰」입니다. 이때 허드슨 백화점의 조셉 로우디언 허드슨이 앵커 테넌트(핵심적인 점포)를 맡았습니다. 저는 어렸을 때 디트로이트에서 살아 허드슨 백화점에 가본 적이 있습니다. 그때 아버지에게 생일 선물을 사달라고 졸랐던 것이 아직도 기억이 납니다. 하지만 아버지는 제가 무척 갖고 싶었던 연발식 기관총 장난감은 절대 안 된다고 이야기했죠.

아무튼 앵커 테넌트 주변에는 여러 개의 레스토랑과 작은 점포들이 들어서 있었고, 광대한 주차장도 마련되어 있었습니다. 요즘에는 이런 쇼핑몰이 많이 있는데, 그 기본 스타일을 만든 인물이 바로 그루엔입니다.

　그루엔은 1956년 미네소타주 미니애폴리스에 오픈한 「사우스데일 쇼핑센터」 실내에 광장을 마련했습니다. 그곳에는 파라솔이 달린 테이블과 연못 등이 있으며, 천장에서는 햇빛이 쏟아져 내립니다. 추운 지역이기에 사람들이 언제든 편하게 찾아와 따뜻한 시간을 보낼 수 있도록 구상한 것이죠.

　이런 쇼핑몰이 조성되면서 교외의 새로운 커뮤니티에는 '중심'이 생겨났습니다. 사람들은 평일에는 교외의 집에서 도시의 직장으

빅터 그루엔 「사우스데일 쇼핑센터」(1956)

로 출퇴근하고, 주말이면 가족과 함께 차를 타고 쇼핑몰에 방문해 쇼핑도 하고 식사도 하고 영화도 즐겼습니다. 이러한 전후의 라이프 스타일은 그루엔의 도시 계획에서 비롯된 것입니다.

도시와 대화하는 고층 빌딩, 인터내셔널 스타일의 등장

한편 뉴욕을 포함한 도시 지역에서는 '인터내셔널 스타일'이라 불리는 모더니즘의 고층 빌딩이 지어졌습니다. 인터내셔널 스타일이란, 지역성이나 개인의 미의식 등을 초월하여 말 그대로 세계 공통의 보편적인 양식을 지향하는 것입니다. 「유엔 본부 건물」에서도 그러한 특징을 찾아볼 수 있습니다.

인터내셔널 스타일을 널리 정착시키는 데 큰 역할을 한 건축설계사무소가 있습니다. 1936년 시카고에서 탄생한 미국 최대 건축설계사무소 스키드모어, 오윙스 앤 메릴이 바로 그 주인공입니다. 흔히 'SOM'이라 불리죠. 창업 이듬해에는 뉴욕에 진출했으며, 지금은 런던, 홍콩, 상하이 등 해외에도 사무실을 두고 있습니다.

도쿄에 거주하는 사람이라면 누구나 SOM의 작품을 보았을 것입니다. 2007년 미나토구 아카사카에 개업한 「미드타운 타워」의 기본 설계를 SOM이 담당했기 때문입니다.

그들의 작품 중에는 맨해튼의 파크 애비뉴에 건설된 「레버 하우스」가 가장 유명합니다. 뉴욕에서 최초로 유리 커튼월을 적용한 건물로, 유리로 덮인 심플한 모습은 인터내셔널 스타일을 나타냅니다.

이 건물은 매우 혁신적인데, 현대적인 외관 때문만이 아닙니다. 「레버 하우스」는 도시와 '대화'하는 듯한 건축물입니다. 모퉁이에 위치한 건물의 1층 필로티 부분은 2개의 도로에 면해 있습니다. 이곳에는 조경 식물이 조성되어 있어 어느 쪽에서도 진입할 수 있을 뿐만 아니라, 그대로 비스듬히 가로질러 반대쪽 길로 나갈 수 있는 구조의 외부에 공공 공간이 마련되어 있습니다. 사기업의 본사 건물임에도 불구하고 도시를 건축에 초대함으로써 공공성을 가지는 점은 저에겐 풍요로운 '대화'처럼 느껴집니다.

도시의 건축물은 단독으로 존재하지 않습니다. 인접한 건물과 교통기관, 오가는 사람들을 포함한 도시 전체와 유기적으로 연결되어 있습니다. 그렇기 때문에 건축물은 도시 그 자체와 대화하면서 풍부한 상호작용을 만들어낼 수 있죠. 이 또한 건축가가 솜씨를 발휘할 수 있는 부분이라고 생각합니다.

SOM과는 무관한 이야기지만, 도시와의 대화를 좀 더 언급하자면 안도 다다오가 설계한 도쿄의 「오모테산도 힐즈」도 그런 느낌을 주는 작품입니다. 9도로 기울어진 슬로프로 구성된 건물 안의 통로와 마찬가지로, 밖을 지나는 오모테산도 거리 또한 9도로 기울어져 있습니다. 이것은 안도의 아이디어가 아닌, 모리 빌딩 사장의 제안에

고든 번샤프트 「레버 하우스」(1952)

서 비롯된 것이라고 합니다.

「레버 하우스」는 당시 SOM의 리더와도 같은 존재이자 1988년에 프리츠커상을 수상한 고든 번샤프트(1909~1990)가 설계한 작품입니다. 1963년에 지어진 예일대학의 「바이네케 고문서 도서관」도 그의 대표작 중 하나입니다.

외벽은 커튼월 구조이지만 배열된 것은 유리창이 아닙니다. 귀중한 책을 소장하는 도서관이기에 직사광선을 피해야 했을 테죠. 번샤프트는 유리 대신 32밀리미터 두께로 자른 극도로 얇은 대리석을 사용했습니다.

공간에 적용된 효과는 건물 내부에 들어가 보지 않으면 알 수 없지만, 외부의 자연광이 얇은 대리석을 비추면 그 빛은 실내에서

고든 번샤프트 「바이네케 고문서 도서관」(1963)

부드럽게 퍼집니다. 이 책의 앞부분에서 이야기했듯, '공간'과 '빛'은 건축에서 중요한 요소입니다. 대리석을 사용해 이런 식으로 공간을 연출한 것은 정말 훌륭한 아이디어라고 생각합니다.

지속 가능한 세상을 꿈꾼 발명가, 풀러의 건축적 상상력

지금부터는 너무나 천재적인 인물인 버크민스터 풀러(1895~1983)를 소개하겠습니다. 그는 사상가, 구조가, 발명가, 시인 등 건축가라는 틀로는 담을 수 없는 다양한 활동을 통해 큰 존재감을 드러냈습니다.

지구 환경 문제가 거론될 때마다 '우주선 지구호'라는 말이 등장합니다. 이 말을 처음으로 사용한 사람은 바로 풀러입니다. 인류는 지구라는 우주선을 타고 살아갈 수밖에 없기 때문에 환경을 파괴하지 않도록 노력해야 하고, 승무원끼리 다투고 있을 때가 아니라는 뉘앙스가 담겨 있습니다.

풀러는 1963년에 출간한 저서 『우주선 지구호 사용설명서』에서 우주적 관점에서 지구와 인류의 지속 가능성에 대해 이야기했습니다. 또한 한정된 화석 연료를 계속 소비하는 것이 얼마나 어리석은 일인지도 지적했습니다.

풀러는 '얼마나 지속 가능한 사회를 만들 것인가' 하는 문제의식을 가지고 있었다는 점에서, 현재 유엔이 추진하고 있는 SDGs(지속 가능 발전 목표)의 선구자와 같은 존재라고 할 수 있습니다. 앞서 건축가는 자신의 작품과 도시의 관계를 고려해야 한다고 이야기했는데, 풀러는 '우주 속의 지구'와 건축의 조화까지 생각했습니다.

구조가로서 풀러는 20대 때부터 저렴하고 효율적인 쉘터 만들기를 구상했습니다. 그가 목표한 것은 건설에 많은 시간이 소요되지 않으며, 적은 재료로도 넓은 지역을 덮을 수 있는 쉘터였습니다.

시행착오 끝에 도달한 것은 1947년에 고안된 「지오데식 돔」입니다. '지오데식Geodesic'은 기하학 용어로, 곡면상의 두 점 사이를 최단 거리로 연결하는 '측지선'을 의미합니다. 풀러가 발명한 돔은 정십이면체나 정이십면체처럼 구에 가까운 다면체를 삼각형으로 분할하고 표면을 측지선의 집합으로 구성한 것입니다. 기하학적 설명은 생략하겠지만, 규격화된 삼각형 부재를 조합해 큰 내부 공간을 만들 수 있는 것이 이 돔의 특징입니다.

1961년 그는 '풀러 돔'이라는 명칭을 사용한 장대한 계획인 「맨해튼 돔」을 발표했습니다. 뉴욕 맨해튼 섬의 삼 분의 일을 덮을 수 있을 정도의 철로 구성된 지오데식 돔을 만들어 골격 사이사이를 유리나 아크릴 등 투명한 소재로 막는다는, 대담하기 그지없는 계획이었죠. 그는 16대의 헬리콥터로 부재를 운반하고, 공중에서 조립하는 식의 구체적인 건설 방법도 제안했습니다.

돔 건설의 목적은 역시나 환경 문제 해결과 지속 가능성의 향상이었습니다. 그 당시에는 스모그 등의 대기오염이 심각했습니다. 풀러는 돔으로 도시를 덮는다면 공기를 정화할 수 있고, 도시의 기능을 돔 안에 집약하면 에너지 효율도 좋아질 것이라고 생각했습니다. 물론 이는 실제로 행해지지 않고 언-빌트로 끝났습니다.

   그러나 1967년 몬트리올 세계 박람회에서 구 형태의 지오데식 돔으로 감싼 「미국관」이 만들어졌습니다. 일본에서도 1999년까지 운영된 후지산 기상 관측소의 기상 레이더에 지오데식 돔이 사용된 바 있습니다.

   또한 풀러는 대량 생산이 가능한 주택으로 「다이맥시온 하우스」를 발명했습니다. '다이맥시온Dymaxion'은 최소의 에너지로 최대

버크민스터 풀러 「몬트리올 세계 박람회 미국관」(1967년)

의 효율을 끌어내는 것을 의미하는 용어로, 풀러가 새롭게 만든 것입니다. 풀러는 1927년부터 '다이맥시온 계획'이라는 연구에 착수했으며, 그 성과 중 하나가 「다이맥시온 하우스」입니다.

이동 가능한 모바일 주택으로 고안된 「다이맥시온 하우스」는 중앙에 있는 하나의 기둥에 지붕과 외벽을 매다는 구조로 이루어졌습니다. 햇빛을 반사하는 알루미늄으로 만든 외벽과 실내 공기를 순환시키는 구조를 비롯한 다양한 아이디어가 적용되었습니다. 이 또한 프로토타입이 만들어진 것에 불과하지만, 이후 주택 건축에 많은 영감을 주고 있습니다.

버크민스터 풀러 「다이맥시온 하우스」

20세기 마지막 거장, 루이스 칸의 건축 철학

독특하고 거대한 상상력을 가진 버크민스터 풀러에 이어, 이번에는 깊이감 있는 철학적 건축론으로 잘 알려진 건축가를 소개하도록 하겠습니다. 20세기 '마지막 거장'이라 불리는 루이스 칸(1901~1974)입니다.

칸은 러시아 제국 시대의 에스토니아 출신으로, 1906년부터 미국에서 자랐습니다. 펜실베이니아대학에서 프랑스 출신 건축가에게 에콜 데 보자르식의 교육을 받았기 때문일까요? 그는 모더니즘 시대의 건축가이면서도 돌이나 벽돌 등을 쌓아 올리는 조적조 아치를 선호하는 등 고전적인 감각을 가지고 있었습니다.

예일대학과 펜실베이니아대학에서 교수로 활동한 칸은 많은 제자를 가르치며 건축계에서 큰 존재감을 드러냈습니다. 하지만 그의 이론은 참 난해했습니다. 그래서 제가 학생이었을 때 그의 사고방식을 바탕으로 한 설계 과제가 나오면 너무나 고생했던 기억이 있습니다.

잠시 칸의 철학을 살펴볼까요? 그는 가슴속 깊은 곳에서 우러나는 시적인 표현을 사용해 건축에 대해 이야기했습니다.

"건축이란 진실을 향해 손을 내미는 것이다."

"위대한 건축은 잴 수 없는 것에서 시작하여, 잴 수 있는 것을 거쳐, 다시 잴 수 없는 것으로 완성된다."

루이스 칸 「소크 생물학 연구소」(1965)

"디자인은 아름다움을 만드는 것이 아니라 선택, 취향, 조화, 사랑에서 비롯되는 것이다."

구도 구니오(1938~), 아라이 치아키(1948~) 등 일본에도 칸의 가르침을 받은 건축가들이 있는데, 그들 역시 종종 난해하게 말한다는 공통점을 가지고 있습니다.

칸의 대표작으로는 1965년 캘리포니아주 샌디에고 교외에 설립된 「소크 생물학 연구소」가 있습니다. 설립자인 조너스 소크는 소아마비 백신 개발로 유명한 연구자입니다.

건축에는 주거의 얼굴이 되는 '서브드 스페이스Served Space'와 주거를 뒤에서 지원하는 '서번트 스페이스Servant Space'가 있다고 생각한

루이스 칸 「킴벨 미술관」(1972)

칸은 두 가지를 명확히 구분하는 설계를 지향했습니다. 예를 들어, 거실과 식당, 침실은 서브드 스페이스, 욕실과 화장실은 서번트 스페이스입니다.

「소크 생물학 연구소」는 이 두 가지를 상하 2층으로 분리하는 설계를 채택했습니다. 연구원의 개인실과 실험실도 지상층과 지하층으로 나누고, 높은 거주성이 요구되는 개인실은 건물의 중정을 향해 45도 각도로 비스듬히 배치하여 돌출된 형태를 취하고 있습니다. 연구실의 창문에서는 중앙 통로 너머로 펼쳐진 태평양이 보입니다. 또한 축선을 따라 좌우 대칭으로 늘어선 연구동은 웅장한 고전 건축의 분위기도 느껴집니다.

칸이 설계하여 1972년에 완성된 텍사스주 포트워스의 「킴벨 미술관」도 고전적인 볼트가 인상적인 걸작입니다. 모양은 고전적이지만 외벽의 재료는 장식이 없는 노출 콘크리트입니다. 지붕에서 섬세하게 들어오는 빛은 천장에 설치된 장치에 의해 확산되어 내부 공간을 부드럽게 비춥니다. 칸이 '빛의 시 Poetry of Light'라는 표현을 통해 건축에서의 빛의 중요성을 말한 것처럼, 이 건축물은 그야말로 시적인 빛으로 가득 차 있는 공간이라고 할 수 있습니다.

칸은 르 코르뷔지에나 미스 반 데어 로에가 추구한 모더니즘과는 선을 그었지만, 클래식한 무게감을 남기면서도 20세기 건축에 새로운 숨결을 불어넣은 건축가라고 생각합니다.

하늘을 향한 곡선, 에로 사리넨의 공항 건축

모더니즘과 고전의 상극을 이야기할 때면 앞 장에서 다룬 「시카고 트리뷴 본사 건물」 공모전이 떠오릅니다. 그때 등장한 엘리엘 사리넨이라는 이름을 기억하나요? 공모전에서는 2위에 그쳤지만, 이후 초고층 빌딩 건축에 막대한 영향을 미친 핀란드 출신의 건축가였죠. 그의 아들인 에로 사리넨(1910~1961) 또한 미국에서 건축가로 활약하며 수많은 명작을 남겼습니다. 특히 2개의 공항 시설이 유명합니다.

하나는 1962년에 지어진 존 F. 케네디 국제공항의 「TWA 터미

에로 사리넨 「TWA 터미널」(1962)

널」입니다. 1994년에는 뉴욕시의 역사 건축물로, 2005년에는 미국의 국가 사적지로 등록되었습니다. TWA(트랜스월드 항공)는 2001년에 아메리칸 항공에 합병되면서 운영을 종료했으며, 지금은 공항 호텔의 라운지로 이용되고 있습니다. 완성된 지 60년이 지났지만, 현대의 감각으로 보아도 미래적인 느낌이 풍기는 디자인이니, 그 당시에는 얼마나 참신해 보였을까요? 참고로 사리넨은 아름다운 곡면을 그리는 쉘 구조를 즐겨 사용했습니다.

같은 해에 지어진 「워싱턴 덜레스 국제공항」도 대담한 곡면 구조를 지니고 있습니다. 콘크리트로 만들어진 기둥이 살짝 기울어진 양쪽의 기둥에 의해 떠받쳐진 형태는 우아한 곡선을 그려내는 카펫처럼 무척이나 아름답습니다. 「TWA 터미널」도 그렇지만, 하늘을

에로 사리넨 「워싱턴 덜레스 국제공항」(1962)

향해 날갯짓하는 듯한 움직임을 느끼게 하는 디자인은 공항에 방문하는 사람들의 마음을 설레게 합니다.

아쉽게도 사리넨은 2개의 공항 시설이 개장하기 전인 1961년에 51세의 젊은 나이로 세상을 떠났습니다. 그가 더 오래 살았다면 보다 참신한 디자인으로 건축계를 자극했을 텐데 참으로 아쉽습니다.

상업주의로 물든
뉴욕 세계 박람회

앞서 에로 사리넨의 작품을 '미래적'이라고 표현했습니다. 1964년 뉴욕 세계 박람회 또한 그 시대 사람들이 상상했던 '미래'가 어떤 모습이었는지 건축을 통해 알 수 있는 행사였습니다.

인류의 미래를 바꾸는 데 가장 큰 영향력을 미치는 것은 과학 기술입니다. 산업혁명 이후 선보인 철과 유리로 덮인 「크리스털 팰리스」를 통해 알 수 있듯, 세계 박람회의 건축은 그 시대의 과학 기술을 반영합니다.

그렇다면 1960년대의 과학 기술은 사람들에게 어떤 미래를 상상하게 했을까요? 현재 우리는 인공지능이라는 신기술이 가져올 미래에 대한 기대와 함께 무슨 일이 일어날지 모른다는 불안감을 느끼고 있습니다. 이와 달리 20세기 사회에서는 과학 기술이 인류에게

'빛나는 미래'를 가져다줄 것이라고 생각했습니다. 특히 미국의 경우, 존 F. 케네디 대통령이 "1960년대가 끝나기 전에 인간을 달에 보내고 무사히 귀환시키겠다"라고 선언한 아폴로 계획으로 그 열기가 더욱 고조되었죠. 인류가 우주를 향해 날아오르는 순간, 사람들은 큰 기대와 희망을 품었을 것입니다.

뉴욕 세계 박람회에서도 지구를 본뜬 '유니스피어'라는 기념물과 '우주'를 느끼게 하는 연출이 눈에 띄었습니다. 뉴욕주 파빌리온의 상징적인 타워도 우주 공간을 무대로 한 SF 영화에 나올 것 같은 디자인이었으며, 그중에는 우주선이 부드럽게 떠 있는 듯한 파빌리온도 있었습니다.

뉴욕 세계 박람회(1964)

한편 GM, 포드, 코카콜라, IBM, 벨 텔레폰 컴퍼니, 아메리칸 익스프레스 등 미국을 대표하는 대기업들의 파빌리온이 국가나 자치단체의 파빌리온을 능가하는 규모와 인기를 자랑한 것도 뉴욕 세계 박람회의 특징입니다. 그 결과, 후원 기업의 취향을 우선시한 상업적인 디자인이 늘어난 반면, 이를 설계한 건축가의 이름은 크게 언급되지 않았습니다. 그런 점에서도 뉴욕 세계 박람회는 '시대의 거울'이었다고 할 수 있습니다.

도시를 자연과 조화롭게,
솔레리의 아콜로지 실험 도시「아르코산티」

그러나 1970년대에 들어서면서 인구 과잉과 자연환경 악화 같은 그다지 낙관적이지 않은 미래가 드리워지기 시작했습니다. '산업혁명 이후 인간 사회에서는 도시화가 점점 진행되고 있는데, 이를 방치하면 지구는 결국 도시로 뒤덮이지 않을까' 하는 문제의식에서 '아키텍처(건축)'와 '에콜로지(생태학)'를 합친 '아콜로지'라는 새로운 건축 개념이 탄생했습니다.

이를 주장한 사람은 이탈리아 출신의 건축가 파올로 솔레리(1919~2013)입니다. 1947년에 미국으로 건너간 솔레리는 프랭크 로이드 라이트에게 건축을 배웠습니다. 당시 라이트는 위스콘신주에

파울로 솔레리가 주장한 아콜로지 실험 도시 「아르코산티」

「탈리아센 이스트」를, 애리조나주에 「탈리아센 웨스트」라는 자택 겸 건설 스튜디오를 만들었으며, '탈리아센 펠로우십'이라는 학교도 운영했습니다.

그곳에서 라이트는 스스로 '유기적 건축'이라고 명명한 건축 철학을 실천하고자 했습니다. 이는 건축물과 주변 환경이 일치되면서 인간의 생활과 자연과의 조화를 지향하고자 하는 세계관입니다. 제5장에서 소개한 「낙수장」은 바로 이러한 철학을 구현한 것입니다. 탈리아센 펠로우십에서는 학생들이 건축을 공부하는 것뿐만 아니라 부지 내에서 농사일을 하면서 자급자족적인 공동생활을 영위했습니다. 솔레리가 주장한 아콜로지의 뿌리에는 라이트에게 배운 정신이 깃들어 있다고 해도 과언이 아닙니다.

솔레리는 지구 환경에 대한 악영향을 최소한으로 줄이기 위해 도시 속의 공간을 콤팩트하게 만들어야 한다고 생각했습니다. 이를 위해 도시 자체를 입체화하여 인간을 고밀도로 수용하도록 하자는 주장이 아콜로지의 기본적인 개념입니다. 그렇게 하면 자원을 효율적으로 사용할 수 있으니까요. 또한 주변의 토지를 농지로 만들 수도 있고, 자동차가 필요 없는 직장과 주거지가 가까운 생활 방식도 가능해질 것입니다.

이러한 아콜로지를 실천하기 위해 1970년부터 애리조나주 피닉스 북쪽에 있는 해발 1,130미터 사막에 「아르코산티」라는 실험적인 도시가 건설되기 시작했습니다. 라이트의 탈리아센과 마찬가지로 아콜로지를 배우는 장소였던 만큼 자원봉사를 하는 학생들도 수업료를 내야 했으며, 그 수업료는 「아르코산티」 건설에 사용되었습니다.

하지만 웅대한 설계도가 있음에도 불구하고, 건설은 좀처럼 진전되지 않았습니다. 솔레리는 2013년에 세상을 떠났고, 착공한 지 50년 정도 지났지만 아치형 입구 부분만 겨우 완성되었습니다.

다행히도 솔레리의 꿈은 그의 제자들에 의해 지금도 이어지고 있습니다. 유튜브에 「아르코산티」 관계자들의 영상이 많이 있으니 관심 있는 사람은 시간을 내 찾아보기 바랍니다. 저보다 나이가 많은 히피 세대 노인들이 "나는 19세 때부터 이곳에 있었다", "평생 이곳에서 살 생각이다"라고 말하기도 합니다.

조금은 폐쇄적인 분위기도 풍기지만, 이 또한 미국 사회의 흥미로운 점일지도 모릅니다. 코카콜라로 대표되는 상업주의나 대량 소비 문화도 있고, 그에 저항하는 듯한 에콜로지 마니아도 있습니다. 건축은 그 어느 것과도 무관할 수 없습니다. 역시 건축은 시대의 정치, 경제, 사회에 좌우되는 활동인 것 같습니다.

제8장

일본의 모더니즘

서양의 모더니즘과 닮은 듯 다른, 근대 건축의 실험

일본의 건축가들은 서양의 건축 원칙을 자신들만의 시선으로
새롭게 풀어냈습니다. 기능과 질서 속에서도
자연과 삶의 여백을 놓치지 않는 공간 실험이 이어졌습니다.

공모전에 규정된
'일본 취향'에 저항한 모더니즘

앞 장에서는 전후 미국에 초점을 맞춰 1970년대까지의 움직임을 살펴보았습니다. 그 이후로 '포스트모더니즘'과 '해체주의' 같은 유행을 거쳐 현재에 이르렀습니다. 이에 대한 이야기를 하기에 앞서, 이번에는 시곗바늘을 쇼와 시대(1926~1989)로 되돌려 일본 모더니즘 건축의 역사를 짚어보도록 하겠습니다.

모더니즘과 보수파의 대립은 종종 공모전에서 표면화되었습니다. 아돌프 로스가 강렬한 풍자로 고딕 양식에 저항했던 「시카고 트리뷴 본사 건물」 공모전과 르 코르뷔지에와 대립이 있었던 「유엔 본부 건물」 설계 공모전 역시 마찬가지였죠.

사실 일본에서도 이와 비슷한 사건이 벌어졌습니다. 1930년에 관동대지진으로 피해를 입은 「도쿄 제실박물관 본관(현 도쿄 국립

박물관 본관)」을 재건하기 위한 공모전이 개최되었습니다. 공모전을 주최한 궁내성宮內省은 '일본 취향을 기조로 하는 동양식' 계획안을 제출할 것을 규정에 넣었습니다.

공모전 심사위원장은 제1장에서 소개한 이토 주타가 맡았습니다. 그는 일본 건축계에 '서양 건축을 답습하는 것만으로 충분한가'라는 분위기가 조성되기 시작했을 때 일본 건축의 뿌리는 그리스 건축에 있다고 주장한 논문 〈호류지 건축론〉을 발표한 인물입니다.

이후 이토는 일본과 동양의 건축사를 체계적으로 연구하기 시작했으며「헤이안 신궁」,「메이지 신궁」,「츠키지 혼간지」등의 사찰을 설계한 것으로 잘 알려져 있습니다. 그는 서양 건축의 기법을 바탕으로 새로운 일본 건축을 만들어내고자 했던 건축가였기에 이 공모전이 '일본 취향'을 추구한 건 그의 영향이 크게 작용했기 때문인 듯합니다.

근대 건축을 추구하는 사람들은 이 공모전의 규정에 크게 반발했고, 응모를 거부하기도 했습니다. 그리고 제출된 계획안은 대부분 근대적인 철근 콘크리트 건물 위에 일본식 기와지붕을 얹는 제관 양식이었습니다. 현재의「도쿄 국립 박물관 본관」을 보면 알 수 있듯, 공모전에서 채택된 와타나베 진(1887~1973)의 초기 계획 또한 이러한 양식을 따르고 있습니다.

그런데 이때 탈락을 각오하면서 '일본 취향'이나 '동양식'이 아닌 모더니즘 디자인을 제안한 젊은 건축가가 있었습니다. 그는 공모전에서 탈락이 확정된 후 '패하면 역적'이라는 과격한 제목의 글을 잡지에 기고해 공모전 심사위원들을 도발했습니다. 아돌프 로스를 떠올리게 하는 공격적인 태도였죠. 패기 넘치는 이 젊은 건축가는 일본인 최초로 르 코르뷔지에의 제자가 된 마에카와 구니오(1905~1986)입니다.

서양 모더니즘을 일본에 맞게 재해석한 마에카와 구니오

1928년에 도쿄제국대학 건축학과를 졸업한 마에카와 구니오는 일본을 떠나 시베리아 철도를 타고 파리로 향했습니다. 그리고 그곳에서 르 코르뷔지에의 제자가 되어 2년간 무급으로 일을 했죠.
    1930년에 귀국한 마에카와는 체코 출신인 안토닌 레이몬드

와타나베 진 「도쿄 제실박물관 본관(현 도쿄 국립박물관 본관)」(1937)

(1888-1976)의 도쿄 사무소에 들어갔습니다. 레이몬드는 프랭크 로이드 라이트의 제자로, 제국호텔이 지어질 때 일본에 방문했으며, 그 후 일본에서 활동을 이어갔습니다. 그는 일본 건축가들에게 큰 영향을 미치고 있는 '일본 근대 건축의 아버지'라 할 수 있습니다.

르 코르뷔지에와 레이몬드의 가르침을 받은 마에카와는 '일본 1세대 모더니즘 건축가'입니다. 그는 레이몬드의 사무소에 들어간 다음 해에 「도쿄 제실박물관 본관」 설계 공모전에 이름을 올렸으며, 1932년에 준공된 아오모리현 히로사키시의 「기무라 산업 연구소」 설계로 데뷔했습니다. 그리고 그로부터 3년 뒤에 독립해 긴자에 자신의 설계사무소를 차렸죠. 독립 후 그가 맡은 첫 프로젝트는 작은 막사 건물을 개조한 「모리나가 캔디 스토어 긴자점」입니다.

마에카와의 모더니즘 작품을 마음껏 만끽하고 싶다면 도쿄 우에노 공원을 방문해보기 바랍니다. 그곳에 있는 「도쿄 문화회관」, 「도쿄도 미술관」 모두 그가 설계한 작품입니다. 각각 1961년과 1975년에 완공되었습니다. 마에카와가 탈락한 문제의 공모전을 통해 완성된 「도쿄 국립박물관」도 같은 공원 안에 자리 잡고 있습니다. 웅장한 제관 양식과 마에카와의 모더니즘 건축을 비교하며 걸으면 '쇼와 일본 건축사'의 대략적인 흐름을 실감할 수 있을 것입니다. 또한 우에노 공원에는 마에카와의 스승인 르 코르뷔지에가 설계해 1959년에 완성된 「국립 서양미술관」도 있습니다. 이 건설에는 마에카와도 참여했습니다.

마에카와는 르 코르뷔지에와 레이몬드로부터 배운 모더니즘 건축의 이념을 그대로 실행하지 않았습니다. 유럽과 일본은 기후와 풍토가 다르기 때문에 동일하게 적용하면 문제가 발생합니다. 그래서 그는 일본의 기후와 풍토에 맞는 모더니즘 건축을 모색했습니다.

예를 들어, 모더니즘 건축에서 자주 사용되는 노출 콘크리트를 일본에서 구현할 경우, 과거의 기술로는 쉽게 얼어 균열이 생기거나 내부에서 파손될 위험이 있었습니다. 그래서 마에카와는 1960년대 이후부터 외벽에 타일을 붙이기 시작했으며, 이를 효율적으로 수행하기 위해 '매입식 타일'이라는 공법도 개발했습니다.

외장용 타일은 콘크리트를 타설한 후 마지막 단계에서 마무리 작업으로 붙이는 것이 일반적입니다. 그러나 매입식 타일은 콘크리트를 타설하는 거푸집에 처음부터 타일을 내장하는 공법으로, 공정을 단축시킬 뿐만 아니라 외벽의 내구성을 높이며, 마감도 더욱 깔끔하게 완성할 수 있습니다.

앞서 소개한 「도쿄 문화회관」은 기본적으로 노출 콘크리트를 사용했지만, 일부는 이 공법을 통한 타일로 마감되었습니다. 그러나 그로부터 14년 후에 지어진 「도쿄도 미술관」은 거의 전면적으로 매입식 타일이 사용되었습니다. 벽돌을 쌓아 올린 것처럼 보이지만 진짜 벽돌은 극히 일부일 뿐, 대부분은 타일로 구성되어 있습니다.

외벽을 타일로 장식하는 방식은 르 코르뷔지에식 모더니즘 건축과는 상당히 다릅니다. '일본 취향'을 강요한 공모전의 규정에 크게 반발했던 젊은 마에카와는 왜 이러한 외벽을 만들었을까요?

　그는 오랫동안 '일본 고유의 근대 건축이란 무엇인가'를 끊임없이 고민했습니다. 일본 모더니즘 건축의 선구자였으니 이러한 문제의식을 계속해서 품고 있었을 테죠. 그 결과, 매입식 타일이라는 공법에 도달한 것입니다. 만약 우에노 공원에 가게 된다면 르 코르뷔지에와 마에카와의 모더니즘의 차이도 꼭 비교해보기 바랍니다.

'건축은 하나의 예술이다'
일본 근대 건축을 개척한 젊은 예술가들

전쟁 전으로 이야기를 되돌려볼까요? 마에카와 구니오가 등장하기 이전에도 젊은 건축가들에 의한 반란 운동이 있었습니다. 1920년 도쿄제국대학 건축학과를 졸업한 동기생 6명은 '분리파 건축회'라는 그룹을 결성해 '건축은 하나의 예술이다'라는 주장을 펼쳤습니다.

　'분리파' 하면 가장 먼저 19세기 말의 빈이 떠오릅니다. 구스타프 클림트 등이 주도한 빈 분리파의 운동은 건축 분야에도 영향을 미쳤으며, 모더니즘의 선구자인 오토 바그너를 배출했습니다. 일본의 '분리파'라는 명칭도 이를 의식해 지어진 것입니다.

　당시 도쿄제국대학을 주축으로 한 일본의 건축학은 미학보다는 기능과 구조에 무게를 두었습니다. 공학적인 구조 계산이나 건설

호리구치 스테미 「평화탑」(1922)

기술 등 이른바 '이과 계열'의 학문으로 건축을 가르친 것이죠. 그렇게 건축의 예술성은 뒷전으로 밀려났습니다. 분리파 젊은이들은 이러한 학문주의적인 방식에 반발했습니다.

그들 중 대부분은 독일의 표현주의에 영향을 받은 것으로 보입니다. 다만 단체로서의 공통된 스타일은 없었고, 각 구성원이 전시회나 도록 등의 활동을 통해 자신의 예술성을 추구했습니다.

또한 그들은 공공적인 행사에서 실제 건축을 실현할 기회도 얻었습니다. 제1차 세계대전이 끝나고 4년 후인 1922년, 우에노 공원에서 개최된 평화 기념 도쿄 박람회에는 호리구치 스테미(1895~1984), 다키자와 마유미(1896~1983), 구라타 지카타다(1895~1966) 등 분리파 멤버들이 전시 시설 등의 설계에 참여했습니다. 이 박람회는 이토 주타가 고문을 맡고 있었기 때문에 분리파는 나름대로 인정받는 존재였을 것입니다. 메인 파빌리온의 「평화탑」도 호리구치가 설계를 맡았습니다.

분리파 건축회는 1928년까지 총 7회(간사이에서도 2회)의 전시회를 개최한 뒤 멤버들 간의 의견 대립으로 자연스럽게 소멸했지만, 이후 건축가로 활약한 멤버가 적지 않습니다.

리더 격이었던 호리구치는 교수로 근무한 메이지대학의 건물들과 중요 문화재로 지정된 나고야의 전통 요리집 「핫쇼칸」 등을 설계했습니다. 그는 일본 전통 건축의 근대화를 모색했으며, 다실과 스키야数寄屋(전통 일본 건축 양식 중 하나. 다실뿐 아니라 거주 공간이나 정원 등과 함께 구성될 수도 있는 건축 양식)의 연구자로도 알려져 있습니다.

야마다 마모루(1894~1966)는 대학 졸업 후 체신성逓信省(일본 제국 시대(1885~1949)에 존재했던 정부 부처. 통신 및 우편 업무를 담당)에 들어가 1945년에 퇴직할 때까지 체신성의 건물을 설계했습니다. 그중 1937년에 준공된 「도쿄 체신병원」은 일본 모더니즘 건축의 명작 중 하나입니다. 퇴직 후에는 홀로 건축설계사무소를 설립해 「교토 타워」(1959)와 「일본 무도관」(1964) 등을 설계했습니다.

야마구치 분조(1902~1978)는 체신성의 영선과에서 제도공으로 일하던 중 야마다를 만나 1923년에 분리파 건축회에 들어갔습니다. 거의 동일한 시기에 스스로 '창우사創字社 건축회'라는 근대 건축 운동 단체를 설립했으며, 이후에는 내무성과 일본 전력의 위촉 기술자로서 관동대지진 복구 사업과 댐의 토목 디자인에 참여했습니다. 참

야마다 마모루「도쿄 체신병원」(1937)

고로 '창우사'는 '새롭게 건축을 창조해 우주를 채운다'라는 의미에서 유래했으며, 분리파 건축회의 영향을 받아 전시회나 강연회 등을 개최하며 활동을 전개해나갔습니다.

야마구치는 1930년에 댐에 대한 기술을 조사하기 위해 건너간 베를린에서 이미 바우하우스를 그만둔 발터 그로피우스를 만났습니다. 그리고 그의 밑에서 2년을 보내다 1932년에 자신의 건축설계 사무소를 차렸습니다. 그로부터 몇 년 후에 설계한「구로베가와 제2발전소」는 그의 대표작이 되었죠.

그가 처음에 구상한「구로베가와 제2발전소」의 스케치는 그야

야마구치 분조 「구로베가와 제2발전소」(1936)

말로 바우하우스적이며, 그로피우스로부터 영향을 받았다는 사실을 짐작할 수 있습니다. 실제로 지어진 건물도 합리성과 기능성을 중시한 모더니즘 건축으로, 특히 왼쪽의 수평으로 연속된 창은 르 코르뷔지에의 '근대 건축의 5원칙'에 기초한 것입니다. 하중을 받는 기둥은 내부에 있으며, 외벽은 커튼월 구조로 되어 있습니다.

이시모토 기쿠지(1894~1963)는 대학 졸업 후 다케나카 공무점에 들어간 뒤, 자비로 유럽과 미국을 시찰하면서 바실리 칸딘스키와 그로피우스를 만났습니다. 건축가로서의 데뷔작은 다케나카 공무점에서 근무할 때 설계한 「도쿄 아사히 신문사」입니다. 이는 1927년에 완성되었죠. 그다음 해에 설계를 맡은 니혼바시의 「시로키야

이시모토 기쿠지 「시로키야 본점」(1928, 1931)

본점」은 전쟁 전 모더니즘 건축을 대표하는 걸작입니다.

「시로키야 본점」에서 가장 눈에 띄는 것은 곡면으로 이루어진 모서리입니다. 이는 제4장에서 소개한 루이스 설리번의 「카슨 필리 스콧 백화점」을 떠올리게 합니다. 하지만 설리번의 백화점 장식이 아르누보 스타일이었다면, 「시로키야 본점」은 아르데코의 영향을 받았습니다. 건축 양식뿐 아니라 장식의 유행 또한 서양에서 일본으로 전해졌음을 보여줍니다.

스승인 라이트를 화나게 한
쓰치우라의 자택

지금부터는 분리파 건축회의 멤버들보다 조금 어린 건축가를 소개하도록 하겠습니다. 그 주인공은 바로 도쿄제국대학 출신의 쓰치우라 가메키(1897~1996)입니다.

쓰치우라는 대학 선배인 엔도 아라타와 친분이 두터웠습니다. 그는 프랭크 로이드 라이트를 도우며 제국호텔 프로젝트를 맡았던 엔도의 소개로 도쿄제국대학에 재학 중이던 1922년부터 도면 작업에 참여했습니다. 그때 라이트에게 실력을 인정받았으며, 라이트가 해임되어 귀국할 때는 미국으로 오라는 권유를 받았습니다. 그리고 대학을 졸업한 후인 1923년에 부인과 함께 미국으로 건너가 라이트의 탈리아센에서 3년을 보냈습니다.

1926년에 귀국한 쓰치우라는 오오쿠라 도보쿠(현 다이세이 건설)에 들어가 주택 설계를 시작했습니다. 처음에는 당연하게도 당시의 라이트 작품 스타일에 강한 영향을 받았습니다. 그러나 이후에는 상황이 달라졌습니다. 예를 들어, 1931년에 고탄다, 1935년에 가미오사키에 지은 두 채의 자택은 바우하우스와 르 코르뷔지에 등에 영향을 받은 것처럼 보입니다. 실내에는 미스 반 데어 로에가 바우하우스 교장 시절에 디자인한 것으로 유명한 「캔틸레버 체어」가 놓여 있습니다.

쓰치우라 가메키 「쓰치우라 저택」(1935)

저는 도쿄대학의 후지모리 테루노부 선생님 연구실에서 박사 과정을 보냈습니다. 그 당시 후지모리 선생님은 가미오사키에 있는 「쓰치우라 저택」의 관리를 맡고 있어 저도 견학한 경험이 있습니다. 1층에서 계단을 반쯤 올라가면 거실이 나오고, 또 반쯤 올라가면 작은 아틀리에가 있는 재미있는 공간이 나옵니다. 그곳은 바우하우스 스타일의 기능적이고 심플한 인테리어로 구성되어 있었죠.

사실 쓰치우라가 처음으로 고탄다에 자택을 지었을 때 라이트에게 '이런 집을 설계했습니다'라는 편지와 함께 사진을 보냈습니다.

쓰치우라는 스승님을 기쁘게 해드리고 싶은 마음이 컸을 것입니다. 하지만 제자가 설계한 주택을 본 라이트는 화를 내며 무척이나 격렬한 어조로 비판하는 편지를 보냈습니다. 그 편지는 현재 후지모리 연구소에 보관되어 있습니다.

물론 쓰치우라는 스승인 라이트를 배신할 생각이 전혀 없었습니다. 그는 훗날 "라이트를 흉내 내는 건 도저히 무리다. 그 형태는 라이트밖에 만들 수 없다"라고 말했습니다. 이는 라이트의 작풍은 강렬한 개성으로 만들어진 것이며, 아무나 사용할 수 있는 보편적인 양식이 될 수 없다는 뜻이라고 생각합니다.

이에 비해 르 코르뷔지에의 '근대 건축의 5원칙'에서 출발한 모더니즘 건축에는 보편성이 있습니다. 그렇기 때문에 확고한 '양식'으로 세계에 보급된 것입니다.

쓰치우라를 라이트에게 소개한 엔도는 '일본의 라이트'라 불릴 정도로 스승의 작풍을 이어받아 사망할 때까지 이를 품고 살았습니다. 한편 쓰치우라는 이에 한계를 느끼고 모더니즘의 세계에서 살아가기로 결정했습니다. 건축가의 삶은 너무나 다양하다는 것을 알 수 있는 대목입니다.

개인적으로 엔도의 삶을 부정하는 것은 아니지만, 이후 건축에 큰 영향을 미친 것은 쓰치우라일지도 모릅니다. 그의 작품에는 단열 효과를 높이는 등 비용을 낮추는 다양한 아이디어가 적용되었습니다. 또한 좁은 공간을 최대한 효율적으로 사용할 수 있도록 고안되었습니다. 쓰치우라는 도시에 짓는 소형 주택의 이상적인 모습을 가장 먼저 제시한 건축가입니다.

파리 세계 박람회에서 인정받은 일본의 모더니즘

쓰치우라 가메키가 미국으로 건너가 프랭크 로이드 라이트의 제자가 된 것은 1923년입니다. 앞서 이야기했듯, 마에카와 구니오가 유럽으로 건너가 르 코르뷔지에의 제자가 된 것은 그로부터 5년 후인 1928년입니다. 그보다 먼저 활동했던 분리파 건축회의 존재를 포함해 1920년대 일본은 유럽과 미국에서 학습한 모더니즘 건축의 태동기였다고 할 수 있습니다. 마에카와가 '일본 취향'이라는 규정에 정면으로 반기를 들었던 1930년의 공모전 갈등은 새로운 건축 흐름이 점점 더 강한 영향력을 가지기 시작했다는 증거로 보입니다.

1930년대 후반에도 '일본 취향'과 '모더니즘'의 대립이 재차 발생했습니다. 문제가 된 것은 1937년 파리 세계 박람회에 건설할 예정인 「일본관」 디자인이었습니다. 설계안 심사를 담당한 사람은 「야스다 강당」을 설계한 것으로도 유명한 도쿄대학의 교수 기시다 히데토(1899~1966)였습니다. 그는 모더니즘파 건축학자로, 1930년 「도쿄 제실박물관 본관」 공모 당시에는 도쿄대학 조교수였지만, 규정을 무시한 마에카와의 계획안을 지지하며 이토 주타와 격렬한 논쟁을 벌였습니다.

이에 대한 리턴 매치는 아닐 테지만, 기시다는 몇몇 건축가가 작성한 「일본관」의 계획안 중에서 마에카와의 아이디어를 추천했습니다. 그러나 세계 박람회 협회는 그것이 일본적인 디자인이 아니라는 이유로 인정하지 않았습니다.

1937년은 중일전쟁의 발단이 된 루거우차오 사건이 일어난 해이므로, 일본 내에서는 국수주의적인 풍조가 점점 고조된 듯합니다. 결국 마에카와의 계획안은 보류되었고, 마에다 겐지로(1892~1975)가 「일본관」을 설계했습니다. 그는 「교토시 미술관(현 교토시 교세라 미술관)」의 초기안을 고안한 것으로 알려진 건축가입니다.

그러나 현지 파리에서 공사 감리를 둘러싼 문제가 불거져 계획이 좀처럼 진행되지 않았습니다. 그때 지목된 인물이 사카쿠라 준조(1901~1969)입니다. 그도 도쿄제국대학 출신이지만 건축학과가 아닌 미술사학과를 졸업했습니다. 졸업 후 프랑스로 건너가 파리 공과대학에서 건축을 공부했고, 마에카와의 소개로 1931년부터 르 코르뷔지에의 사무소에서 일하기 시작했습니다.

사카쿠라는 1936년에 르 코르뷔지에의 사무소를 그만두고 귀국했지만, 「일본관」의 공사 감리를 맡게 되어 다시 파리로 돌아갔습니다. 이때 사카쿠라는 기시다의 지지를 받았을 것이라 예상됩니다. 그는 마에다의 계획안을 대폭 수정해 독자적인 설계를 진행했습니

사카쿠라 준조 「일본관(파리 세계 박람회)」(1937)

다. 일본 전통의 '나마코 벽'을 도입해 일본의 멋을 표현했지만, 전체적으로는 르 코르뷔지에식의 모더니즘 분위기가 풍깁니다.

사카쿠라 입장에서는 스승인 르 코르뷔지에가 있는 파리에서 건축물을 만드는 이상, 다른 선택지가 없었을 것입니다. 다른 일을 한다면 라이트를 화나게 한 쓰치우라처럼 스승에게 "너는 내 밑에서 무엇을 배웠느냐!"라는 말을 들을 수도 있으니까요.

결과적으로 변경된 설계안은 대성공을 거두었습니다. 사카쿠라가 설계한 「일본관」은 높은 평가를 받아 파리 세계 박람회 건축 부문 대상을 수상했습니다. 당초 르 코르뷔지에가 자신의 애제자인 사카쿠라를 일본 정부에 추천했다는 기록도 있지만, 그 영향을 잠시 접어두더라도 이는 큰 쾌거라 할 수 있습니다. 서양에서 모더니즘을 배운 일본인 건축가의 작품이 세계 최초로 인정받은 것이니까요.

군국주의의 영향을 받은 신전 같은 건축 「와타나베 오우 기념 회관」

같은 시기인 1937년에 파리 세계 박람회의 「일본관」과는 상당히 다른 분위기의 건축물도 만들어졌습니다. 무라노 토고(1891~1984)의 출세작이 된 「와타나베 오우 기념 회관」이 바로 그것이죠. 이는 야마구치현 우베시의 발전에 기여한 사업가 와타나베 스케사쿠를 기념하여 시민회관으로 건설된 작품입니다.

지금까지 소개한 건축가들은 대부분 도쿄제국대학 출신인데, 무라노는 와세다대학 건축학과 출신입니다. 그는 고전주의를 도입한 작품을 많이 만들었으며, 전후에는 모더니즘 건축가들로부터 비판을 받기도 했습니다. 하지만 1988년에 그의 이름을 딴 '무라노 토고 상'이 제정된 것을 보면 알 수 있듯, 그는 일본 건축사에 이름을 남긴 위인 중 한 명입니다.

무라노가 설계한 「와타나베 오우 기념 회관」은 장엄하고 중후한 신전 같은 스타일입니다. 사카쿠라 준조의 「일본관」은 유리벽으로 구성된 개방적인 모더니즘이지만, 이 건축물은 폐쇄적인 느낌을 줍니다. 좋게 말하면 매우 강렬하다고 할 수 있죠. 저는 아무래도 이 건축물이 당시의 군국주의적인 분위기와 연결될 수밖에 없다고 생각합니다. 그렇기 때문일까요? 아돌프 히틀러의 나치 독일이 중후한 신고전주의 건축을 선호했던 것과 유사한 느낌입니다.

그렇다고 오해는 하지 않았으면 합니다. 저는 무라노가 군국주의자였다고 말하려는 것이 아닙니다. 또한 사카쿠라의 모더니즘 건

무라노 토고 「와타나베 오우 기념 회관」(1937)

축은 세계 박람회에서 「일본관」으로 선보였던 만큼, 바우하우스를 탄압한 나치만큼의 극단적인 움직임은 찾아볼 수 없으니까요.

건축은 그 시대의 정치나 사회와 무관할 수 없습니다. 역사의 흐름을 돌아보면 1930년대는 서구 모더니즘이 힘을 얻기 시작한 시기였습니다. 그러나 마에카와 구니오의 모더니즘은 두 차례에 걸쳐 '일본 취향'을 요구하는 목소리에 의해 좌절되고 말았습니다. 「와타나베 오우 기념 회관」이 지어진 것도 당시 사회적 분위기와 무관하지 않다고 생각합니다.

따라서 '서양 건축사'의 커다란 흐름만으로는 건축을 설명하기가 어렵습니다. 이미 여러 차례 이야기했듯, 건축은 각 지역과 시대만이 겪은 고유의 문제와 분위기를 반영합니다. 대표적인 예로 전쟁이 있죠. 이러한 시대적 맥락을 이해하면 건축을 이해하는 데 많은 도움이 될 것입니다.

일본 모더니즘의 신성, 단게 겐조의 데뷔작

1941년, 진주만 공격으로 미국과 일본의 전쟁이 발발된 다음 해에 당시의 시대적 상황을 반영한 공모전이 열렸습니다. 바로 일본건축학회가 기획한 '대동아건설기념영조계획'으로, 대일본제국이 지향하는 '대동아 공영권'의 확립을 위한 이념을 반영하는 건축 계획을 요구한 공모전이었죠.

이는 실제로 건축물을 짓기 위한 공모전이 아니었습니다. 전쟁 중에는 건축가들이 실력을 발휘할 기회를 얻기 어려워 큰 테마의 아이디어 공모전을 개최함으로써 학회원들에게 경쟁할 수 있는 무대를 마련해준 것이었죠. 이 공모전은 훗날 전후 일본을 대표하는 건축가 단게 겐조(1913~2005)의 화려한 데뷔 무대가 되었습니다.

1938년에 도쿄제국대학을 졸업하고 마에카와 구니오의 사무소에서 일을 하던 단게는 29세의 나이에 많은 선배를 제치고 '대동아건설기념영조계획' 공모전에서 1등을 차지했습니다. 그는 황궁에서 후지산으로 향하는 '대동아도로'와 '대동아철도'를 건설하고, 그 종착점인 후지산 기슭에「충령신역忠靈神域」이라는 신전을 짓겠다는 웅대한 계획을 제시했습니다.

이 계획은 후지산으로 향하는 축선에 좌우 대칭으로 건물이 배치되어 있다는 점이 큰 특징입니다. 예를 들어, 미켈란젤로 부오나로티의「캄피돌리오 광장」이 그랬듯 축선을 중심으로 공간을 구성하는 방식은 서양의 오래된 전통입니다.

또한 단게는 마르틴 하이데거의 철학서를 자주 읽으며 그의 공간론에도 영향을 받은 듯합니다. 그는 하이데거의 이론을 바탕으로 〈미켈란젤로 송〉이라는 제목의 논문을 집필하기도 했습니다. 이에 대한 이야기는 깊이 다루지 않겠지만, 아무튼 그의 데뷔작은 이러한 이론을 뒷받침했다고 할 수 있습니다. 여기서 보여준 축선을 중심으로 한 공간의 구성 방식은 그의 또 다른 작품인 「히로시마 평화기념공원」 설계에도 활용되었습니다.

단게는 다음 해인 1943년에 열린 방콕 일본문화회관 공모전에서도 1등을 차지했습니다. 건축가의 활동 무대가 적었던 시기에 그동안 실적이 없었던 젊은 건축가가 2전 2승이라는 결과를 냈으니 그 임팩트는 상당히 강렬했을 것입니다. 게다가 '유망한 루키'로서 주변 사람들에게 큰 기대를 받았을 것입니다.

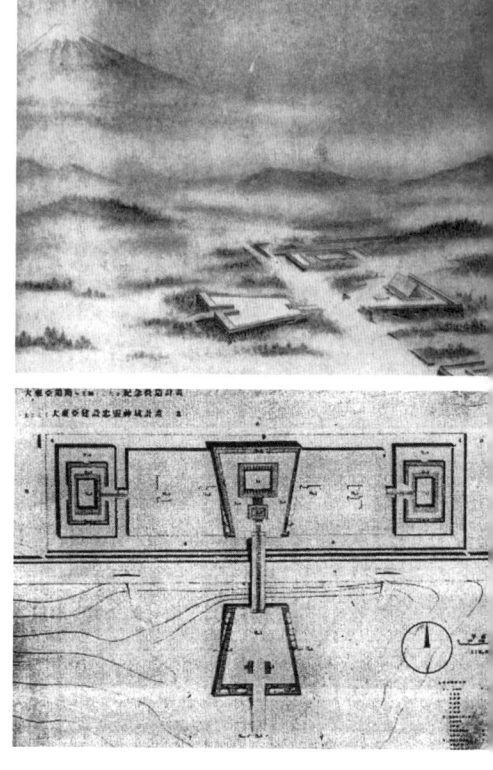

단게 겐조 '대동아건설기념영조계획'의 계획안

단게는 프랑스로 건너가 르 코르뷔지에의 제자가 된 사카쿠라 준조나 마에카와와 달리, 서양으로 유학을 가지 않았습니다. 그는 일본에 남아 마에카와를 통해 르 코르뷔지에식 모더니즘 건축을 배웠습니다. 일본 입장에서는 '100% 국산' 건축가가 대뜸 유망주로 두각을 나타낸 것입니다. 일본의 모더니즘 건축이 그만큼 성숙해졌다는 뜻이겠죠. 이후 단게는 일본 근대 건축의 수준을 향상시키는 데 큰 공헌을 했습니다.

전쟁의 폐허 위에 세운 평화의 공간 「히로시마 평화기념공원 및 기념관」

1945년, 제2차 세계대전 패전 직후의 일본 건축계에 가장 큰 과제가 된 것은 두말할 필요도 없이 전쟁 피해로 붕괴된 도시의 재건이었습니다. 단게 겐조 역시 도쿄, 마에바시, 구레, 왓카나이의 도시 재건 계획에 참여했습니다. 그중에서도 특히 힘을 쏟은 것은 원자폭탄으로 피해를 입은 히로시마의 재건이었습니다. 단게는 원자폭탄의 잔류 방사능이 우려되는 상황에서도 스스로 자원해 도쿄대학 단게 연구실 스태프들과 함께 히로시마에 들어가 도시 계획 업무에 매진했습니다.

1949년, 단게는 '히로시마 평화기념도시건설법' 제정에 따라 히로시마시가 주최한 「히로시마 평화기념공원 및 기념관」 공모전에서 1등을 차지했습니다. 그의 계획안은 기념관, 광장, 위령비 그리고 원폭 돔(원자폭탄의 피해를 상징적으로 보여주는 건축물)을 하나의 축으로 연결한 디자인이었습니다. 이곳에 방문해본 적 있는 사람은 위령비의 아치에서 원폭 돔이 훤히 들여다보이는 것을 두 눈으로 직접 확인했을 겁니다.

단게 겐조 「히로시마 평화기념공원 및 기념관」(1952~1955)

공원의 중심 시설인 「히로시마 평화기념 자료관」은 전형적인 모더니즘 건축물입니다. 이는 노출 콘크리트로 된 건물로, 1층은 르 코르뷔지에의 '근대 건축의 5원칙'에 따라 필로티로 구성되어 있습니다. 단게는 여기에 「호류지」, 「이쓰쿠시마 신사」, 「이세 신궁」, 「가쓰라리큐」 등 일본 건축의 전통적인 요소 또한 도입했습니다.

1951년, 단게는 스승인 마에카와 구니오의 권유로 르 코르뷔지에와 발터 그로피우스 등이 모인 CIAM에 참가했습니다. 그리고 그곳에서 「히로시마 계획안」을 발표했죠. 이는 CIAM에서도 높은 평가를 받았고, 그의 이름은 국제적으로 널리 알려지게 되었습니다.

그 후 단게는 「구舊 도쿄도청」과 「가가와현 청사」 등 모더니즘의 결작을 잇달아 선보였습니다. 지금은 해체되었지만, 「도쿄 국제 포

↓ 단게 겐조 「구舊 도쿄도청」(1957)
→ 단게 겐조 「가가와현 청사」(1958)

럼」이 지어졌던 자리에 세워진 「구舊 도쿄도청」은 그의 초기 대표작입니다. 과거 르 코르뷔지에가 구상한 공동 주택을 떠올리게 하는 동일한 모듈을 많이 나열한 이 건축물은 모더니즘 건축의 모범이 되는 작품이라 할 수 있습니다.

한편 「가가와현 청사」에는 '일본풍' 표현이 적용되었습니다. 각 층의 발코니 아래에 있는 들보는 신사 불각 등 일본 건축에서 흔히 볼 수 있는 처마 끝의 서까래를 본뜬 것입니다. 노출 콘크리트를 사용하는 동시에 목조 건축의 느낌을 표현한 참신한 시도와 기하학적인 수평, 수직 구조에 일본다운 요소를 녹여낸 솜씨는 높은 평가를 받고 있습니다. 많은 일본인 건축가에게 '보편적인 모더니즘에 일본 특유의 문화를 어떻게 녹여낼 것인가'는 중요한 테마입니다. 「가가와현 청사」는 그 문제에 대한 단게의 해답이었습니다.

미래의 해상 도시를 구상한 「도쿄 계획 1960」

단게 겐조는 1960년대에 접어들면서 도시 계획을 진행했습니다. 1961년에는 '단게 겐조+도시건축설계연구소'를 설립했고, 1963년에는 도쿄대학 공학부에 신설된 도시공학과 교수로 임명되어 열심히 학생들을 가르쳤습니다. (그때까지 단게는 건축학과 조교수였습니다.)

그는 1964년 도쿄 올림픽을 위해 「국립 실내종합경기장(현 국립 요요기 경기장)」을 설계하기도 했습니다. 현수구조(지붕이나 바닥을 구조 기둥에서 매달아 올리는 방식)로 만들어진 이 건물은 세계 건축계에 커다란 충격을 안겨주었습니다.

이 시기에 단게가 세계로부터 높은 평가를 받은 건 이뿐만이 아닙니다. 1961년에 발표한 「도쿄 계획 1960」은 고도경제성장으로 인구가 증가하는 도쿄의 도시 구조를 개혁한 계획으로, 건축계에 큰 영향을 미쳤습니다.

유기적으로 계속해서 성장할 수 있는 도시 시스템을 구축하고자 한 단게는 도심에서 도쿄만을 지나 지바의 기사라즈 방면으로 뻗어나가는 해상 도시를 제안했습니다. 이는 도쿄만을 가로지르는 기다란 사다리 같은 축을 중심으로 정치적·경제적 핵심 기능들을 한데 모으고, 그 양쪽 끝에는 매립지를 이용해 주택을 개발하며, 교통 시스템을 연결하는 방식이었죠.

단게는 도심에서 방사형으로 뻗어나가는 폐쇄된 구심적 구조로는 도시 발전에 한계가 있다고 판단했고, 이를 해결하기 위해 개방된 선형으로 배열된 방사형 배열 구조를 마련해야 한다고 주장했습니다.

이 계획에는 단게 연구실에서 활동하던 젊은 건축가들의 참신한 아이디어가 담겨 있습니다. 구로카와 기쇼는 도시와 건축을 통합하

단게 겐조 「도쿄 계획 1960」

는 교통 시스템인 '사이클 트랜스포테이션 시스템'을 제안했고, 이소자키 아라타는 라이프라인과 엘리베이터를 포함한 수직의 '코어' 및 사무실과 주거지를 연결하는 '조인트 코어 시스템'을 고안했습니다. 비록 실제로 실현되지는 않았지만, 이 계획은 당시의 사회적 문제를 해결할 수 있는 새로운 도시 디자인으로서 국제적으로 높은 평가를 받았습니다.

또한 단게의 도시 계획에는 1960년 세계 디자인 회의에서 일본 건축가들이 발표한 '메타볼리즘'에 대한 아이디어도 포함되어 있습

니다. 서문에서 언급했듯, '신진대사'를 의미하는 메타볼리즘은 사회 변화와 인구 증가에 맞춰 유기적으로 성장하는 도시와 건축을 지향하는 운동입니다. 「도쿄 계획 1960」도 마찬가지로, '코어'에 연결된 건축물이 노후화되면 해체나 개축을 통해 '신진대사'를 진행할 것으로 기대했습니다.

메타볼리즘을 현실로 구현한 오사카 세계 박람회

메타볼리즘 운동에는 구로카와 기쇼, 기쿠타케 기요노리(1928~2011), 마키 후미히코(1928~2024), 오타카 마사토(1923~2010)와 같은 건축가만이 참여한 것이 아닙니다. 도시 계획가 아사다 다카시(1921~1990), 건축 평론가 가와조에 노보루(1926~2015), 산업 디자이너 에쿠안 겐지(1929~2015), 그래픽 디자이너 아와즈 기요시(1929~2009) 등도 참여했죠.

    1960년 도쿄에서 개최될 예정이었던 세계 디자인 회의를 준비하던 아사다가 젊은 건축가들에게 메타볼리즘 운동을 제안했고, '메타볼리즘/1960-도시를 향한 제안'이라는 제목의 선언문을 발간하면서 그 활동이 시작되었습니다.

    그들은 건축과 도시는 영원히 변하지 않는 것이 아니라 사회의 요구와 기능에 맞게 변화 및 교체가 가능하다고 생각했고, 이를 실현하기 위해 유닛화된 주거 단위, 증식하는 건축, 건축의 복제, 대량생산 등을 이론화했습니다.

그 발상은 1958년에 지어진 기쿠타케의 자택 「스카이 하우스」에도 도입되었습니다. 4개의 기둥으로 지탱해 공중에 떠 있는 원룸의 주거 공간에는 거실, 식당, 침실을 구분하는 벽이 없습니다. 그리고 방을 둘러싸고 있는 복도에 배치된 주방, 욕실, 수납장 등은 교체할 수 있도록 고안되었죠. 기쿠타케는 이를 '무브-넷'이라 불렀습

기쿠타케 기요노리 「스카이 하우스」(1958)

니다.

    또한 결혼 후에 자녀가 늘어나 증축이 필요해지면 원룸 아래 텅 빈 공간에 방을 더할 수 있는 아이디어를 제안했습니다. 거주자의 라이프스타일에 따라 공간을 자유롭게 변화시킨다는 발상은 참으로 획기적이었습니다.

    기쿠타케를 포함한 메타볼리즘 그룹이 크게 활약한 무대는 1970년 오사카 세계 박람회입니다. 기쿠타케는 전망탑 「세계 박람회 타워」의 설계를 맡아 교환 가능한 7개의 크고 작은 다면체 모듈을 설치했습니다. 이 모듈은 전망실이나 기계실로 사용되었지만, 사실 이것은 미래의 주택 모델로 구상된 것입니다.

    세계 박람회가 막을 내리고 2년이 지난 뒤에 「나카긴 캡슐 타워 빌딩」을 실현한 구로카와는 오사카 세계 박람회에서도 「공중 테마관 주택 캡슐」을 설계했습니다. 거실 캡슐, 침대 캡슐, 욕실 및 화장실 캡슐을 내장해 방마다 신진대사가 가능하도록 했으며, 욕실 및 화장실 캡슐에는 기쿠타케가 설계한 '무브-넷'이 사용되었습니다.

    구로카와는 자신의 저서 『메타볼리즘의 발상』에 이렇게 언급했습니다.

    '공중 테마관은 사회적 수명의 계층 구조를 설계에 도입해 설비 유닛과 개인실 유닛을 프리패브화 단위(건축의 일부를 공장에서 미리 만들어 현장에서 조립할 수 있도록 나눈 단위)로 조립한 양산주택의 프로토타입이다.'

격자 모양의 강철 파이프에 스테인리스로 만든 여러 개의 캡슐을 끼워 넣은 구조로 구성된 「다카라 뷰티 리온(다카라 파빌리온)」도 구로카와의 작품입니다. 저는 대학교 1학년 때 오사카 세계 박람회에 다녀왔는데, 그때 이 파빌리온이 가장 마음에 들었습니다.

그 외에도 오타카가 메인 게이트를 설계하고, 에쿠안이 전시장 내의 우체통, 전기자동차, 시계를 디자인하는 등 오사카 세계 박람회는 일본이 처음으로 세계에 건축 운동을 알린 메타볼리즘을 집대성한 장소였다고 할 수 있습니다.

구로카와 기쇼
「다카라 뷰티 리온(다카라 파빌리온)」(1970)

오사카 세계 박람회의 총괄 책임자는 단게 겐조였습니다. 그가 설계한 메인 행사장인 「축제 광장」은 용접이 필요 없는 볼 조인트 방식으로 구성되어 해체가 간단했습니다. 광장을 덮고 있는 커다란 지붕은 폭 108미터, 길이 291.6미터, 무게 5,000톤에 달하는 거대한

제8장 일본의 모더니즘 ─── 343

구조물입니다. 이를 6대의 지지 장치로 오차 없이 들어 올리는 건설 작업은 39일이나 소요되었습니다.

그 커다란 지붕을 뚫고 얼굴을 내민 오카모토 타로의 「태양의 탑」과의 콜라보레이션은 평생 기억에 남을 정도로 인상적입니다. 참고로 「축제 광장」을 담당한 건축가는 단게 연구실 출신인 이소자키 아라타였습니다.

공공 건축이 아닌 개인 주택으로
재능을 발휘한 젊은 건축가들 '노부시'

메타볼리즘 그룹의 활동은 오사카 세계 박람회로 일단락되었습니다. 1950년대부터 1960년대까지 일본 건축계를 이끌어온 단게 겐조 역시(1986년 「신新 도쿄도청」의 공모전에 당선될 때까지) 특별히 눈에 띄는 활동이 없었습니다.

이때 훗날 마키 후미히코가 '노부시野武士(일본에서 무사 계층에 속하지 않거나, 공식적인 군사 조직에 소속되지 않은 독립적인 무사나 전사들을 의미한다. 이들은 종종 무법자나 자경단처럼 활동했으며, 때로는 임시적이고 자주적인 전투를 수행했다)'라고 불렀던 젊은 세대 건축가들이 등장했습니다. 1940년대에 태어난 이들은 공공 건축이 아닌 주로 개인 주택 설계를 통해 자신들의 미의식을 표출했습니다. 국가나 지방지 자체 등 '윗사람'과 무관한 곳에서 일한다는 의미에서 '노부시'적인 존재라고 할 수 있습니다. 도쿄 올림픽과 오사카 세계 박람회가 끝난 후에 건축가가 된 세대이기 때문에 애초에 공공적인 큰일이 별로 없었다는 사정도 있습니다.

대표적인 노부시 세대 건축가를 알아볼까요? 가장 먼저 소개할 인물은 이시야마 오사무(1944~)입니다. 그가 1975년에 만든 다실 「환암」은 지금까지의 모더니즘 건축과는 전혀 다릅니다. 마치 드럼통으로 만든 오브제 같아 언뜻 보면 사람이 사용하는 공간이라고 생각하기 어렵습니다.

이시야마는 가와이 겐지(1913~1996)의 건축에 영향을 받았습니다. 가와이는 공조를 비롯한 설비 설계자로, 단게 연구실을 오가며 「국립 요요기 경기장」의 설계에도 참여한 인물입니다. 가와이가 1965년에 발표한 자택 「오일 드럼 하우스」는 그야말로 거대한 드럼통 같은 건축물입니다. '골형 강판'이라는 토목용 강판(아연 도금의 골판)을 사용해 '골형 강판 하우스'라고도 불립니다. 이에 영향을 받은 이시야마는 주름진 골형의 철판을 구부려 포스트모던적인 디자인으로 「환암」을 완성했습니다.

그다음으로 소개할 인물은 안도 다다오입니다. 그가 처음으로 주목받은 작품은 1976년에 발표한 「스미요시 주택」입니다. 기본적인 디자인은 르 코르뷔지에의 모더니즘에 영향을 받은 듯하지만, '폐쇄된 상자'처럼 느껴지는 노출 콘크리트는 그만의 독특한 작풍이

이토 도요 「실버 햇」(1984)

죠. 또한 방에서 방으로 이동할 때 지붕이 없는 중정을 통과해야만 하는 평면 구성은 합리성과 기능성을 중시하는 모더니즘과는 상충됩니다. 이는 '도시 주택에 어떻게 자연을 도입할 것인가'라는 주제에 대한 안도의 해답이라 할 수 있습니다.

원래 일본의 건축에는 외부와 내부를 연결하는 툇마루가 있습니다. 비가 내리는 날에 우산을 쓰고 화장실에 가는 건 조금 불편하지만, 그로 인해 자연과 일체화되는 일본적인 문화를 경험할 수 있습니다. '폐쇄된 상자' 내부에 그런 공간이 마련되어 있는 것은 굉장히 흥미롭다고 생각합니다.

안도와 동갑이면서 2013년에 프리츠커상을 수상한 이토 도요(1941~)도 빼놓을 수 없습니다. 그는 현재 여러 개의 대규모 건축물을 맡고 있지만, 젊은 시절에는 주택 설계로 재능을 발휘했습니다. 1970년대에 발표한 그의 대표작인「나카노 혼마치의 집」은 폐쇄적인 느낌이 강하게 드는데, 지금은 1984년에 발표한 자택「실버 햇」처럼 밝고 개방적인 작풍으로 바뀌었습니다.

이외에도 하야카와 구니히코, 도키 신, 아이다 다케후미, 토미나가 유즈루, 하세가와 이츠코, 이시이 가즈히로 등 흥미로운 노부시 세대 건축가들이 있습니다. 그중 대다수는 1980년대 이후 안도나 이토처럼 대규모 공공 건축을 다루었죠. 이 책에 모두 소개할 수는 없지만, 기회가 된다면 그들의 작품을 직접 접해보고, 마에카와 구니오나 단게 겐조의 유명한 모더니즘 건축과 비교해보기 바랍니다. 20세기 후반부터 시작된 서양 건축의 변천사를 실감할 수 있을 것입니다.

제9장
포스트모더니즘과 해체주의

모든 규칙과 질서를 넘어선 건축의 자유

모더니즘이 하나의 기준이 되었을 때 건축은 다시
질문을 던지기 시작했습니다. 정해진 틀을 넘어
자유롭고 실험적인 공간이 새 시대의 미학을 만들었습니다.

모더니즘 규칙에 반기를 든
벤추리의 작품

르 코르뷔지에 등의 건축가가 모더니즘 건축의 본거지로 창립했던 CIAM이 팀 텐의 등장으로 해체된 것은 1959년의 일입니다. 그 무렵부터 보편적인 인터내셔널 스타일을 지향한 모더니즘은 막다른 길에 이르렀다고 할 수 있었죠. 일본에서 시작된 메타볼리즘이 세계에 영향을 미친 것은 그다음 해의 일입니다. 이 운동은 한계에 다다른 근대 건축에 새로운 자극을 주었습니다.

　인간은 쉽게 싫증을 느끼는 존재이므로 아무리 널리 지지받은 건축 양식이라도 영원히 지속될 수 없습니다. 서양 건축사는 사람들이 쉽게 싫증을 느꼈기 때문에 변화해왔다고 해도 과언이 아닙니다.

　1960년대에는 모더니즘 건축을 정면으로 비판하는 사람들이 등장했습니다. 대표적인 인물로는 앞서 언급한 로버트 벤추리가 있습니다. 1966년에 출간한 저서 『건축의 복합성과 대립성』에서 주장한 'Less is bore'라는 표현은 "나는 이제 모더니즘에 싫증을 느꼈다"라고 말하는 것처럼 보입니다.

르 코르뷔지에의 '살기 위한 기계'라는 주장에서 볼 수 있듯, 모더니즘은 합리성과 기능성을 중시하는 양식입니다. 모더니즘은 장식을 '범죄'라고 간주하며 부정했을 뿐만 아니라, 보편성을 추구하기 때문에 지역성이나 역사성까지도 배제했습니다. 모더니즘에 싫증을 느낀 사람들이 이러한 요소들을 재평가하면서 탄생한 것이 바로 '포스트모던 건축'입니다. 1977년, 미국의 건축 이론가 찰스 젱크스는 저서 『포스트모던 건축의 언어』를 통해 '모더니즘 건축의 죽음'을 선언하기도 했죠.

포스트모던 건축이 본격화된 것은 1980년대이지만, 'Less is bore'를 외친 벤추리는 앞서 말한 저서를 출간하기 전인 1963년에 「어머니의 집」이라는 작품을 발표했습니다. 언뜻 보면 심플하다고 생각할 수 있지만 여기에는 모더니즘 건축에서 발견하기 어려운 몇 가지 요소가 담겨 있습니다.

먼저 가운데에 홈이 파인 박공지붕은 그리스 신전 같은 고전주의를 떠올리게 합니다. 한편 오른쪽에 나란히 있는 5개의 수평 연속 창문은 르 코르뷔지에 스타일입니다. 왼쪽의 창문은 오른쪽과는 다르지만, '田' 모양으로 구성된 4개의 창문과 현관 옆의 1개의 창문을 합치면 5개가 되므로, 수량으로는 오른쪽과 균형을 이룹니다. (그렇

로버트 벤추리 「어머니의 집」(1963)

다고 좌우가 대칭되는 것은 아닙니다.)

창문을 연결하는 수평의 라인에 사용된 재료는 본래 다른 재료가 만나는 모서리 부분이나 못 등을 숨기기 위해 사용되는 '몰딩'입니다. 고전적인 인테리어에 자주 사용되는 재료인데, 벤추리는 그것을 단순한 장식으로 사용했습니다. 재료의 본래 기능을 무시한 건 전혀 모더니즘적이지 않습니다.

더욱 이해하기 어려운 것은 입구 위에 덧붙인 아치입니다. 아치는 본래 고전적인 석조 건축에서 개구부의 들보로 기능하는데, 여기서는 그저 장식으로 덧대어 놓았을 뿐, 아무런 역할을 하지 않습니다. 모더니즘 시선에서 보면 모든 요소가 '금기'라고 할 수 있습니다.

「어머니의 집」은 모더니즘 건축의 가치관에 비추어보면 완전한 실패작입니다. 하지만 벤추리는 이 데뷔작으로 크게 주목받았습니다. '이게 뭐지?'라고 생각하게 만드는 디자인이 히트작이 되는 일은 포스트모던 시대의 특징이니까요.

모더니즘에는 규범이 되는 이론과 법칙성이 있었지만, 포스트모던은 '무엇이든 가능한' 무법지대입니다. 각각의 건축가가 독자적인 아이디어를 바탕으로 플레이하는 게임과 같다고 생각하면 좋을 듯합니다.

모더니즘의 천재,
포스트모더니즘의 선두주자로

이러한 포스트모던 건축을 대표하는 건축가로는 미국의 마이클 그레이브스(1934~2015)가 있습니다. 그레이브스는 모더니즘 건축의 출중한 인재로 여겨졌으며, 1969년 MoMA(뉴욕현대미술관)에서 열린 전시회에서 공식적으로 인정을 받았습니다. MoMA의 관장을 지낸 큐레이터 아서 드렉슬러(1925-1987)가 모더니즘 건축가 5명의 특별 전시회를 기획했을 때도 그레이브스가 포함되었습니다.

1972년에는 이 전시회를 바탕으로 한 도서 『The Five Architects』가 출간되었는데, 이를 계기로 그레이브스를 포함한 5명은 '뉴욕 5'라 불리게 되었습니다. 그들은 작품에 새하얀 외벽을 사용하는 경우가 많아 '화이트파'라고도 불렸죠. 'Less is bore'를 외친 로버트 벤추리가 주목받고 모더니즘이 막다른 골목에 다다랐던 시기였지만, 그들은 모더니즘에 집착하고 있었던 것입니다.

그러다 그레이브스는 1980년대에 들어서면서 포스트모던으로 방향을 전환했습니다. 그 계기가 된 작품은 1982년에 완성된 「포틀랜드 빌딩」입니다. 오리건주 포틀랜드 시청으로 지어진 15층짜리 건물은 모더니즘을 부정한다는 점에서 큰 논란을 일으켰습니다.

설명을 더하자면, 짙은 부분은 갈색 계열의 색으로 칠해져 있습니다. 정면에는 고대 신전 같은 돌출물이 있고, 측면에는 무엇을 의미하는지 도무지 이해할 수 없는 기하학적인 장식이 설치되어 있습니다. 합리성과 기능성이라는 모더니즘의 원칙을 거의 무시했죠.

또한 모더니즘 건축은 같은 크기의 창을 연속적으로 배치해 민주주의와도 연결되는 평등성을 표현합니다. 그러나 「포틀랜드 빌딩」에는 작은 정사각형의 창문도 있고, 커다란 창문도 있습니다. 건물 내부에서 일하는 사람들에게 보이는 풍경의 범위가 각각 다를 테죠. 이는 결코 평등하다고 볼 수 없습니다. 뿐만 아니라 그 공간에 있는 사람들이 보내는 일상의 중요성보다 외관의 구성을 얼마나 재미있게 만들 것인가가 더욱 우선시되고 있습니다.

마이클 그레이브스 「포틀랜드 빌딩」(1982)

20세기 미국 건축의 흐름을 바꾼 인물, 필립 존슨

공공 건축의 대규모 공모전에서 포스트모던 건축이 선정된 것은 좋든 나쁘든 획기적인 일이었습니다. 여기서 공모전 심사위원 명단에 이름을 올린 중요한 인물을 소개해야 할 것 같네요. 그는 바로 20세기 건축계를 주도한 필립 존슨(1906~2005)입니다.

하버드대학에서 철학을 전공한 존슨은 졸업 후 유럽을 여행하며 건축에 대한 지식을 쌓았습니다. 그리고 1930년에 MoMA의 큐레이터로 취임했습니다. '뉴욕 5'의 전시회를 기획한 아서 드렉슬러의 선배라 할 수 있죠.

존슨은 1932년에 유럽의 최첨단 모더니즘 건축을 소개하는 전시회인 '인터내셔널 스타일-1922년 이후의 건축'을 개최했습니다. CIAM이 창설된 지 4년 후의 일입니다.

존슨은 르 코르뷔지에, 미스 반 데어 로에, 발터 그로피우스, 프랭크 로이드 라이트를 중심으로 소개한 이 전시회를 통해 근대 건축의 인터내셔널 스타일을 정의했습니다. 이 전시회는 모더니즘을 미국에 보급했다는 점에서 매우 중요한 의미를 가집니다.

건축가가 되기로 결심한 존슨은 1936년에 MoMA를 그만둔 뒤 1940년에 입학한 하버드대학 건축대학원에서 미국으로 이주한 그로피우스로부터 가르침을 받았습니다. 그리고 1946년부터 1954년까지 다시 MoMA의 큐레이터로 활동하며 '미스 반 데어 로에전展'을 개최했습니다. 미스의 대표작 중 하나인「시그램 빌딩」또한 존슨의 소개로 시작되었을 만큼 둘의 관계는 두터웠습니다.

이러한 활동을 통해 건축계에서 영향력을 키워온 존슨이 공모전 심사위원으로서 마이클 그레이브스의 포스트모던 건축을 평가한 건 커다란 의미가 있습니다. 마치 권위자가 "이제부터는 포스트모던 시대다!"라고 선언하는 것처럼 여길 수밖에 없으니까요.

어쨌든 그레이브스는 그 이후 포스트모던 건축의 슈퍼스타로 한 시대를 풍미했습니다. 한 예로, 올랜도의 월트 디즈니에 지어진「스완 앤 돌핀 리조트」가 있습니다. 만약 아돌프 로스가 이곳의 화려한 장식을 봤다면 머리를 긁적이며 비난의 말을 쏟아냈을지도 모릅니다.

옥상에 설치된 거대한 백조와 돌고래 오브제는 르네상스 건축에서 흔히 볼 수 있는 거대한 조각품을 본떠 만든 것입니다. 그곳이 디즈니 월드라는 오락 시설임을 감안하더라도 벽면을 대담하게 장식한 파도 무늬 등이 과도한 느낌을 줍니다. 파칭코 가게나 러브 호텔을 떠올리는 일본인도 많을 듯하네요.

만약 건축학과 학생이 과제로 이런 설계를 제출한다면 대부분의 교수는 그동안 무엇을 배웠냐고 윽박을 지를 것입니다. 하지만 그레이브스는 포스트모던의 슈퍼스타였기에 무엇을 하든 높은 평가를 받았습니다. 화이트파 시절의 그레이브스 사무소는 규모가 작은 편이었지만, 포스트모던 이후에는 설계 의뢰가 쇄도하기 시작했고, 결국에는 수백 명을 거느린 대형 사무소로 발전했습니다.

「스완 앤 돌핀 리조트」만큼 대담한 디자인은 아니지만, 오사카의 「미도스지 미나미 빌딩」(1990)과 도쿄의 「파미르 쓰키시마 그랑 스위트 타워」(2002) 등 일본에도 그레이브스의 작품이 있습니다. 기회가 된다면 미국 건축계 거장의 작품을 감상해보기 바랍니다.

일본 포스트모더니즘을 이끈 선구자, 이소자키 아라타

일본의 포스트모던을 대표하는 건축가로는 이소자키 아라타를 꼽을 수 있습니다. 앞서 제3장에서 클로드 니콜라 르두의 작품인 「살랭레뱅 대 제염소」의 기둥을 인용한 이소자키의 「쓰쿠바 센터 빌딩」을 소개했는데, 이 또한 포스트모던 시대의 작품입니다.

1960년에 지어진 이소자키의 「오이타현 의사회관」과 1966년에 지어진 「오이타현립 도서관」(1966) 등은 콘크리트 덩어리로 만들어진 강렬한 디자인이 특징입니다. 그러다 1970년대에 접어들면서 새로운 건축 기법을 추구하기 시작했죠. 예를 들어, 이 시기의 대표작인 「군마현립 근대미술관」은 기하학적인 형태를 다루며, 건축가가 아니어도 설계가 가능한 시스템을 추구했습니다. 이는 큐브를 사용

이소자키 아라타 「군마현립 근대미술관」(1974, 1998)

해 만들 수 있는 기본적인 구조가 포함된 시스템이기 때문에 사람이 직접 구상하지 않아도 정해진 조작 방식에 의해 전체 형태를 쉽게 결정할 수 있습니다.

그러나 미술관을 증축한 1998년, 이소자키는 이 시스템을 사용하지 않고 기존 건물에 비스듬한 방향으로 뻗어나가는 건물을 추가로 지었습니다. 거기에는 이소자키의 자의적인 의도가 분명히 담겨 있습니다. 1990년대에 들어 생각이 바뀐 것일까요, 아니면 '기계적인 조작만으로는 안 된다. 인간이 개입하지 않으면 아름다운 건축이 될 수 없다'라는 생각을 갖고 처음부터 비스듬한 건물을 추가하려고 했던 것일까요. 무엇이든 보는 사람이나 사용하는 사람에게 많은 생각을 하게 만드는 강력한 메시지가 담겨 있습니다.

이소자키의 「쓰쿠바 센터 빌딩」과 제6장에서 소개한 구마 겐고의 「M2 빌딩」이 그랬듯, 역사적인 건축물을 인용하거나 고전적인 양식을 도입하는 것도 포스트모던 건축에서 흔히 볼 수 있는 움직임 중 하나입니다. 오사카 세계 박람회 이후 일본에서 뛰어난 활약이 없었던 단게 겐조가 1986년에 설계한 「신新 도쿄도청」도 고딕 건축 양식의 외관이 인상적인 포스트모던 건축의 걸작입니다.

「신新 도쿄도청」 공모전에는 단게의 제자인 이소자키도 참가했습니다. 거대한 구체와 피라미드 등을 옥상에 배치한 그의 계획안 역시 포스트모던 시대를 장식하고 있습니다. 다만 그의 계획안은 높이가 100미터에 미치지 않아 초고층 빌딩을 전제로 한 공모전의 규정에 적합하지 않았습니다. 아무래도 자신만의 주장을 위해 처음부터 탈락할 각오를 했던 것 같습니다. 낙선이 결정되자 그는 이렇게 말했습니다.

"시민을 내려보는 청사가 되어서는 안 된다."

'일본 취향'이라는 규정에 반발해 모더니즘 계획안을 제출한 마에카와 구니오의 에피소드를 떠올리게 합니다. 대규모 공모전은 선정된 계획안을 보는 것뿐만 아니라 낙선된 건축가가 주장하는 메시지를 읽는 것도 너무나 재미있습니다.

시대의 전환점,
포스트모더니즘에서 해체주의로

이야기를 미국으로 되돌려볼까요? 공모전 심사위원으로서 마이클 그레이브스의 계획안을 지지한 필립 존슨은 건축가로서 직접 포스트모더니즘 대열에 합류했습니다. 1984년, 맨해튼 미드타운에 지어진 「AT&T 빌딩」이 그 증거라 할 수 있죠. (이 빌딩은 1993년에 소니에 매각되어 「소니 타워」가 되었고, 2013년에 소유자가 바뀌면서 「550 매디슨 애비뉴」라는 명칭을 사용하고 있습니다.)

뉴욕 한복판에 등장한 이 건물은 논란을 불러일으켰습니다. 아르데코와 모더니즘의 전성기에 형성된 맨해튼의 마천루에 느닷없이 그리스 신전 같은 페디먼트를 얹은 건물이 세워졌으니, 당연히 위화감이 느껴졌을 테죠. 게다가 페디먼트 중앙 부분이 둥글게 뚫려 있어 18세기의 가구처럼 보이기도 합니다. 이 때문에 이 건물을 '치펜데일'이라 부르며 조롱하는 사람들도 있었습니다. 토마스 치펜데일(1718~1779)은 로코코 시대에 활약한 영국의 가구 디자이너입니다.

어쨌든 존슨은 거물급 건축가였기 때문에 이 건물은 포스트모던 건축 그 자체를 긍정하는 작품으로 받아들여졌습니다. '정말 뭐든 마음대로 해도 되는 걸까?'라며 의심하던 건축가들도 '존슨이 이렇게 했으니 괜찮겠지'라고 안심하며 포스트모던에 매진했습니다.

하지만 그러한 포스트모던의 한계를 가장 먼저 깨달은 것도 존

필립 존슨 「AT&T 빌딩」(1984)

슨이었습니다. CIAM처럼 공식적인 조직은 아니지만, 뉴욕에는 존슨을 중심으로 한 저명한 건축가들의 모임이 있었습니다. 한 사교 클럽에는 '필립 존슨의 룸'이라는 방이 있었는데, 그들은 그곳에서 '앞으로 어떤 건축을 해나갈 것인가'를 토론하기도 했습니다.

저는 존슨이 「AT&T 빌딩」이 완성된 지 얼마 되지 않은 무렵부터 "포스트모던은 더 이상 지속되지 않을 것이니 다음에 무엇을 해야 할지 생각해야 한다"라고 이야기하지 않았을까 추측합니다. 그로부터 떠오른 것이 '해체Deconstruction'라는 아이디어입니다.

해체란, 프랑스 철학자 자크 데리다(1930~2004)가 주장한 개념입니다. 이는 서양 철학을 전제로 해온 이분법적 사고방식을 의심하고, 그 대립을 성립시키는 기반 자체를 되묻는 일입니다. 저는 철학 전문가가 아니기 때문에 자세한 설명은 미뤄두도록 하겠습니다.

존슨의 제자 중 한 명인 피터 아이젠만(1932~)은 데리다와 친분을 쌓고 편지를 주고받으며 토론을 이어나갔습니다. 데리다의 철학은 직접적으로 예술을 말하지는 않았지만, 건축계에서도 '고전인가 모더니즘인가', '장식인가 기능성인가', '모던인가 포스트모던인가'와 같은 이분법적 대립이 반복되어 왔습니다. 한계에 다다르고 다음 방향성을 찾지 못하게 되자, 건축의 기반 자체를 재차 되묻는 '해체주의'에서 활로를 찾고자 했던 것이 아니었을까 생각합니다.

뒤틀린 구조와 파괴적 미학, 해체주의 건축가들

1988년, MoMA는 필립 존슨의 요청으로 '해체주의 건축'이라는 제목의 전시회를 개최했습니다. 이 전시회에는 피터 아이젠만, 프랭크 게리(1929~), 다니엘 리베스킨트(1946~), 렘 콜하스(1944~), 베르나르 추미(1944~), 비엔나의 설계사무소 쿱 힘멜블라우, 자하 하디드(1950~2016) 등 7개 팀이 참여했습니다.

전시회에는 벽이 뒤틀리거나, 건물이 기울어지거나, 부서진 듯한 형태의 작품들이 전시되었습니다. 여기서 나타난 단편적이고, 불안정하고, 파괴적인 스타일이 '해체주의'입니다. 근대 건축의 '인터내셔널 스타일'을 정의한 1932년 전시회와 마찬가지로, 1988년에는 이 전시회가 '해체주의 건축'을 정의하는 사건이 되었습니다.

여기서 잠시 전시회에 참여한 몇몇 건축가를 알아보도록 할까요? 처음으로 소개할 건축가는 캐나다 출신의 게리입니다. 그가 건축가로서 주목받은 건 1979년에 리노베이션한 산타모니카의 「게리 하우스」 때문입니다. 한적한 주택가에 돌연 폐자재 보관소처럼 보이는 집이 지어지자 인근 주민들은 불쾌하다며 불만을 토로했습니다. 저는 그 근처에서 일한 적이 있고, 게리와도 친분이 있어 그곳에 방문한 적이 있습니다. 누구라도 어깨를 움츠릴 수밖에 없을 정도로 놀랄 만한 외관을 지닌 건축이었습니다.

소프트웨어 기술에도 정통한 게리는 항공기나 기계 설계에 사용되는 소프트웨어를 건축에 적용해 복잡한 구조의 건축물을 만들기도 했습니다. 1997년에 스페인에 지어진 「빌바오 구겐하임 미술관」이 대표적인 예로, 건물의 울퉁불퉁한 구조가 해체주의를 상징합니다. 외관은 폐쇄적이지만, 중앙부가 투명한 지붕으로 덮여 있어 내부는 밝은 분위기를 띠고 있습니다. 게리는 이 중앙부를 '더 플라워'라고 불렀습니다.

그다음으로 소개할 건축가는 스위스 출신의 추미입니다. 그의 작품 중에 가장 유명한 건 프랑스 미테랑 정권 시절에 파리 재생 계획으로 진행된 '그랑 프로젝트' 일환인 「라 빌레트 공원」입니다. 이 프로젝트는 1867년에 나폴레옹 3세가 만든 라 빌레트 도축장 부지에 공원을 조성하는 계획으로, 1982년에 열린 국제 공모전에 471건의 계획안이 제출되었습니다.

여기서 선정된 추미의 계획안은 부지에 그리드(격자 모양의 구획)를 설정하고 그 교차점에 「폴리」라는 작은 건물을 배치하는 아이디어였습니다. 「폴리」란, 예로부터 유럽의 정원에서 볼 수 있는 장식용 건축물을 의미합니다. 건축물임에도 불구하고 단순한 장식물일 뿐, 특별한 용도는 없습니다. 18세기의 영국식 정원과 프랑스식 정원에는 로마 건축의 신전, 중국식 불교 탑, 이집트의 피라미드 등을 모방한 「폴리」가 자주 만들어졌습니다.

추미는 공원 내에 해체주의적 디자인으로 구성한 35개의 새빨

프랭크 게리 「빌바오 구겐하임 미술관」(1997)

간 「폴리」를 120미터 간격으로 배치했습니다. 그의 아이디어는 「폴리」에 의해 표시되는 '점', 산책로의 '선', 녹지가 펼쳐진 '면'을 겹쳐 공원 전체의 구조를 드러내는 것이었죠. 다만 산책하기에는 적합했지만 특별한 용도가 없어 '쉼터'로서는 환영받지 못했습니다.

마지막으로 소개할 건축가는 폴란드계 미국인 리베스킨트입니

다. 그의 부모는 모두 유대인으로, 홀로코스트의 생존자입니다. 이러한 출신 배경 때문일까요? 리베스킨트는 베를린과 덴마크에서 2개의 「유대인 박물관」을 설계했습니다. 그의 대표작은 2002년 영국 맨체스터에 개관한 「임페리얼 전쟁 박물관 북부」로, 이는 영국 내에 존재하는 5개의 임페리얼 전쟁 박물관 중 하나입니다. 필로티가 기

베르나르 추미 「라 빌레트 공원」(1989)

다니엘 리베스킨트 「임페리얼 전쟁 박물관 북부」(2002)

울어져 무너진 것처럼 보이는 부분은 해체주의 건축의 전형적인 표현 방식이며, 외관은 '전쟁'을 연상시키기도 합니다. 「유대인 박물관」이 완성될 때까지 리베스킨트가 실제로 만든 작품은 전무했습니다. 그러나 그의 드로잉은 매우 매력적이고 강렬해 여러 건축가로부터 주목을 받았습니다. 그의 개념적인 건축 작품은 세계 각지에서 볼 수 있습니다.

압박 속에서도 표현을 해나가야 하는 건축가의 숙명

필립 존슨이 주도한 해체주의 건축은 모더니즘이나 포스트모더니즘과는 다른 새로운 것을 만들어냈습니다. 그러나 오래가지는 못했죠. 2005년 무렵에는 이미 힘을 잃었습니다. 해체주의는 로코코, 아르누보, 포스트모더니즘처럼 서양 건축사에 종종 등장하는 일시적인 유행에 불과했으며, 모더니즘과 같은 확고한 '양식'으로 자리 잡지 못했습니다.

    모더니즘 건축이 '양식'으로 정착하고 '이래야만 한다'라고 느끼게 만드는 강한 설득력을 가졌던 건 단순히 재미있는 아이디어를 추구했기 때문만은 아니라고 생각합니다.

    이 책에서도 다루었듯, 모더니즘의 근원에는 산업혁명이라는 사회적인 변화가 있었습니다. 산업혁명이 이끌어낸 근대 사회는 대량 생산과 대량 소비의 자본주의 사회였으며, 여기에는 효율성과 속도가 요구되었죠. 그런 사회에서는 합리성과 기능성을 앞세운 모더니즘 건축이 필요했습니다. '멋있으니까', '재미있으니까'라는 이유만이 아니라 그것이 사회의 요구에 부합했기 때문에 널리 받아들여졌으며, 더욱이 시대가 요구하는 양식으로 발전할 수 있었습니다.

지금까지 여러 차례 이야기했듯, 건축은 건축가가 추구하는 아름다움, 재미, 사상, 철학 등을 반영하는 것만으로 성립되지 않습니다. 특히 대규모의 공공 건축은 그 시대의 정치 권력이나 경제 상황에 따라 크게 달라집니다. 이러한 큰 흐름에 맞닥뜨릴 때 건축가는 종종 무력한 존재가 되기도 합니다.

지금부터 그런 무력감을 경험한 건축가를 소개하겠습니다. 1981년 미국에서는 워싱턴 D.C.의 건설을 위한 「베트남 참전용사 기념비」 전국 공모전이 열렸습니다. 이때 우승을 차지한 인물은 중국계 미국인 마야 린(1959~)으로, 당시 그녀는 예일대학 학부생이었습니다.

그녀의 계획안은 검은 화강암으로 만들어진 길이 75미터, 높이 3미터 V자 형태의 벽을 세우는 대단히 단순한 아이디어였습니다. 기념비 벽면에는 베트남 전쟁에서 전사한 약 5만 8,000명의 이름이 새겨져 있으며, V자 형태의 벽면은 각각 「링컨 기념관」과 「워싱턴 기념탑」 쪽으로 향해 있습니다.

마야 린 「베트남 참전용사 기념비」(1982)

    이 계획안이 당선되자 미국 내에서는 엄청난 비난의 목소리가 쏟아졌습니다. 사람들은 우선 마야 린이 아시아계라는 점을 꺼렸습니다. 베트남 전쟁에서 아시아인에게 목숨을 잃은 군인들의 기념비를 같은 아시아인이 설계한다는 사실이 도무지 받아들여지지 않았습니다.

제9장 포스트모더니즘과 해체주의 ──── 371

위에서 본 「베트남 참전용사 기념비」

게다가 이 기념비는 전사한 병사들의 이름을 새길 뿐, 그들을 추모하는 문구나 전사자 기념비에 흔히 있는 '영웅 동상'도 없었습니다. 그로 인해 "국가를 위해 용감하게 싸우다 전사한 병사들을 어떻게 생각하는 거냐. 마야 린은 아시아계라 미군을 추모하지 않는 것 아니냐" 하는 비판이 제기되었습니다.

이는 미국 의회에서도 문제가 될 만큼 큰 소동을 일으켰고, 결국에는 「3인의 병사」라는 이름의 인물 조각상을 설치하자는 타협안이 나왔습니다. 하지만 이는 마야 린의 의도와는 맞지 않는 결과였습니다.

그와 동시에 많은 미국인에게 베트남 전쟁은 비극적인 사건입니다. "어째서 이런 전쟁을 해야 하는가"라는 목소리가 높아지면서 전쟁에 반대하는 운동이 격렬해졌고, 패전 후 돌아온 병사들은 PTSD 등 정신질환으로 큰 고통을 받았습니다. 이런 이유로 많은 사람이 전사자를 '영웅'으로 칭송하는 건 적합하지 않다고 주장했습니다.

마야 린의 생각도 이와 같았을 것입니다. 그래서 영웅 동상도, 병사들을 칭송하는 문구도 계획안에 포함시키지 않은 것이죠. 그러나 세간의 반발로 그녀의 건축물은 정치화되었고, 설계자의 의도는 무참히 짓밟혔습니다.

이후 마야 린은 세계적으로 저명한 디자이너로 활약했습니다. 스무 살 안팎의 대학생이 커다란 압박을 받아 회복하기가 쉽지 않았을 텐데, 참으로 다행이죠. 하지만 건축가는 그런 압박 속에서도 표현을 해나가는 직업입니다.

교양으로서 건축이 필요한 이유

포스트모더니즘이 끝나고 해체주의가 힘을 잃은 후, 세계 건축계는 '다음'을 찾지 못하고 있습니다. 서문에서 이야기했듯, 각 지역의 역사와 문화를 도입한 비판적 지역주의가 주류로 떠오르긴 했지만, 그것이 모더니즘과 같은 '시대가 필요로 하는 양식'이 되기란 어려웠죠. 지금까지의 서양 건축사에는 지역성을 도입하려는 다양한 시도가 있었습니다. 하지만 그 자체가 확고한 양식의 뿌리가 되기는 어렵다고 생각합니다.

그렇다면 건축가는 어떤 미래를 지향해야 할까요? 사실 저도 잘 모르겠습니다. 모더니즘 시대부터 해체주의까지 건축계를 이끌어온 필립 존슨도 세상을 떠났고, 막강한 영향력을 발휘하는 '거물 건축가'도 존재하지 않습니다.

다만 21세기는 IT, AI, 드론, 3D 프린터와 같은 기술의 발달로 계속해서 산업혁명이 일어나고 있습니다. 그것이 사회에 어떤 변화를 가져올지 예측하는 건 무척이나 어렵지만, 18~19세기 산업혁명이 모더니즘 건축을 탄생시킨 것처럼 향후 미래 사회의 요구에 부응

하는 건축 양식이 언젠가는 등장할지도 모릅니다.

한편 러시아와 우크라이나의 전쟁, 이스라엘과 하마스의 분쟁이 이어지면서 세계는 다시 위태로운 상황에 놓여 있습니다. 자유와 민주주의라는 근대적 가치관과 대립하는 권위주의적인 국가들도 힘을 얻고 있습니다. 그런 사회에서는 포스트모던이나 해체주의와는 다른 형태로 모더니즘을 부정하는 건축 운동이 일어날 수밖에 없습니다.

어찌 됐든, 건축의 이상적인 모습을 결정하는 것은 건축가가 아닌 사회입니다. 물론 건축가들은 독창적인 아이디어를 떠올리고, 세상을 바꾸기 위한 제안을 해야 할 테죠. 그러나 사회가 그 의미를 이해하고 지원하지 않는다면 건축가의 아이디어는 실현될 수 없습니다. 지금까지의 역사를 돌아보면 지배자나 권력자가 바뀔 때마다 그들의 취향에 따라 건축이 발전해왔습니다. 이는 분명한 사실이죠. 그렇기 때문에 역사에 대한 폭넓은 이해가 필요합니다.

저는 건축에 종사하는 사람으로서 그런 미래를 떠올리고 싶지 않습니다. 더 많은 사람이 즐겁고 편안하게, 행복하게 살 수 있는 건축을 만들고 싶습니다. 이를 위해서는 건축이라는 문화를 깊이 이해하는 사람이 더욱 늘어나야 합니다. 전문가뿐 아니라 일반인도 건축의 좋고 나쁨을 이야기할 수 있는 사회를 만들고 싶습니다. 저는 그런 바람으로 이 책을 집필했습니다.

건축이라는 교양이 널리 퍼진다면 큰 권력이나 자금력을 가진 이들이 낮은 수준의 의사결정을 할 수 없을 테죠. 이상한 건물을 짓는다면 세상으로부터 비판을 받거나 '교양 없는 지도자'라며 무시를 당할 테니까요. 모두가 납득할 수 있는 공공 건축이나 오피스 빌딩을 짓기 위해서는 의사결정자도 건축에 대한 이해도를 높여야 합니다.

이 책을 읽고 보다 많은 사람이 자신의 주거에서 공공 건축에 이르기까지 폭넓게 관심을 갖고, 사회 전체의 건축 정책에도 귀를 기울인다면 너무나 기쁠 것 같습니다. 그러면 건축의 미래도, 이 사회의 미래도 밝아질 것이라 확신합니다.

저자 후기

누구나 쉽게 건축의 세계에 발을 들일 수 있기를
_『세상을 읽는 안목 서양 건축사』를 마치며

역사를 바꾼 인물의 자손으로 태어나서인지 저는 어릴 적부터 일본사에 관심이 많았습니다. 초등학교를 졸업하고 미국으로 이주하면서 2000년의 역사를 자랑하는 일본과는 멀어졌지만, 그곳에서 250년에 응축된 미국의 역사를 경험할 수 있었습니다. 어린 시절을 되돌아보면 문과적인 사고방식을 가지고 있었지만, 결국 건축가라는 직업을 통해 이과 분야에 정착했습니다.

건축학을 배우기 위해서는 엔지니어의 사고방식만으로는 충분하지 않습니다. 건축은 표출된 문화의 요소들이 모인 집합체이며, 건축학이라는 학문 자체에도 예술적인 요소가 절반을 차지합니다. 따라서 건축학을 폭넓게 배우기 위해서는 문화로서 인류 문명을 깊이 탐구해야 한다고 생각했습니다. 그렇게 대학 시절부터 건축사에 관심을 가지게 되었고, 칠순이 될 때까지 70개국을 방문해 다양한 문화를 직접 경험하고, 그 증거가 되는 건축물을 하나하나 살펴보았습니다.

그와 동시에 지난 30년 동안 일본과 미국의 대학에서 교수로 활동하며 건축 설계, 건축 계획과 함께 근대 건축사를 가르쳤습니다. 또한 도쿄대학의 후지모리 연구실에 소속되어 근대 건축사 연구에도 참여했죠.

제가 담당했던 건축사 수업은 향후 건축 분야로 진학할 학생들이 주요 대상이었습니다. 그러나 이를 쉽게 풀어내 일반인을 위한 문화 강좌를 개설한다면 누구나 쉽게 건축의 세계에 발을 들일 수 있을 것이라 생각했습니다. 그러던 중 친구인 존스 에리코가 와타나베 토모히사 씨를 소개해주었고, 그는 제게 출간을 제안했습니다. 그렇게 일반인을 위한 건축사를 콘셉트로 집필을 시작했고, 그로부터 1년 반이라는 시간이 지나 마침내 출판을 하게 되었습니다.

저는 건축역사학자가 아닌 건축가입니다. 이런 관점을 바탕으로 책을 집필했다는 사실을 건축역사학자로 활동하고 있는 동료들에게 미리 전하고 싶습니다.

이 책이 세상에 나오기까지 많은 것을 가르쳐주신 건축역사학자 후지모리 테루노부 선생님과 무라마츠 신 씨에게 감사의 마음을 전합니다. 또한 집필 작업에 도움을 주신 프로듀서 와타나베 토모야 씨, 존스 에리코 씨를 비롯해 편집을 담당해주신 쇼덴샤 서적 편집부에도 고맙다고 말하고 싶습니다.

    마지막으로 환갑을 맞이한 해에 인연을 맺고 끊임없이 나를 믿어준, 공과 사를 넘어 내가 가장 사랑하는 파트너인 가토 준코에게도 감사의 마음을 전합니다.

구니히로 조지

역자 후기

기초를 쌓는 마음으로
_『세상을 읽는 안목 서양 건축사』를 번역하며

처음으로 도쿄에서 생활하기 시작한 것은 2016년입니다. 2020 도쿄 올림픽/패럴림픽을 앞둔 시기였던지라 도쿄 도시 전역은 다소 분주했습니다. 조금 혼란스러웠지만, 그 어수선함 너머로 변화와 비전이라는 긍정적인 기류가 도시를 감쌌습니다. 저 역시 그 흐름에 자연스럽게 몸을 맡긴 채 이곳저곳을 구경하던 기억이 새록새록 떠오릅니다.

그중에서도 유독 롯폰기라는 지역에 마음이 끌렸습니다. 단순히 부유한 동네가 지닌 화려함이 아닌 지금껏 경험하지 못했던 도심 한복판에서의 여유와 다채로운 풍경 때문이었죠. 돌이켜보면 그 감각은 「롯폰기 힐즈」(2001)라는 고층 건물의 저층부가 머금고 있던 풍부한 녹지 공간에서 비롯된 것 같습니다.

「롯폰기 힐즈」는 '도시 안의 자연'이라는 비전에서 시작된 프로젝트입니다. 당시 이 프로젝트를 주도한 모리 미노루는 저층으로 구성된 단독주택이 흩어져 있던 비효율적인 도시 구조를 대신하여 고층화를 통해 토지를 집약적으로 활용하고, 그만큼의 공공 공간과 인프라를 사회에 환원하는 방식이 새로운 도시의 이상적인 모습이라고 생각했습니다. 이는 르 코르뷔지에가 주장한 '빛나는 도시'라는 개념을 계승한 것이기도 합니다. 수직으로 치솟은 건축물들 사이로 수평적인 녹지가 펼쳐지는, 그 자체로도 하나의 생태계라고 부를 수 있는 도시 개발입니다.

물론 이 모든 과정이 순탄하지는 않았을 것입니다. 「롯폰기 힐즈」가 들어선 롯폰기 6초메라는 지역은 수백 명의 개인 지주가 조각난 땅을 나눠 가진 상태였기 때문이죠. 게다가 국유지를 활용할 수 없는 신생 민간 디벨로퍼인 모리 빌딩은 오로지 지주들을 '설득하고 매입하는' 구식의 방식으로 토지를 하나하나 끌어모아야 했습니다. 그 과정에서 주민들의 반발, 환경 보상 문제까지 떠안아 사업비는 눈덩이처럼 불어났습니다.

모리 빌딩이 내세운 '수직 도시'라는 비전은 고층·고밀도 개발을 통해 도시의 미래상을 구현하려는 시도였습니다. 그러나 이 계획에는 장기간에 걸친 개발에 대한 수익을 회수하려는 자본의 논리도 함께 작동했습니다. 여기에 행정과의 협의를 통한 용적률 완화라는 현실적인 조건이 더해지면서, 도심 속에 퍼블릭하게 사용할 수 있는 녹지 공간이 조성된 것이죠. 결과적으로 지금의 도시 풍경은 이상적인 비전만으로 이루어진 것이 아니라, 개발 비전과 수익 논리, 행정적 타협이 교차한 산물이라 할 수 있습니다.

그런 의미에서 제가 롯폰기에서 처음 느꼈던 여유로운 인상은 결코 일시적인 감정이 아니었다고 확신합니다. 그 배경에는 수많은 이해관계와 정치적 결정, 타협의 역사 그리고 도시에 대한 어느 민간 디벨로퍼의 철학이 얽혀 있었죠.

최근 한국에서도 도시의 재개발을 둘러싸고 다양한 방식이 모색되고 있는 가운데, 자주 언급되는 이름이 하나 있습니다. 바로 영국의 디자이너 토머스 헤더윅입니다. 그의 디자인이 주목받은 건 모리 빌딩이 「롯폰기 힐즈」 이후 선보인 또 하나의 프로젝트 「아자부다이 힐즈」(2023)의 성공이 커다란 배경으로 작용했을 거라 생각합니다.

「아자부다이 힐즈」는 8만 1,000제곱미터에 달하는 도시 블록을 재정비하는 데 무려 34년이 걸린 초장기 프로젝트입니다. 모리 빌딩은 '고층·고밀도 개발을 통한 경제적 회수'에 집중했던 「롯폰기 힐즈」에서 '형태의 단절'과 '사회적 고립'이라는 부작용을 경험했습니다. 이번 프로젝트는 그에 대한 반성과 성찰 위에 세워졌다고 할 수 있습니다. 핵심은 '공공성의 회복'으로, 광장과 공원을 넓게 조성하고 지역 생산자와 소비자를 잇는 루츠 마켓, 다양한 문화 시설이 도시의 결을 바꾸고 있습니다. 수익을 위한 개발을 넘어 도시 공간을 다시 공공의 품으로 돌려주려는 시도는 「롯폰기 힐즈」의 연장선에 있으면서도, 한층 더 성숙한 비전으로 나아간 사례라 할 수 있습니다.

이러한 사실을 미루어보면, 건축의 본질은 언제나 거창한 외관이나 독창적인 조형미에만 머무르지 않습니다. 오히려 수많은 이해관계가 얽힌 현실에서 끊임없이 맞닥뜨리는 선택과 타협의 기로에 선 채 방향을 설정해나가는 일에 가깝죠.

건축에 대해 이러한 생각을 줄곧 품어온 사람으로서, 저는 독자 여러분이 '건축을 바라보는 자기만의 안목'을 가졌으면 하는 바람으로 이 책을 번역했습니다. 여기서 말하는 안목이란, 단지 건물의 멋스러움을 단번에 꿰뚫어보는 능력만을 의미하지 않습니다. 굳이 예술적일 필요도 없고, 애써 정답을 찾아 헤매지 않아도 됩니다. 중요한 것은 건축이라는 매개를 통해 사회의 흐름을 읽고 그 안에서 자신의 위치를 돌이켜볼 줄 아는, '삶에 용기를 더할 줄 아는 능력'입니다.

어쩌면 누군가는 이렇게 되물을지도 모르겠습니다.

"그냥 멋진 공간에서 기분 좋게 머무는 것만으로도 충분하지 않을까요?"

"굳이 건축을 통해 사회를 이해하고 자신을 성찰해야 하나요?"

감히 말씀드리자면, 건축은 사회의 욕망과 성숙도를 고스란히 비추는 거울입니다. 감추고자 애쓴다고 쉽사리 감춰지는 것도, 과감히 드러내고 싶다고 드러낼 수 있는 것도 아닙니다. 다양한 사람의 의견과 타협을 거쳐 완성된 건축물은 그 사회 전반에 만연해 있는 가치관과 감각 그리고 윤리가 응축된 축소판이 되기도 합니다. 그러니 건축물의 기초가 부실하다는 것은 단지 건축만의 문제가 아닌, 우리가 살아가는 사회의 기반이 얼마나 취약한지를 드러내는 징후이기도 합니다.

앞서 언급했듯, 각자가 자신만의 건축적 안목을 갖게 된다면 우리는 건축의 형태 너머에 존재하는 사회적 의미를 읽어낼 수 있을 것입니다. 때로는 멋있어 보이지 않는 건축물에서도 납득 가능한 경제적 논리, 사회적 함의 등의 '나름의 아름다움'을 발견할 수 있을 것입니다. 그렇게 된다면 다양한 아름다움을 인정할 줄 아는 관대하고 여유로운 사람으로 거듭날 수 있지 않을까요?

이처럼 미적 즐거움부터 사회적 통찰, 관대하며 여유로운 삶의 감각까지, 건축은 언뜻 딱딱해 보이지만 막상 손에 쥐어보면 생각보다 손에 착 감기는 제법 쓸 만한 삶의 도구입니다. 앞으로 어떤 풍경이 펼쳐질지는 알 수 없지만, 자신만의 높이로 세상을 훤히 내다볼 수 있는 전망대 하나쯤을 마련할 수 있다면 얼마나 좋을까 생각해봅니다. 그리고 『세상을 읽는 안목 서양 건축사』가 그러한 전망대를 만들기 위한 도구가 되기를, 작지만 든든한 매뉴얼이 되기를 바랍니다.

민성휘

참고 문헌

1. Kenneth Frampton, Modern Architecture: A Critical History, New York, Thames and Hudson, 1985
2. Sigfried Giedion, Space, Time and Architecture: The Growth of a New Tradition, Fifth Revised and Enlarged Edition, Harvard University Press, 1967
3. Spiro Kostof, A History of Architecture: Settings and Rituals, Oxford University Press, New York, 1985
4. Charles Jencks, The Language of Post-Modern Archi-tecture, Rizzoli, New York 1984
5. 日本建築学会編「西洋建築史図集」(三訂版) 彰国社

도판 출처

서문

27 ⓒ Silje Bergum Kinsten/Wikimedia Commons
28 ⓒ 663highland/Wikimedia Commons
33 ⓒ Jeffmock/Wikimedia Commons
35 ⓒ Yusunkwon/Flickr

1장

45 ⓒ Ad Meskens/Wikimedia Commons
51 ⓒ Steve Swayne/Wikimedia Commons
54 ⓒ FrDr/Wikimedia Commons
58, 59 ⓒ Mariordo/Wikimedia Commons
61 위 ⓒ Sailko/Wikimedia Commons
61 아래 ⓒ armenica.org
63 ⓒ Arild Vågen/Wikimedia Commons
65 ⓒ George/Wikimedia Commons
66 ⓒ Lucarelli/Wikimedia Commons
69 ⓒ Jean Lemoine/Wikimedia Commons
71 ⓒ Thomas Wolf/Wikimedia Commons
72 ⓒ Zairon/Wikimedia Commons

73 ⓒ Raimond Spekking/Wikimedia Commons

2장

79 ⓒ Warburg/Wikimedia Commons
80 ⓒ Mariordo/Wikimedia Commons
89 ⓒ Sailko/Wikimedia Commons
90 ⓒ MatthiasKabel/Wikimedia Commons
96 ⓒ Myrabella/Wikimedia Commons
99 ⓒ Quinok/Wikimedia Commons
100 ⓒ Andrzej Otrębski/Wikimedia Commons
102 ⓒ Didier Descouens/Wikimedia Commons
105 ⓒ Mallowtek/Wikimedia Commons
107 ⓒ Architas/Wikimedia Commons
109 ⓒ Elisa.rolle/Wikimedia Commons
111 ⓒ Kurt Kaiser/Wikimedia Commons
112 ⓒ jeanyfan/Wikimedia Commons

3장

124 ⓒ GO69 /Wikimedia Commons
126 ⓒ SHODENSHA 편집부 촬영
132 ⓒ bodoklecksel/Wikimedia Commons
134 ⓒ Mike Peel/Wikimedia Commons
139 ⓒ C messier/Wikimedia Commons
140 ⓒ Ricardalovesmonuments/Wikimedia Commons

4장

155 ⓒ Frank Schulenburg/Wikimedia Commons
159 ⓒ Teemu008/Wikimedia Commons
162 ⓒ Victorgrigas/Wikimedia Commons
163 ⓒ Ken Lund/Wikimedia Commons

164 ⓒ w_lemay/Wikimedia Commons
167 왼쪽 ⓒ Karl Stas/Wikimedia Commons
167 오른쪽 ⓒ Paul Louis/Wikimedia Commons
169 ⓒ Thomas Ledl/Wikimedia Commons
170 ⓒ Mstyslav Chernov/Wikimedia Commons
172 ⓒ Remi Mathis/Wikimedia Commons
173 ⓒ Gryffindor/Wikimedia Commons
175 ⓒ Thomas Ledl/Wikimedia Commons
176 ⓒ Gryffindor/Wikimedia Commons
178 ⓒ Thomas Ledl/Wikimedia Commons
179 ⓒ VitVit/Wikimedia Commons
181 ⓒ Mtcv/Wikimedia Commons
182 ⓒ Miguel Hermoso Cuesta/Wikimedia Commons
185 ⓒ Difference engine/Wikimedia Commons

5장

191 ⓒ Dontworry/Wikimedia Commons
193 ⓒ Doris Antony/Wikimedia Commons
195 ⓒ B. Gutleben/Wikimedia Commons
198 ⓒ 왼쪽 Zairon/Wikimedia Commons
199 ⓒ Sailko/Wikimedia Commons
203 ⓒ End User/flickr
206 ⓒ Zairon/Wikimedia Commons
208 ⓒ Aufbacksalami/Wikimedia Commons
212 ⓒ 미기시 아틀리에(三岸アトリエ)
215 ⓒ Russ McGinn/Wikimedia Commons
216 ⓒ Joe Ravi/Wikimedia Commons
217 ⓒ marco 2000/Wikimedia Commons
219 ⓒ Ken OHYAMA/Wikimedia Commons
222 ⓒ AlasdairW/Wikimedia Commons

232 ⓒ Daderot/Wikimedia Commons

6장

239 ⓒ Potro/Wikimedia Commons

245 ⓒ ProfReader/Wikimedia Commons

252 ⓒ PortableNYCTours/Wikimedia Commons

258 ⓒ Florstein/Wikimedia Commons

260 ⓒ socks-studio.com

261 ⓒ Wiiii/Wikimedia Commons

263 ⓒ savethetower/Wikimedia Commons

264 ⓒ MBH/Wikimedia Commons

270 ⓒ Hervé Simon/Wikimedia Commons

272 ⓒ Mark Ahsmann/Wikimedia Commons

273 ⓒ Alberti1492/Wikimedia Commons

7장

280 ⓒ Superbass/Wikimedia Commons

287 ⓒ José Astacio/Wikimedia Commons

288 ⓒ Bobak Ha'Eri/Wikimedia Commons

292 ⓒ Gunnar Klack/Wikimedia Commons

295 ⓒ Eberhard von Nellenburg/Wikimedia Commons

296 ⓒ Michael Barera/Wikimedia Commons

298 ⓒ Codera23/Wikimedia Commons

299 ⓒ Kevin Muncie/Wikimedia Commons

300 ⓒ Acroterion/Wikimedia Commons

302 ⓒ Joe Ravi/Wikimedia Commons

304 ⓒ Anthony Conti/Wikimedia Commons

306 ⓒ Carwil/Wikimedia Commons

8장

314 ⓒ Wiiii/Wikimedia Commons
322 ⓒ Tam0031/Wikimedia Commons
325 ⓒ architectuul.com
331 ⓒ Asturio Cantabrio/Wikimedia Commons
334 ⓒ 단게 겐조+도시건축설계연구소
336 ⓒ Netherzone/Wikimedia Commons
337 오른쪽 ⓒ Nakaful/Wikimedia Commons
339 ⓒ 단게 겐조+도시건축설계연구소 photo: Kumi murai
341 ⓒ 運動会プロテインパワー/Wikimedia Commons
343 ⓒ m-louis/Wikimedia Commons
346 ⓒ Kenta Mabuchi/Wikimedia Commons

9장

352 ⓒ Smallbones/Wikimedia Commons
355 ⓒ Steve Morgan/Wikimedia Commons
362 ⓒ Citizen59/Wikimedia Commons
366 ⓒ Sergio S.C/Wikimedia Commons
368 위 ⓒ Guilhem Vellut/Wikimedia Commons
368 아래 ⓒ Phil and Juliette Platt/Wikimedia Commons
371 ⓒ David J. Jackson/Wikimedia Commons
372 ⓒ Carol M. Highsmith/Wikimedia Commons

이미지 판매 사이트에서 구매한 이미지, 저작권이 없는 이미지 등은 출처를 표기하지 않았습니다. 일부 저작권자가 불분명한 도판이나 연락을 취했으나 답변을 받지 못한 경우, 저작권자가 확인되거나 답변이 오는 대로 별도의 허락을 받도록 하겠습니다.

세상을 읽는 안목 — 서양 건축사

2025년 9월 1일 초판 1쇄 발행
2025년 9월 25일 초판 2쇄 발행

지은이 구니히로 조지
옮긴이 민성휘

펴낸이 김은경
편집 권정희, 한지원, 한혜인
교정교열 김동화
마케팅 김사룡, 김예은
디자인 황주미
경영지원 이연정
펴낸곳 ㈜북스톤
주소 서울특별시 성동구 왕십리로6길 4-5 2층
대표전화 02-6463-7000
팩스 02-6499-1706
이메일 info@book-stone.co.kr
출판등록 2015년 1월 2일 제 2018-000078호

ⓒ 구니히로 조지
(저작권자와 맺은 특약에 따라 검인을 생략합니다)

ISBN 979-11-7523-003-3 (03540)

• 이 책은 저작권법에 따라 보호받는 저작물이므로 무단전재와 무단복제를 금지하며,
이 책 내용의 전부 또는 일부를 이용하려면 반드시 저작권자와 북스톤의 서면동의를 받아야 합니다.
• 책값은 뒤표지에 있습니다.
• 잘못된 책은 구입처에서 바꿔드립니다.

북스톤은 세상에 오래 남는 책을 만들고자 합니다. 이에 동참을 원하는 독자 여러분의
아이디어와 원고를 기다리고 있습니다. 책으로 엮기를 원하는 기획이나 원고가 있으신 분은
연락처와 함께 이메일 info@book-stone.co.kr로 보내주세요.